Ser bebé

Ser bebé

GUÍA DE CUIDADOS DEL BEBÉ
CON EVIDENCIA Y MUCHA EMOCIÓN

NAZARETH OLIVERA BELART

Grijalbo

A mis hijos, por regalarme la magia de criar a tres bebés.
Y a todos los bebés ♥

Papel certificado por el Forest Stewardship Council®

Primera edición: noviembre de 2024
Primera reimpresión: julio de 2024

Printed in Spain — Impreso en España

ISBN: 978-84-253-6515-7
Depósito legal: B-14.581-2024

Compuesto por Olga Coderch Blasco
Impreso en Talleres Gráficos Soler, S. A.
Esplugues de Llobregat (Barcelona)

GR 65157

Índice

Introducción

Cuando me propusieron este segundo libro, no tenía muy claro si estaría a la altura. Maduré la idea un tiempo y, finalmente, ha sido un camino emocionante poder dar voz a los bebés. En mi día a día como matrona, en contacto continuo con mujeres, madres, bebés y familias, comparto con ellas sus realidades y necesidades. Muchas de las inquietudes y las dudas se repiten frecuentemente. La intención de este libro es acompañar la llegada del bebé.

Este libro no es una guía médica ni un tratado sobre enfermedades del bebé. Muchos pediatras ya han escrito sobre esto y de forma exhaustiva. Este es un libro sobre los cuidados durante los primeros meses del bebé, y los cuidados engloban tanto lo físico como lo emocional. Nuestros bebés son seres humanos pequeñitos e indefensos. A veces, la sociedad lo olvida.

No es un libro con verdades absolutas sobre crianza. Las familias son diferentes y sus necesidades también lo son. Algunas madres, padres, familias somos más afines, y otras piensan y optan por crianzas completamente diferentes. Pero sí es un libro que parte de la biología y de las necesidades de la especie. La ciencia avanza y cambia, se retracta. Lo hace continuamente. Cuanto más sabemos *científicamente*, más redescubrimos que la biología tiene una razón de ser. Y esto devuelve a los bebés una crianza instintiva y de contacto.

Con todo, la crianza y el cuidado de los bebés no pueden separarse de la experiencia personal de cada maternidad y paternidad de acuerdo con su propio contexto familiar y social. La diversidad es evidente. Todas las realidades son individuales.

En mi intento por describir cómo es un recién nacido humano, espero aportar un granito de arena para disfrutar con más libertad e instinto del poco tiempo que son bebés. Cuidar, criar conllevará elecciones en función de nuestra forma de sentir y de vivir, pero también de la situación individual que se nos presente. Soy cada día más consciente del impacto de las palabras, de la cantidad de situaciones que surgen. Intento cuidar el lenguaje de forma exquisita, pero es difícil acertar siempre. Escribo estas páginas con la mejor intención, objetividad y respeto. Quiero dar voz al bebé, enfatizar su punto de vista, y hablo de madres y de parejas para englobar a parejas de hombres y de mujeres, aunque en algunos puntos hablaré en concreto de padres y familias monomarentales. La diversidad familiar es inmensa, y espero que podamos sentirnos representados.

Donde para algunas familias la llegada de un bebé será una experiencia muy amable, cansada seguro, pero feliz, para otras se convierte en una vivencia de extremo agotamiento físico y emocional. Algunas madres, además, sufrirán depresión posparto que podría llevarlas a vivir situaciones muy duras que escapan a este libro y precisan de apoyo profesional muy específico desde la psicología perinatal.

Este no es un libro de métodos ni entrenamientos. El desarrollo del bebé humano es madurativo. Solo necesita tiempo, contacto y amor. Su evolución es fascinante si nos permitimos conectar con sus tiempos.

Maternar, paternar y criar se hace de manera única. Todos lo hacemos lo mejor que podemos. Y eso está bien. La perfección es una idea social, no una cuestión biológica, y la naturaleza no la exige. No existe la crianza perfecta, sino crianzas reales, humanas. Cansadas y emocionantes. Los bebés no esperan madres y padres perfectos. Los bebés solo esperan amor.

La información debe ayudarnos a encontrar respuestas, a descubrir opciones que no conocíamos, a hacer que nos planteemos cosas que no habíamos pensado. Pero no debe ser una fuente de estrés o de mayor autoexigencia, sino servirnos para reforzar el instinto y no sentirnos culpables por nada.

Teniendo presente que las necesidades del bebé humano no son un capricho, podremos responder sin dudar. El bebé no escoge necesitar los brazos para sentirse seguro. Obedece a su instinto primitivo de supervivencia: están robustamente diseñados. Tomemos las decisiones de crianza que tomemos, si comprendemos esto, quizás (y solo quizás) nos pueda facilitar y permitir disfrutar de la experiencia.

El recién nacido humano. La situación sociocultural

Dar voz a los bebés

Muchas familias a menudo comentan que reciben diferentes recomendaciones y pautas en el cuidado de sus bebés. En un momento en el que podemos sentir incertidumbre, esto genera miedo, dudas y una sensación de no saber si lo hacemos bien. Los consejos pueden venir desde diferentes profesiones, pero también de diferentes profesionales con la misma profesión. ¡Un estrés!

Podemos distinguir una línea de recomendaciones actualizadas en función de lo que sabemos o descubrimos en cada momento. Además, son recomendaciones respetuosas. Cuando digo «respetuosas», me refiero a que tienen en cuenta el impacto que ejercen en los bebés y las familias y que valoran, empatizan y también protegen. En el caso de los bebés, el respeto se basa en tener presente su dignidad, sus derechos y sus necesidades biológicas, que son innatas y características de la especie humana.

Pero también existe otra línea de recomendaciones que no se fundamentan en la ciencia, sino en creencias arraigadas. Estas no son respetuosas con el bebé ni con las familias. Algunas, además, anulan la libertad de decisión de las familias en general, y de las madres en particular, en cuestiones absolutamente personales sobre el cuidado de sus bebés. Se ningunea el instinto de cuidado de las madres y las familias, lo que con frecuencia genera culpabilidad o miedo a estar haciendo las cosas mal.

«Los bebés vienen a revolucionarlo todo. De forma maravillosa. Lo único que necesitan es el cuerpo de su madre, un cuerpo que es perfectamente capaz de darle lo que necesita. Mi cuerpo lo sabía, lo había escuchado alguna vez, pero, una vez que tuve a mi hija mayor, me pudieron los miedos adquiridos durante tanto tiempo. Las dudas, ¡ay!, esas dudas del principio, ¡cuántas lágrimas se llevan!».

Noelia

En otros animales, la crianza consiste básicamente en cubrir las necesidades innatas de la especie. Es puro instinto. El ser humano es, sin duda, el animal más complejo de todos, así que, en nuestro caso, hay más que una mera cuestión biológica: el entorno sociocultural tiene un peso determinante en las costumbres de crianza. Llama la atención que muchas ideas socioculturales van en contra de las necesidades biológicas, pero buena parte de la sociedad las acepta como verdades.

Por ejemplo, la mayor parte de la sociedad cree y ve adecuado que, nada más nacer, el bebé humano no esté en brazos. Después de llevar gestándose en el cuerpo de su madre durante 9 meses, pretendemos que el bebé ahora ocupe su lugar en una cuna. Profesionales y familias consideran que el bebé debe aprender a estar solo, a no pedir contacto. Si es preciso dejarle llorar, que así sea. Es una lucha deshacer esta idea absurda que va en contra de las necesidades de supervivencia del recién nacido humano. Los bebés se sienten seguros en brazos. La seguridad favorece el desarrollo de conexiones neurológicas de forma saludable en su cerebro. Y el instinto de llorar si no está en brazos es el mecanismo que ha hecho sobrevivir a la especie. No siempre hemos vivido en casas con puertas. Los seres humanos nos forjamos siendo cazadores-recolectores.

No todo está descrito en estudios científicos. Las madres, las familias no debemos dejar de lado nunca dos herramientas que tenemos a nuestro alcance: el sentido común y el instinto. El instinto es algo real: un conjunto de reacciones y sensaciones que, en los animales, contribuyen a la conservación de la vida, la propia y la de la especie. El sentido común y el instinto nos permiten discernir lo que precisamos y confiar en nosotros mismos, en lo que sentimos y lo que necesitamos para la crianza de nuestros bebés.

> «La información de calidad es importante y maravillosa, pero es igual de importante el silencio para dar espacio a la escucha del instinto».
>
> Diana

Durante el 99 por ciento de la historia de la humanidad fuimos cazadores-recolectores. Las decisiones sobre crianza pertenecían inalienablemente a la madre y después a la familia. Antes de la Revolución Industrial en Europa, la crianza se asemejaba en esencia a la practicada por los cazadores-recolectores, basada en el contacto y la responsividad hacia los bebés. Al menos, en su mayoría.

LA RESPONSIVIDAD ES UN ACTO CASI REFLEJO. ES UN LENGUAJE CON EL BEBÉ. LOS BEBÉS EMITEN SEÑALES QUE SON PERCIBIDAS POR SU MADRE, SU PADRE Y SUS CUIDADORES. SI CONSIGUEN CONECTAR, SUS SEÑALES SON RESPONDIDAS DE FORMA SENSIBLE, INSTINTIVA QUIZÁS. EL BEBÉ SE EXPRESA MEDIANTE LENGUAJE CORPORAL, GESTOS, MIRADAS, SONIDOS Y ALGO MÁS, IMPERCEPTIBLE Y DIFÍCIL DE DESCRIBIR EN PALABRAS. ES UN LENGUAJE EXQUISITO, AL QUE RESPONDEMOS CUBRIENDO SUS NECESIDADES FÍSICAS Y EMOCIONALES. NO QUIERE DECIR QUE SI UN BEBÉ LLORA CONSIGAMOS CALMAR SIEMPRE SU LLANTO. SOLO QUIERE DECIR QUE, SI UN BEBÉ LLORA, RESPONDEMOS INTENTANDO ENCONTRAR LA CAUSA PARA CONSOLARLO Y CALMAR EL LLANTO.

Los profundos cambios sociales que trajo consigo la Revolución Industrial también afectaron a las ideas y la forma de crianza, especialmente a principios del siglo XX. Las familias comenzaron a estructurarse de forma más nuclear y apareció el concepto de «hacer niños independientes» de forma precoz. Surgieron también los expertos, que se erigieron en la voz de la autoridad. Decidieron lo que se debe y no se debe hacer en el cuidado del bebé. Los expertos cuestionan en un instante toda una historia humana de miles de años de crianza natural. Por «natural» entendemos, simple y llanamente, propia de la especie. Esta palabra en los tiempos actuales genera rechazo. Consultar su definición en el diccionario quizá le devuelva el significado correcto.

De la noche al día, llevar al bebé en brazos o atender su llanto se convierten en conductas equivocadas que se deben corregir. Malcriamos. Los bebés se apegan demasiado a sus madres y se les atribuye la capacidad de manipular. Se arrebata a las madres y a las familias su propia autoridad, se obvia el conocimiento generacional y el papel que desempeñan el sentido común y su instinto. Aparece la culpa materna, cuando las mujeres se saltan las recomendaciones de los autoproclamados expertos, pues van en contra de su sentir y de su conocimiento más visceral. Desobedecen, pero con culpa, y con ello, temen perjudicar a su bebé. Al fin y al cabo, el experto es el que sabe.

Todos estos cambios van de la mano de la medicalización en masa de los partos y la expropiación de estos a las mujeres. Se imponen prácticas dañinas para madres y bebés sin justificación científica alguna. La mirada adultocéntrica rige el cuidado de los bebés.

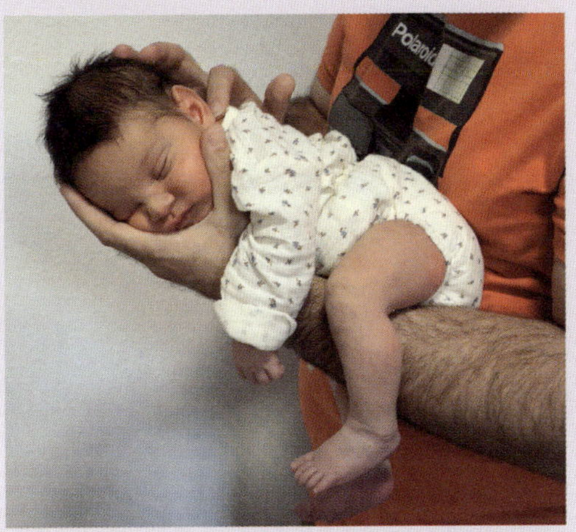

Biel

En la actualidad, intentamos sentar unas bases científicas que protejan a los bebés y a las madres para respaldar su crianza en libertad y sin culpa. Aunque también podemos encontrarnos de forma extrema con una idea romantizada de la crianza respetuosa. El apego y el respeto hacia nuestros bebés no es exclusivo de un camino concreto ni de cumplir con una serie de decisiones. Tampoco significa criar sin límites, a costa de la salud de las madres, generando una carga emocional y un agotamiento físico extremos, especialmente en una sociedad que espera que las madres lleven cargas insostenibles.

Buscar salud, bienestar y disfrute en la crianza pasa por dar voz a lo que viven las madres y las parejas, a la vez que también damos voz a los bebés para que la sociedad no vuelva a olvidar qué es un bebé humano. Podemos reencontrarnos como especie con nuestras criaturas. Con independencia de las elecciones que hagamos, todos partimos del mismo punto: los bebés humanos nacen inmaduros y son completamente dependientes.

Las sociedades modernas, desconectadas, esperan comportamientos adultos en los bebés, y las expectativas se construyen alrededor de este fantasma social. Se le atribuye al bebé una capacidad de autonomía para la que su cerebro no tiene madurez. Y no la tendrá durante varios años.

Las madres

El bienestar de las madres y su salud mental es central. La figura paterna corresponsable es, hoy día, bastante nueva, y en muchas familias la carga de los cuidados físicos y mentales sigue recayendo por completo en las madres.

Los cambios sociales de los últimos doscientos años que han evolucionado hacia familias más pequeñas y nucleares, la vida en grandes ciudades y la productividad laboral como motor de las sociedades capitalistas individualistas han conllevado la desaparición en gran medida del apoyo del grupo y de los cuidados compartidos.

Asimismo, la incorporación al mundo laboral de las mujeres aumentó la carga física y mental sobre ellas, sin aportar soluciones de conciliación. Para sobrevivir, muchas simplemente viven extenuadas. La sociedad perpetúa que las madres pueden con todo, y, además, de forma invisible.

Sin red, sin parejas corresponsables, sin una sociedad sensibilizada, muchas mujeres viven ahogadas. Quizás muchas de las familias que estáis leyendo este libro tenéis una relación corresponsable. Otras familias están en ese camino, que a veces requiere discutir, deconstruir y reaprender. Pero fuera de cierto círculo y contexto sociocultural, sigue sin existir ni un atisbo de corresponsabilidad. Cuidar a un bebé requiere una entrega inevitable que la estructura social no solo no facilita, sino que obstaculiza.

En otros modelos de familia, como las monomarentales, la búsqueda de red, de apoyo familiar y profesional es esencial. Resulta imprescindible, asimismo, que la sociedad adopte medidas de apoyo y protección que les faciliten los cuidados a estas mujeres y equiparen los derechos de sus hijos a los de los niños criados en pareja.

La teoría está clara, pero, en la práctica, lo que hay es mucha soledad. Esta ocupa un lugar central en la sensación frecuente de que la maternidad nos pasa por encima. Criar en soledad es una experiencia nueva para la humanidad. La sociedad occidental ha aislado a las madres en una etapa en la que necesitan del grupo. Los bebés no son bienvenidos en la mayoría de los espacios públicos. No hay más que ver cómo se enfurecen las redes sociales cuando la mujer detrás de una cuenta se convierte en madre y comparte su experiencia vital.

«Hace tiempo que, para mí, el uso de redes sociales se convirtió en una herramienta para mostrar mi trabajo, pero no mi vida, no la parte personal e íntima, desde luego.

Sin embargo, desde que tomé conciencia feminista, sobre todo a raíz de mi libro *El Placer*, comencé a hablar de aquellos aspectos que nos ayudan a comprender las violencias estructurales que hemos recibido las mujeres por el mero hecho de serlo. Mientras escribía el libro, leía las voces de otras mujeres a las que durante mucho tiempo no había llegado porque no se les da la visibilidad que merecen, siendo consideradas la otredad. Encontrar en ellas experiencias que había vivido o sentido me hizo comprender que no estaba sola, que lo que me pasaba era normal y que yo era parte de algo más grande.

Narrar desde el yo, en concreto, sobre mi educación afectivo-sexual y cómo lo había vivido, tuvo una gran acogida. En mi libro *Malas mujeres*, pongo sobre la mesa otras cuestiones como la violencia de género o cómo se nos ha señalado a lo largo de la historia como locas, putas, malas madres y un largo etcétera por el mero hecho de no cumplir con los patrones que se establecen para nosotras».

«Cuando me quedé embarazada y tras el parto, sentí la necesidad de compartir lo que me estaba ocurriendo. Para mí está siendo lo más bestia que me ha pasado en todos los sentidos, lo bueno y lo malo. En esta experiencia se mezcla la sensación total de abandono y soledad en uno de los momentos en que más necesitamos ser cuidadas. Abandono por parte de las instituciones y de la propia sociedad.

Por otro lado, si tienes suerte, encuentras una tribu donde apoyarte. Un lugar donde no nos juzgamos, nos ayudamos. Aquí no importa quiénes éramos antes. Y esta tribu es también la experiencia más feminista que me ha pasado. Una red de apoyo real, hogar. Mis comadres.

Hablar de esto en redes sociales me parece importante. Es la forma de decirle a otra mujer que está muerta de miedo, embarazada o que acaba de parir, que no está sola. Que es normal sentirse así y que sepa que también hay luz. Si lo que nos pasa a las mujeres ha sido menospreciado a lo largo de la historia, lo que nos pasa a las madres ocupa el último peldaño del interés.

En el momento en que se habla de maternidad, se produce una respuesta habitual: no les interesa porque que no les interpela, se aleja mucho de sus vidas. Es tal el menosprecio que he sentido en redes, que algunas personas incluso se han atrevido a decirme que estaba siendo muy pesada. Por suerte, hace tiempo que este tipo de mensajes me dan igual. Me compensa leer a otras mujeres que necesitan compartir lo que están atravesando y encuentran en mi perfil un lugar donde poder hacerlo. Me compensa porque yo estoy ahí, como ellas, luchando por romper con este silencio y esta soledad a los que nos empujan».

María Hesse, ilustradora

La maternidad, el origen de toda vida. Literalmente, sin romanticismos. ¿Cómo es posible que sea con tanta frecuencia una experiencia dura? ¿No será, más bien, que la sociedad actual la dificulta y no la valora?

La llegada de un bebé, sí, lo transforma todo. La familia, la rutina, la pareja y la identidad propia. ¿Quién soy? ¿Quién era? ¿Qué queda de mi yo anterior? Durante un tiempo, nos fundimos con el bebé, como una extensión de nuestro cuerpo. A veces será un disfrute y otras nos abrumará.

«Mi hija tenía un nivel de demanda que no me imaginaba y eso me llevó a una depresión posparto muy grande, pues no conseguía vincularme con ella. Aunque no le faltó nunca atención y cuidados por mi parte. Lo más doloroso fue no sentir el vínculo del que toda madre hablaba. Tardé meses o incluso más del año de vida de mi hija en ser consciente de lo que sentía por ella. Eso hacía que me viera como una madre horrible. Con el tiempo me he perdonado y he entendido que ese día no solo nació mi hija, también nació una nueva versión de mí misma y que no supe reconocerme en ella. Al final es una etapa, y ahora puedo decir que tenemos una relación insuperable».

Anónimo

¿Cómo están el resto de las madres? ¿Y los padres? ¿Y las parejas? ¿Cómo lo viven desde su lugar? ¿Cómo lo hacen las otras familias? Encontrar el espacio para averiguarlo, verbalizarlo y compartirlo palía la soledad.

También encontramos madres y familias viviendo un posparto suave, sostenido, feliz. ¿Qué necesitamos como sociedad para que haya más experiencias así? ¿De qué depende?

Si el posparto tiene su inicio en el parto, ¿cómo nos han acompañado? ¿Hay heridas físicas o emocionales? ¿Cómo cuida el entorno a la mujer recién parida? ¿Existe escucha, un hombro para acompañar las quejas, el llanto o la alegría? ¿Prefiere la sociedad no saber nada y que quede todo entre las cuatro paredes del hogar? ¿Preguntamos a las madres cómo están ellas, además de preguntar por el bebé? ¿Ofrecemos apoyo logístico? ¿Respetamos las decisiones de las madres y las familias?

La sociedad banaliza y normaliza intervenciones como una episiotomía. Hablamos de una mujer que empieza el posparto sin poder sentarse. A veces los puntos se abren, las heridas se infectan. El dolor no desaparece con las semanas ni los meses. ¿Qué sostén, qué cuidado damos a las madres con complicaciones en el parto y el posparto?

Dar apoyo no es una palmadita en el hombro, sino prestar cuidados físicos. El bebé está aquí porque la madre lo ha gestado y parido. Si pudiéramos cuidar su recuperación y nutrirla. Si pudiésemos librarla de tareas, aliviar su carga mental. Si existiesen más espacios para compartir. El cuidado compartido forma parte de la solución biológica a la prematuridad con la que nacen los bebés humanos. ¿Qué podríamos hacer como sociedad para recuperarlos?

El bebé no es el problema

En este contexto de soledad, de cansancio y de dudas, surgirán siempre soluciones mágicas: negocios y expertos que prometen a las familias métodos para quitarnos de encima el peso del cuidado del bebé. Se señala de alguna manera al bebé como el origen del problema. Si no pidiera tantos brazos. Si durmiese de un tirón toda la noche. Si pidiese de comer solo cada 3 o 4 horas. Como si con eso terminara todo. Tener hijos es un proyecto de vida. Cuidarlos, quererlos, educarlos y acompañarlos es una constante desde que decidimos tenerlos. Es un compromiso largo, y no acaba cuando el bebé deja de ser bebé.

> «Es normal que los bebés no se comporten como los adultos queremos. Los padres necesitamos recursos para poder responder a sus necesidades. Me hubiera gustado bajar mis expectativas, sobre todo en cuanto al sueño de mi hijo. Ahora entiendo que es una necesidad biológica y emocional el que se despierte a menudo por la noche, y que mejorará cuando esté preparado a nivel madurativo, sin que yo tenga que intervenir. Me hubiera ahorrado mucha frustración y culpa. Me hubiera gustado entender que cada niño tiene un ritmo de desarrollo distinto y que los padres podemos acompañarlo, pero no influenciarlo».
>
> Berta

¿Puede la cría de una especie ser la responsable de todo? La idea de base es que el bebé está equivocado o, al menos, mal diseñado. El bebé nos esclaviza y hay que ponerle solución. Tener un bebé, pero que no se comporte como tal. Y, a partir de aquí, surgen discursos muy elaborados para justificar métodos de adiestramiento. El bebé paga por una sociedad que desprecia y desprotege los cuidados, y que ignora su origen biológico y se ha desconectado de qué es el bebé humano. En definitiva, una sociedad que pide esconder la crianza y apartarla de la vida pública.

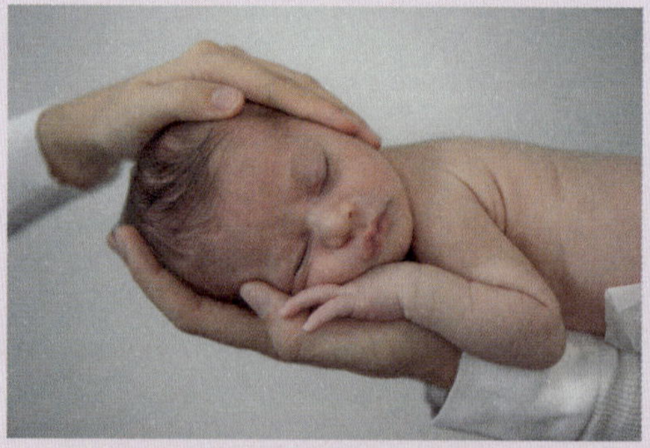

Durante los primeros meses de vida del bebé, nuestras vidas se adaptan a sus ritmos. Es lo normal. Y si pudiésemos fluir con ello, bajar el ritmo, conectar con esta etapa diferente, sin prisa, sin expectativas más allá del día a día, sería ideal. Si las madres contasen con apoyo suficiente, quizá podríamos disfrutar y conectar con la magia de cada bebé. Poco a poco, con el tiempo, es nuestro bebé el que se irá incorporando a nuestros ritmos. De nuestros brazos al descubrimiento del mundo.

¿Conciliación?

Tener un bebé nos obliga a plantearnos cómo vamos a conciliar. Conciliar quiere decir hacer compatible. Pero entonces ¿hacer malabares es conciliar? ¿Perder poder adquisitivo y calidad de vida por reducciones de jornada o excedencias es conciliar? Incorporarse a los cuatro meses de vida del bebé (o antes si no trabajáis por cuenta ajena), cumplir con el horario ¡y rendir!, correr a recoger al bebé, sobrevivir en casa, despertaros varias veces por la noche y volver a madrugar, ¿eso es conciliar? Es más bien supervivencia. La organización social no sostiene ni considera los cuidados.

Son muchas las sociedades capitalistas, la española entre ellas, que no favorecen condiciones ni promueven políticas que faciliten el cuidado a las familias. Bajas tardías en el embarazo que no cuidan la salud de la mujer que lo necesita y el bebé en gestación. Bajas de maternidad incoherentes con el desarrollo del bebé humano: insuficientes para las familias y para todos los bebés. Los bebés son lactantes exclusivos durante al menos seis meses. Los permisos actuales son incoherentes con las recomendaciones oficiales de salud. Y así, la natalidad ha caído a mínimos históricos en España. Con tantos obstáculos, hay que pensárselo mucho.

La ampliación de la baja para las parejas ha sido, sin duda, un gran avance. Era obvio: criar no es cosa solo de las madres. Al fin, las parejas pueden estar presentes en los primeros meses de vida de sus bebés y el reparto de tareas podría ser real desde el día uno. Si queremos que las parejas puedan desarrollar vínculos y comportamiento de cuidados hacia los hijos, es imprescindible que tengan el tiempo para hacerlo y, por tanto, la ampliación de las bajas es fundamental. Aunque esto depende, una vez más, del modelo de pareja. Y de que ambos tengan trabajos dados de alta para tener derecho a la baja. Y del modelo de familia. En el caso de las monomarentales, el derecho al tiempo de cuidados para el bebé es menor que en las familias en pareja (si ambos trabajan dados de alta).

Por otro lado, no estaría mal tener en cuenta que la madre ha gestado y atravesado un parto o una cesárea de los que debe recuperarse físicamente. Por tanto, necesita ese tiempo antes de iniciar el permiso por maternidad como tal.

La equiparación de las bajas lucha contra la discriminación laboral de las mujeres, pero solo en parte. Al no dar respuesta a la necesidad de los bebés, ni a las familias a nivel de cuidados, tras la baja, son las mujeres las que habitualmente pedirán reducciones de jornada o excedencias, si es que se lo pueden permitir y así lo desean. Con permisos coherentes con los tiempos biológicos, esto no tendría por qué ser así. Por otro lado, se dan casos de despido también en las parejas por hacer uso de sus bajas completas. Al final, se desprotege el derecho de los bebés a ser cuidados.

Por último, no olvidemos que la incorporación al trabajo exige rendimiento. Con 16 o 20 semanas de vida, los bebés no duermen de un tirón. Así que vete a trabajar y rinde. Los cerebros están en modo crianza. El bebé es muy pequeñito aún. Buscar con quién o dónde dejar al bebé, cuando tantas madres querrían ser ellas quienes lo cuidan, resulta absurdo y, para muchas familias, tremendamente doloroso. No es natural en esta etapa tan temprana. El bebé sigue siendo por completo dependiente de cuidados, física y emocionalmente.

> «Sabemos muy poco sobre la fisiología de los bebés. Dieciséis semanas no es suficiente ni para el bebé ni para la mamá. Es violencia hacia el bebé, en un entorno adultocéntrico, que también produce sufrimiento en las familias. Ojalá nos contasen lo que es de verdad ser bebé en una sociedad que da la espalda a la infancia, y ser madre en una sociedad que da la espalda también a los cuidados y a la maternidad. Fuera del mundo productivo y laboral, está la VIDA. La de verdad. Por la que nos recordarán nuestras hijas e hijos. Ojalá consigamos un mundo más respetuoso y menos productivista».
>
> **Eider**

Quedan muchas cuestiones por resolver y en las que avanzar si queremos una sociedad más amable. Proteger la maternidad implica corresponsabilidad social, y estamos lejos de siquiera ser sensibles a esta. La respuesta de los gobiernos a la conciliación y la crianza se basa en la externalización de los cuidados, es decir, trabajar para pagar a otra persona para que cuide a nuestros hijos.

La periodista Diana Oliver traza de manera sublime todas estas cuestiones en su libro *Maternidades precarias*.

La situación biológica: los bebés humanos nacen antes de madurar

El recién nacido humano es un mamífero altricial secundario

Los conceptos de «precocial» y «altricial» se aplican para explicar los diferentes rasgos de madurez, tanto de conducta como del desarrollo físico, en el momento del nacimiento de mamíferos y aves.

Así, los mamíferos altriciales son aquellos que nacen indefensos, y los precociales, aquellos que nacen con mayor autonomía. Los mamíferos altriciales dependen estrechamente del contacto para sobrevivir, mientras que los precociales pueden hacer cosas por sí mismos, como desplazarse, aunque necesitarán diferentes grados de cuidados dependiendo de cada especie.

Características de la especie	Altricial Ejemplo: hámster	Precocial Ejemplo: potro
Tamaño de la camada	Numerosa	Única o pequeña
Duración de la gestación	Corta	Larga
Madurez de los ojos y los oídos	Cerrados	Abiertos
Piel	Desnuda	Pelaje desarrollado
Leche	Densa	Diluida
Desplazamiento	Incapaz	Capaz
Capacidad para regular su temperatura	Incompleta	Desarrollada
Tamaño en relación con la madre	Pequeño	Grande

Los mamíferos altriciales:

- Nacen con los ojos y los oídos cerrados.
- No han desarrollado el pelaje propio de su especie.
- Suelen nacer en camadas grandes y su gestación es corta.
- No son capaces de regular la temperatura solos y no pueden desplazarse ni alimentarse por sí mismos. La madre debe estar en contacto para que puedan hacerlo.
- Son pequeños en relación con el cuerpo materno.

Los ratones, los gatos y los perros son mamíferos altriciales.

Los mamíferos precociales:

- Nacen de gestaciones generalmente únicas y largas.
- Sus órganos de los sentidos están bien desarrollados y se desplazan por sí mismos poco tiempo después de nacer. Pueden, así, seguir a su madre y procurarse la comida activamente, a su lado.
- Desarrollan conductas completas al poco de nacer.
- Nacen con mayor tamaño en relación con el cuerpo de la madre.

Los caballos, las ovejas y los elefantes son mamíferos precociales.

Las especies catalogadas como altriciales suelen nacer antes de que el mayor pico de crecimiento cerebral suceda. En cambio, las especies precociales lo hacen después de que esto haya ocurrido ya en el útero materno.

Algunas especies se clasifican claramente en uno de los dos grupos. Pero existen también especies que presentan rasgos de ambos. Es el caso de los bebés humanos. Sus gestaciones son largas y generalmente únicas. Su tamaño es grande con relación al cuerpo materno.

Sin embargo, nacen más inmaduros que el resto de los primates. No se pueden desplazar por sí mismos para seguir a su madre ni pueden aferrarse a ella con las manos (las madres humanas ya no tienen pelaje) para ser transportados. No pueden procurarse el alimento lejos de ellas (son capaces de encontrarlo solo si están sobre ellas). Su supervivencia depende al cien por cien del cuidado estrecho.

El zoólogo suizo Adolf Portmann acuñó el término «altricial secundario» para definir a los bebés humanos, quienes, a pesar de reunir rasgos de crías precociales, la absoluta indefensión que presentan al nacer se asemeja a la de las crías altriciales. Estas circunstancias dieron lugar en la década de 1960 al término «exterogestación».

La exterogestación

La exterogestación es un concepto biológico. Lo acuñó el antropólogo Ashley Montagu para hacer referencia al hecho objetivo de la inmadurez del recién nacido humano y su necesidad de seguir gestándose fuera del útero.

¿SABÍAS QUE...? Los bebés humanos nacen antes de que el mayor pico de crecimiento cerebral tenga lugar. El tamaño de su cerebro al nacer es de aproximadamente el 25 por ciento del tamaño que alcanzará en la edad adulta. Se estima que, al cumplir su primer año de vida, el cerebro habrá alcanzado hasta un 60 por ciento del tamaño que tendrá de adulto. Hacia los tres años, su crecimiento se habrá completado hasta el 80 por ciento.

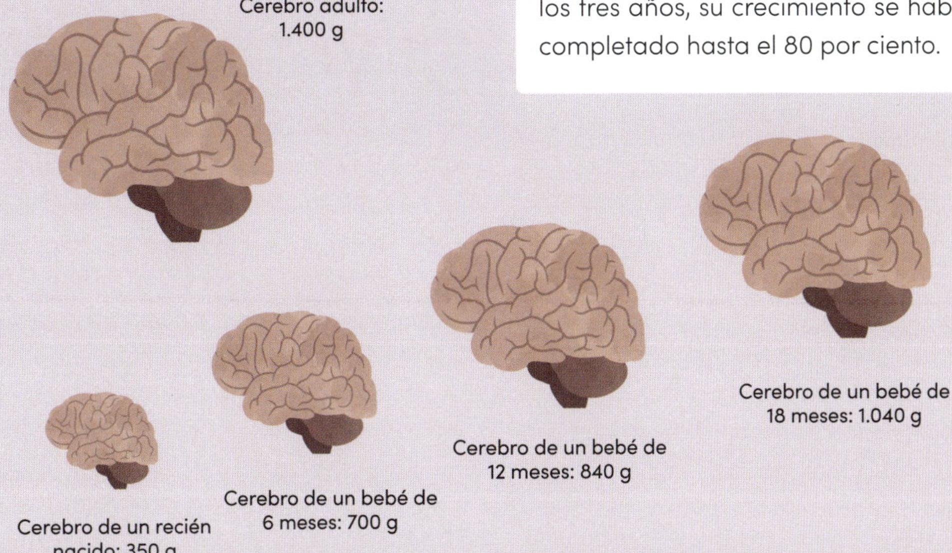

Por tanto, el crecimiento cerebral del primer año del bebé será el mayor de toda su vida. Esto es clave para acompañarlo.

Tras nacer, el bebé seguirá creciendo durante varios meses a la misma velocidad que lo hacía en el útero. El hecho de que la velocidad de crecimiento fuera del útero se mantenga similar al crecimiento fetal pone de manifiesto que los bebés humanos maduran y terminan de gestarse fuera del útero materno, o sea, nacen *antes de tiempo*. Para que un recién nacido humano pudiese valerse mínimamente por sí mismo, es decir, que fuera un poquito menos dependiente, la gestación humana debería durar entre 18 y 21 meses, según la antropología. Sin embargo, esto no es posible para los humanos. La naturaleza diseña diferentes soluciones en función de cada especie. Por ejemplo, los elefantes tienen el embarazo más largo de todos los mamíferos, 22 meses, y dan a luz a crías de alrededor de 100 kilos. El elefantito está muy desarrollado al nacer. Pero en los humanos, la solución biológica ha sido el nacimiento de un bebé inmaduro.

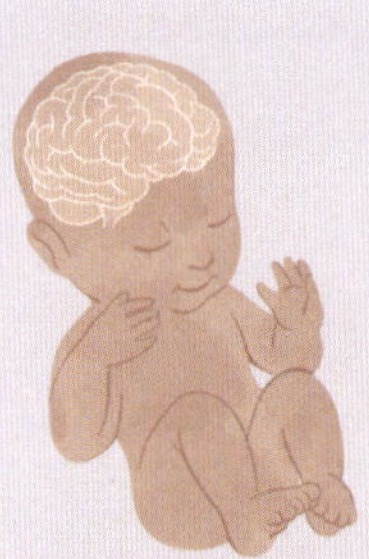

Con 18 meses de gestación, el bebé no podría pasar por el canal del parto. Una de las principales teorías que explican por qué los humanos nacen tan prematuros en comparación con otros primates es la del dilema obstétrico. Se compone de dos conceptos:

1. El tamaño de la pelvis materna: al convertirnos en primates bípedos, la pelvis cambió su orientación y su tamaño. El parto es un proceso orquestado por hormonas que requiere la apertura de la pelvis materna, la contención de la pared abdominal, el estiramiento del suelo pélvico y la flexión, la rotación y el amoldamiento de la cabeza del bebé humano.
2. El crecimiento del cerebro de la especie a lo largo de millones de años conllevó el crecimiento de la cabeza de nuestros bebés, más grande en proporción al cuerpo materno que el de otros primates.

La hipótesis metabólica complementa la teoría del dilema obstétrico. El bebé humano nacería *prematuro* por la insostenibilidad del coste energético para la mujer si se prolongase la gestación. El embarazo supone un estrés metabólico importante (de ahí la relevancia de una nutrición rica y suficiente). De prolongarse 18 meses, el coste energético para propiciar el desarrollo cerebral y corporal del bebé no sería posible, debido a los límites de la capacidad metabólica materna.

El resultado es que nuestros bebés precisan del proceso de exterogestación, de unos cuidados muy cercanos y en contacto continuo. Sostenía Montagu que la gestación no termina ni se completa con el parto, pues continúa en los humanos de manera extrauterina. Y esto es ciencia.

Esta situación da lugar a un escenario mágico: tanto Montagu como Portmann ven en esta inmadurez al nacimiento y en el proceso de exterogestación una oportunidad aprovechada por la naturaleza. La continuación del crecimiento del bebé en un ambiente mucho más rico en estímulos que el útero materno tiene consecuencias trascendentales en el desarrollo cognitivo y emocional de las personas. En biología no hay puntada sin hilo. Es decir, la inmadurez del recién nacido humano no es casual, ni un error, es una **oportunidad**.

En palabras de la antropóloga Karen Rosenberg: «Esta prematuridad, de alto coste en cuidados, probablemente haya mejorado el desarrollo social y emocional de las relaciones del bebé con sus cuidadores, promoviendo la adquisición del lenguaje y otras habilidades humanas complejas. La crianza de estas criaturas tan dependientes presenta grandes retos, pero también crea oportunidades que han determinado nuestra evolución biocultural».

La plasticidad del cerebro del bebé humano es más prolongada que en otros primates. Al nacer antes de su pico de crecimiento, el cerebro del bebé es más susceptible que en otras especies de primates a la adquisición de habilidades sociales.

Los bebés humanos comienzan la vida extrauterina con poco control motor, una visión limitada y escasa capacidad para termorregularse. Tampoco podrían alimentarse solos y, por tanto, no saldrían adelante. Dependen por completo de los cuidados que se les brindan. Cuando cumplan 18-24 meses, seguirán siendo altamente dependientes. Pero los cuidados, en comparación con los primeros meses, serán de una intensidad de atención y energía menores.

Exterogestación: Alma

¿SABÍAS QUE...? Al no poder desplazarse por sí mismos como los potros o las ovejas, o aferrarse a su madre como los primates, el bebé humano presenta una necesidad clave y específica: debe ser cargado, llevado en brazos. El bebé humano se exterogesta en brazos.

A pesar de su inmadurez, los bebés sí poseen recursos si se encuentran donde están programados para encontrarse. Esto es, sobre el cuerpo de su madre. Los bebés recién nacidos son capaces de diferenciar los rostros humanos de otros estímulos. Serán capaces de distinguir el rostro de su madre poco después de nacer y, por supuesto, sienten y manifiestan preferencia por su voz. Los rostros con ojos abiertos que los miran y establecen contacto visual generan respuestas en los recién nacidos. Es el inicio de la responsividad. Con los rostros que miran en otra dirección no pueden establecer comunicación. Gracias a estos recursos, los bebés captan la atención de su madre y de otros adultos, lo que genera en ellos el deseo de cuidarlos, además de desencadenar respuestas hormonales que facilitan ese deseo. Pensar que hubo corrientes en Estados Unidos que enseñaban a las familias a no establecer contacto visual con el bebé para enseñarle a «comportarse» da escalofríos. Y hablamos de los años 2000, ¿eh?

¿SABÍAS QUE...? Las crías en general, y los recién nacidos humanos en concreto, cuentan con armas de seducción como:

- cabeza grande en comparación a su cuerpo
- ojos grandes
- mejillas regordetas
- sonidos y gestos seductores

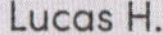
Lucas H.

Estas características generan en la madre, el padre y sus cuidadores instintos de deseo de protección y cuidado. Despiertan ternura. La ternura es un sentimiento de amor puro y altruista, desencadenado por la dulzura y la fragilidad del bebé. La ternura es un sentimiento reconfortante, tanto para quien lo ofrece como para quien lo recibe. Un bebé es ternura hecha persona. Muchas madres y padres no pueden dejar de mirar a sus bebés recién nacidos. Se sienten cautivados por tanta perfección en un cuerpo tan pequeño.

Sociedades modernas

En ciertas partes del mundo la humanidad ha evolucionado hacia sociedades modernas concentradas en grandes ciudades, casas con habitaciones y cerradura en la puerta. Pero apenas un par de siglos no alteran la solución que la biología encontró para el bebé humano en millones de años de evolución. Nuestros bebés siguen naciendo con los mismos recursos y necesidades que los nacidos hace doscientos mil años. Nuestro bebé sería capaz de sobrevivir si viajase en el tiempo. Conseguiría ser llevado en brazos, alimentado a demanda y en contacto continuo los primeros meses de vida. ¡Tu bebé es alta ingeniería!

A pesar de lo evidente, nuestra sociedad sigue empeñada en forzar a los recién nacidos a saber estar solos. Estar solo, para el bebé, equivale a que su vida corra peligro. Siendo cazadores-recolectores, un bebé solo en una cueva, al pie de un árbol o en una pradera era una presa fácil. La biología es tan robusta que, cuando el bebé se da cuenta de que está solo, activa la llamada: funciona para la supervivencia de la especie.

Los últimos doscientos años de cambios en las ideas de crianza y en la estructura social no son suficientes para que la naturaleza desarrolle un programa diferente que haga saber al bebé que está en una casa con cerradura y que hay alguien cerca. No sabe que está a salvo de depredadores o de ser abandonado por descuido. Los métodos que prometen hacer un bebé autónomo en absoluto modifican un sistema tan robusto de especie. Lo que estos métodos enseñan al bebé es indefensión aprendida. El bebé se protege dejando de llamar, se vuelve pasivo porque aprende que no habrá respuesta. Extingue la llamada, ahorra energía y no hace ruido para sobrevivir.

¿Por qué dormimos (en general) a pierna suelta por las noches? Cuando dormimos, estamos indefensos. ¿Dormirías igual en tu casa que en medio de un bosque bajo el cielo abierto o en plena calle de una gran ciudad? Cada ruido, cada paso, el frío y el viento te provocarían una sensación de gran vulnerabilidad. Lo normal es que, para velar por tu seguridad, se produjesen muchos más despertares que en tu cama. Dormimos tranquilos porque nos sentimos seguros en casa y no tememos por nuestra vida.

Ishtar y Elías

El bebé, igual que los adultos con las cerraduras, siente que está a salvo cuando tiene contacto físico, o sea, cuando nos puede tocar, sentir y oler. Su cerebro inmaduro no le permite entender que, en su cuna, en la habitación de al lado, su vida no corre peligro. Por eso, *solo quiere estar en brazos.*

En pocos meses tolerará jugar a ratitos bocarriba o bocabajo en el suelo. Aprenderá a sentarse y se distraerá admirando el mundo y los objetos que tiene cerca. Después gateará y, hacia los 12-18 meses, será capaz de caminar. Seis meses de intensidad máxima en brazos. Seis meses de toda una vida. Seis meses del máximo desarrollo cerebral de toda su vida. ¿Será quizá más llevadero si lo enfocamos así? Sobre todo, cuando hay más de un par de brazos y se comparten los cuidados. Sin quitar peso a lo cansados que pueden ser los días durante los primeros meses, se trata de una situación transitoria, no es para siempre.

Durante el embarazo, todo el mundo está muy pendiente del bienestar del bebé. Cuantas más ecografías, mejor. Se preocupan por lo que comes y bebes, o se aseguran de que lo que haces en tu día a día no afecte al bebé.

Cuando el bebé ya ha nacido, la familia quiere conocerlo cuanto antes, si es posible, inmediatamente tras el parto. Todos quieren cogerlo en brazos y se interesan por cuánto ha pesado al nacer y cómo se va a alimentar. Si es lactancia materna puede que se preocupen por si el pecho de la madre es adecuado, si su leche es buena (o por el contrario solo agua) o si tendrá suficiente. Si es con fórmula, que se acabe el biberón entero y que luego eche los gases. Pero bajo ningún concepto van a tolerar que lo críes en brazos. ¡Lo malacostumbras! Familiares, amigos, vecinos y profesionales de la salud empiezan a opinar sin reparo alguno, porque tú, vosotros, no sabéis. En un instante el bebé pasa de ser una criatura deseada, esperada, a una criatura manipuladora y caprichosa que consigue lo que quiere. De pronto ni la ciencia ni la biología cuentan. Este mundo es adultocéntrico, y el amor, una debilidad.

«Cuánto daño nos hacemos entre nosotras por culpa de un sistema que enseñó a nuestras madres y tías que el bebé se queda con hambre tras la teta, que se está acostumbrando a nuestros brazos y que no debe dormir con nosotros. Recuerdo una tristeza inmensa después de cada visita a casa de mis padres, al ver que no llegaba a conectar con ellos, que nuestra forma de pensar en materia de crianza era tan distinta».

Anónimo

Algunas de las personas que esperaban al bebé con emoción, algunos profesionales que deberían velar por su salud física, emocional y afectiva, por su desarrollo, abogan por que no lo cojáis en brazos. Pretenden que los bebés se comporten como setas y no reclamen atención. Que se alimenten cada 3 horas y solo cinco o diez minutos. Que entiendan lo que es el día y la noche. Que duerman cuanto antes de un tirón. Resumiendo, les pedimos que hagan cosas que su cerebro

Marta y Azahara

no puede darles. Los bebés humanos nos han quedado grandes como sociedad.

Afortunadamente, y hasta la fecha, no les pedimos caminar las primeras semanas de vida. Nos parecería absurdo contratar a una coach que promete que con su método el bebé conseguirá caminar en 2 semanas. Esto sí lo entendemos: su sistema nervioso, su esqueleto y sus músculos no pueden hacerlo. Pero aún no vemos que por la inmadurez de su cerebro, su necesidad de alimentación y energía y su necesidad de seguridad en contacto, no pueden desarrollar el comportamiento que la sociedad les exige. ¿Por qué tantas personas desean que no se coja en brazos a los bebés? No encuentro una respuesta coherente ni humana.

Decía Jesús Palacios, psicólogo y catedrático de la Universidad de Sevilla, en una entrevista publicada en la revista *Ser Padres*: «La principal y más necesaria herramienta con que cuenta el bebé para desarrollarse es la atención y el afecto de quienes asumen su cuidado; sin ellos no va a ningún sitio, por muchas capacidades y potencialidades que tenga».

Cuidar a un bebé que nace tan dependiente requiere mucha atención y energía. Tanto es así que, desde estudios antropológicos, se relaciona esta necesidad de cuidados prolongados de las crías humanas con la solución cultural predominante de búsqueda de pareja estable y la implicación de familias y grupos (¡la tribu!) para compartir los cuidados. Ya no es algo común, pero cuando se convive en familias más extensas, más allá de madres, padres, hijos, los cuidados compartidos están bien establecidos.

Cambios en el cerebro de la mujer embarazada

Desde un punto de vista más puramente biológico, en los humanos, la madre es la cuidadora principal. La madre gesta, pare, alimenta y cuida a su bebé. Todo su cuerpo se ha transformado durante el embarazo, incluido su cerebro.

Existe cierta guasa coloquial con los cerebros de las mujeres en el embarazo. Se habla de «cerebro de embarazada» para explicar ciertos olvidos, despistes o una falta de concentración. La realidad es que el cerebro de las madres cambia para focalizarse en una etapa nueva, relacionada con la supervivencia y el cuidado de su cría. En animales existe muchísima investigación al respecto. En humanas, gracias al grupo de trabajo de investigación de NeuroMaternal (www.neuromaternal.es/) liderado por la neurocientífica Susana Carmona y el trabajo de la también neurocientífica Elseline Hoekzema (https://www.pregnancyandthebrain.com/), tenemos nueva información fascinante sobre los cambios en el cerebro de las madres durante el embarazo y la llegada del bebé.

Estas neurocientíficas nos cuentan que, debido a los elevados niveles de las hormonas del embarazo, el cerebro de la madre pasará por potentes cambios estructurales. Se produce un reajuste del cerebro materno para facilitar el maternaje.

MATERNAJE ES EL CONJUNTO DE EMOCIONES, CONOCIMIENTOS Y ACCIONES EN FORMA DE CUIDADOS, POR PARTE DE LAS MADRES, QUE PERMITEN LA SUPERVIVENCIA DE LAS CRÍAS.

El embarazo es una etapa de gran plasticidad cerebral. Cuando hablamos de plasticidad, nos referimos a cambios en las conexiones neuronales. Es clave en procesos de aprendizaje y memoria, así como en la capacidad de adaptarnos a cambios en nuestro entorno.

A través de la resonancia magnética comprobaron que en la mujer embarazada se produce una pérdida de sustancia gris. En nuestro cerebro, la sustancia gris está ubicada en la corteza cerebral. Está relacionada con funciones como el control muscular, la vista y el oído, la memoria, las emociones, el lenguaje, la toma de decisiones, el pensamiento abstracto y la conciencia. A pesar de esta pérdida, las imágenes mostraron una conexión neuronal aumentada: nuevas conexiones entre neuronas. Estos cambios facilitan la reestructuración de la percepción de una misma, se asocian al aumento de responsividad a los bebés, a la aparición en mayor o menor medida de conductas nido y a un aumento de la capacidad de apego al recién nacido en el posparto. Sus estudios también concluyeron que, en el periodo posparto, tiene lugar una recuperación de la materia gris, pero los cambios del embarazo permanecen visibles hasta seis años después.

Por tanto, el *cerebro de embarazada* es un mecanismo complejo de cambios estructurales para facilitar la crianza y la adaptación al recién nacido. Aumenta la sensibilidad a los cuidados, a la vez que permite regular la vorágine de emociones y situaciones nuevas que se dan en el posparto. De hecho, se asemeja a los cambios que se producen en el cerebro de los adolescentes.

En la adolescencia, como durante la maternidad, los cambios hormonales también generan un periodo de gran neuroplasticidad con el que se facilita la adaptación a esta etapa compleja. Comparar la maternidad con este otro periodo de transformación extremo da como resultado el término «matrescencia», aún muy desconocido.

La palabra se la debemos a Dana Raphael, en 1973, y abrió una puerta para poner nombre a los cambios reales que implica convertirse en madre. Fue rescatada y desarrollada más profundamente por la psicóloga estadounidense Aurélie Athan, que define la matrescencia como la etapa que transita una mujer desde la preconcepción, el embarazo, el parto o una adopción, y el periodo de posparto y crianza. Su duración depende de cada mujer. Reaparece en cada nuevo embarazo y podría durar el resto de la vida. Engloba cambios bio-psico-socio-espirituales.

Es precioso saber que esta matrescencia también sucede, por ejemplo, en madres adoptivas, que no han pasado por una gestación. Y las parejas implicadas también experimentan cambios y adaptaciones a nivel cerebral.

Reconocer la existencia y el valor de esta etapa podría facilitar un mejor acompañamiento y respeto a las mujeres que se convierten en madres o que están en búsqueda para serlo. Y todos estos descubrimientos en el cerebro abren también una ventana de posibilidades y esperanza para tratar mejor la depresión y la psicosis posparto.

A pesar de todo ello, como maternar es una experiencia individual, en ocasiones las madres no sienten el deseo visceral de cuidado tras el nacimiento. Esto da lugar a sentimientos encontrados. La ambivalencia a veces forma parte de la llegada del bebé. Convertirse en madre es en parte estresante y en parte una experiencia transformadora. Está bien encontrar nuestro lugar entre los extremos: la maternidad es maravillosa versus la maternidad es abrumadora.

«Me hubiera encantado saber que la ambivalencia de emociones es natural. Sentirte invencible y agotada a la vez. Orgullosa e insegura. Desear que se detenga el tiempo y que pase rápido para salir del bucle. Sentir admiración hacia tu cuerpo y nostalgia por tu silueta anterior (por muy deconstruida que estés). La gran compañía que te da tu bebé 24 horas al día genera también una gran soledad. Al final, es pasajero y dura un suspiro».

Bea

La idea del bebé que duerme, que no demanda, como una especie de muñeco, no ayuda. Necesitamos entender y recuperar el conocimiento de qué es y qué no es un bebé humano. La maternidad que se publicita resulta muy superficial. Bebés ideales, conjuntos de ropa muy chulos y una etapa a la que se sobrevive comprando artilugios o practicando métodos. Cuando llega el bebé nada de eso es relevante y la mayoría de las cosas que hemos comprado no sirven para casi nada.

«Me hubiese gustado saber antes de que llegara mi bebé que realmente no necesitan tener tantas cosas materiales preparadas como todas las personas te dicen (cuna, moisés, carro, bañera, cambiador...). Les sobra con el cuerpo de mamá, la figura de apego, y elementos básicos para tener sus necesidades más primarias cubiertas: teta o biberón».

Irene

Por suerte, el deseo de contacto y cuidado, de amor, se construye. Y si en ese camino de construcción los primeros meses de crianza se hacen especialmente duros, pedir apoyo es esencial. Poder hablarlo sin tapujos con la pareja, las amigas o con una persona de confianza y, sin duda, contar con el acompañamiento de una psicóloga perinatal puede ayudarnos a darle otra perspectiva.

Si la sensación nos abruma y no nos deja seguir adelante, si cada día es más duro que el anterior, si nos sentimos incapaces de cuidar al bebé, tememos hacerle daño o sufrimos ansiedad, estamos ante señales de alerta. Debemos pensar en pedir ayuda profesional a la psicología y psiquiatría perinatal. En torno a un 15 por ciento de las mujeres entrarán en una depresión posparto. La madre necesita atención y esta no debe posponerse. Las llamadas de auxilio muchas veces no se traducen en palabras. No es fácil ponerle nombre ni identificar una depresión posparto desde la propia vivencia. El entorno debe estar concienciado para una detección precoz.

El cuidado del bebé supone un trabajo y un esfuerzo continuos. El hecho de querer estar con su bebé no quita que la madre se sienta agotada. Las madres no pueden con todo. Lo hacen por supervivencia, a costa de su salud cuando no hay sostén.

Las parejas también cuidan y se vinculan

La pareja es la principal figura con quien se reparten los cuidados en una sociedad que ya no cuenta con una red más amplia. Papá u otra mamá son también figuras de apego para el bebé. La interacción de la pareja con este, desde el embarazo, produce cambios cerebrales y hormonales que también le predisponen a cuidar de forma sensible. Es la implicación, la intención hacia el bebé y la situación por llegar lo que favorece que se desencadenen respuestas hormonales con influencia en el cerebro.

En el caso de los hombres, en concreto, su capacidad de implicación o no en la crianza se debe a modelos socioculturales. Igual que las madres, a nivel cerebral y hormonal, se producen cambios en ellos que los predisponen al cuidado, siempre que estén presentes e implicados. A mayor implicación, mayor es la respuesta hacia el bebé. Los cambios socioculturales de las últimas décadas han favorecido esta mayor implicación paterna y el resurgir de cuidados compartidos. En investigaciones antropológicas de cazadores-recolectores y en otras culturas, se describe la figura paterna cuidadora en su propio contexto.

Pelayo y papá

En estudios del grupo de investigación NeuroMaternal y BeMother sobre los cambios cerebrales y hormonales en hombres-padres-primerizos, se observó mediante resonancia magnética y muestras de sangre lo siguiente:

- En los padres que se implican en el embarazo primero, y en la crianza de sus bebés después, se halló que, aquellos con niveles más elevados de oxitocina antes del parto presentaban niveles más bajos de testosterona durante el posparto. Menores niveles de testosterona implican mayor facilidad para estar en modo cuidados. También se detectaron mayores niveles de prolactina.
- La oxitocina es una hormona que propicia y regula el comportamiento paternal en muchas especies, incluida la humana. Los hombres que presentan mayores niveles de oxitocina en sangre interactúan más fácilmente con su bebé. Lo acarician, lo cogen y responden mejor a sus señales. Es un proceso que se retroalimenta a sí mismo. A más contacto, más oxitocina, y a más oxitocina, más propensión al contacto. A mayor interacción con el bebé, mayor plasticidad cerebral en los padres. El cuidado del bebé en brazos fortalece este circuito que se retroalimenta.

Antes de que llegue el bebé: plan de posparto

> 👍 Establecer un plan de posparto antes de la llegada del bebé puede ayudarnos a organizar el reparto de los cuidados, la carga mental y las tareas del hogar. Si la madre cuida al bebé con el cuerpo, necesita que alrededor se encarguen de todo lo demás. Al menos, idealmente.

La organización de la familia, de las citas, de los colegios, del funcionamiento diario de la casa, de qué se come hoy, de dónde están las cosas, sigue recayendo mayoritariamente en las madres. Es, además, una carga invisible. Las madres maquinan a todas horas en su cabeza «todo lo que hay que hacer». Que lo tengan que pedir no es suficiente. La verdadera descarga mental es cuando la otra mitad hace las cosas porque también sabe «todo lo que hay que hacer». Descarga mental es, por ejemplo, vestir al bebé sin preguntar qué le ponemos. Resulta importante hablar con claridad sobre el reparto de la carga mental.

PLAN DE POSPARTO

¿Con qué redes de apoyo contamos?

Cuando hablamos de apoyo nos referimos a echar una mano física y real. ¿Contamos con familia y amigos cercanos? ¿De qué manera podemos y queremos contar con ellos? Si tenemos ya más hijos, su apoyo también puede ser imprescindible en momentos determinados.

¿Sabemos de grupos de apoyo en nuestra zona? La crianza compartida con otras madres, con otras familias, facilita el camino. Criar es cansado, pero criar en soledad es inhumano.

Las tareas de la casa

- ¿Hay mascotas? Pensad si hay algo que preparar al respecto en función del tipo de mascota.
- Limpieza del hogar y lavadoras. ¿Qué cosas son prioritarias?
- Comida: comprar y cocinar. ¿Compra a domicilio? ¿La familia y los amigos pueden ayudarnos a traer comida ya hecha y lista para comer? Los platos congelados y el *batch cooking* pueden facilitar las cosas.

Visitas en el posparto

- Organizad si queréis visitas en el hospital y en casa: de qué manera, quiénes, cuánto tiempo y en qué horario. Poned vuestras normas y límites antes de que nazca el bebé. Las visitas se agradecen mucho cuando vienen a echar una mano, a cuidar y a mimar. Pero desgastan cuando nos cuestionan o nos sentimos invadidos a todas horas.

Apoyo profesional

Localicemos antes del parto a profesionales de referencia y tengamos a mano su contacto, sus horarios y su forma de trabajo.

- IBCLC: problemas de lactancia materna en general, anquiloglosia.
- Matrona: lactancia, cuidados posparto, heridas, anticoncepción, dudas y apoyo emocional en general de mamá y bebé.
- Pediatra y enfermera pediátrica: seguimiento de la salud del bebé. Se os asignará en el centro de salud. Si vais por privado, escoged antes de la llegada del bebé si tenéis preferencias.
- Fisio bebé: tensiones, dolor, tortícolis, cólicos, partos complicados.
- Fisio mamá: tratamiento de cicatrices, abdomen, suelo pélvico, incontinencia, rehabilitación. Seis semanas tras parto vaginal y 8 semanas tras parto por cesárea.
- Psicóloga perinatal en caso de sensación desbordante, parto traumático, depresión posparto, desvinculación con el bebé o simplemente ganas de apoyo profesional.
- Redes de apoyo: grupos de posparto y crianza. Saber dónde y cuándo se reúnen.

Como todo en la vida, el posparto y la crianza son una etapa. Los primeros días son caóticos, cansados, inciertos. También felices, emocionantes e irrepetibles. Las primeras semanas, el bebé depende prácticamente al cien por cien de su madre. Por ello, es vital propiciar que la madre pueda cubrir sus necesidades más básicas de la vida diaria: comer, ducharse, vestirse, dormir en las siestas diurnas y pasar al baño. Cuidar de un bebé y conseguir esto es todo un triunfo. Ni más ni menos. Si, además, conseguimos salir a dar un paseo, lo hemos bordado. El aire y la luz del sol nos aportan energía y calma. Son básicos en el posparto.

Al cabo de unos meses, el bebé empezará a ser capaz de estar algún ratito más largo sin mamá, y poco a poco será posible encontrar momentos para una misma. Comprendiendo a nuestro bebé humano, como criatura nacida prematuramente, podemos partir hacia sus cuidados desde otro lugar. Sobre todo, confiad en que lo que sentís, lo que os pide el cuerpo es válido.

1.

El nacimiento del bebé

El bebé se prepara para nacer

El embarazo y el parto son procesos continuos: el bebé lleva todo este tiempo de gestación preparándose para la meta, que es su nacimiento, y para iniciar su etapa extrauterina.

La mayoría de los bebés están preparados para nacer entre la semana 37 y la 42, es decir, ni unos se adelantan ni otros se atrasan. En los humanos, el desarrollo tiene amplias ventanas de normalidad. Donde unos bebés caminarán con 11 meses, otros lo harán con 16, y ambos momentos se consideran dentro del rango de lo normal. Por tanto, que nazcan con una variación de 5 semanas arriba y abajo no debe sorprendernos.

La maduración del sistema respiratorio del bebé es clave en las últimas semanas de embarazo. De hecho, la Asociación Americana de Ginecología y Obstetricia (ACOG, por sus siglas en inglés) propone, junto con la Sociedad Americana de Medicina Materno-Fetal (SMFM, por sus siglas en inglés), clasificar a los bebés como:

- a término temprano: semanas 37 a 38 + 6 de gestación
- a término completo: semanas 39 a 40 + 6 de gestación
- a término tardío: semanas 41 a 41 + 6
- postérmino: semana 42 de gestación en adelante

Esta clasificación (*Obstetrics & Gynecology*, 2013) surge por la necesidad de frenar la escalada de inducciones injustificadas, especialmente antes de las 39 semanas, ya que se ha demostrado que la morbilidad respiratoria de los bebés es menor tras este periodo.

Generalmente, el parto se desencadena, entre otras cosas, por la suficiente madurez pulmonar del bebé. En el útero, el bebé recibe el oxígeno de su madre a través de la placenta. Al nacer, sus pulmones respirarán por primera vez. La transición entre ambos mundos requiere de una serie de pasos muy rápidos y coordinados entre ellos para que la adaptación suceda adecuadamente. En cuestión de segundos, el bebé debe empezar a respirar por sí mismo. Los pulmones *desinflados* y llenos de líquido en la vida fetal se expanden, se llenan de aire y

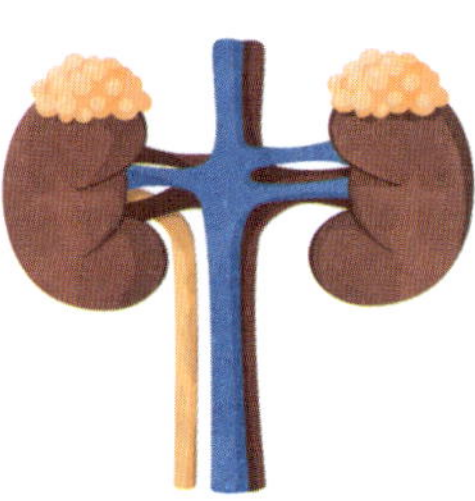

se deshacen del líquido al iniciar la respiración.

En este proceso de maduración, el cortisol será una hormona clave. El cortisol se produce en las glándulas suprarrenales. En la vida fetal, de forma gradual, el bebé será capaz de producir su propio cortisol sin depender únicamente del que recibe a través de la placenta. En torno a la semana 30 de gestación, los niveles de cortisol comienzan a elevarse. En la semana 36 la elevación es marcada y seguirá en aumento hasta el parto. Durante el mismo, se producirá un gran pico, que se prolongará hasta unas horas después de nacer.

Los niveles altos de cortisol le permiten al bebé:

- Aumentar la producción de hormonas tiroideas.
- Aumentar la producción de adrenalina.
- Preparar el hígado para la regulación de la glucosa.
- Aumentar la capacidad digestiva del intestino.
- Aumentar la secreción de surfactante en los pulmones.

Durante el embarazo, el bebé recibe todo lo que necesita a través de la placenta y está calentito a una temperatura constante. Al nacer, su cuerpecito y sus órganos deberán empezar a funcionar a pleno rendimiento. Proteger el parto espontáneo posibilita que el bebé esté preparado para su autonomía corporal.

Cuanto más prematuro es un bebé, menor será su capacidad de producir cortisol. Por ello, ante una amenaza de parto prematuro y la posibilidad de que el nacimiento ocurra en los siete días siguientes, se administran corticoides a la madre para que lleguen al bebé a través de la placenta. Aceleran la madurez pulmonar y reducen la posibilidad de síndrome de distrés respiratorio. Se recomienda su administración entre las 24 y 34 semanas de embarazo. La evidencia científica respecto a la administración de estos entre las semanas 34 y 36 + 6, o antes de una cesárea programada, no es lo bastante sólida como para establecer una recomendación estandarizada, y se debe individualizar cada caso. Se suelen administrar dos dosis por vía intramuscular a la madre. Según la revisión de la Cochrane 2020 y la SEGO 2020, hay evidencia sólida que muestra que los corticosteroides:

- Reducen las muertes perinatales y neonatales (en los primeros 28 días de vida).
- Reducen los problemas respiratorios graves en las primeras horas de vida y la necesidad de ventilación mecánica.
- Tienen poco o ningún efecto sobre el peso de los recién nacidos en el momento del parto.
- Reducen el riesgo de sufrir enterocolitis necrotizante.

- Reducen el riesgo de infecciones sistémicas en las primeras 48 horas de vida.

El surfactante pulmonar es una sustancia formada por grasas y proteínas que disminuye la tensión en los alveolos de los pulmones, lo que permite su expansión y evita que se colapsen. En torno al parto y durante el mismo, la secreción de surfactante pulmonar aumenta fisiológicamente, lo que favorece la transición de la vida fetal a la vida extrauterina.

Los bebés prematuros, en especial de menos de 34 semanas, tienen mayor riesgo de no producir suficiente surfactante pulmonar. En estos casos, su administración farmacológica ha contribuido, junto con la maduración con corticoides y el soporte con ventilación mecánica, al aumento de su supervivencia. Se considera un tratamiento seguro y eficaz cuando existe riesgo de desarrollar un síndrome de dificultad respiratoria.

> «Mi hija fue prematura con 31 semanas de gestación. Lo que más recuerdo es miedo. Miedo a que no saliera adelante, a que no se recuperara de una apnea o de un atragantamiento. Miedo a irme a casa y dejarla en neonatos. Culpa por no estar con mi hijo mayor. Solo quería estar con ella. Ahora tiene 5 meses y, cuando miro atrás, sigue doliendo mucho. Se habla poco de lo que pasamos las madres con hijos prematuros, y es muy duro».
>
> **Lorena**

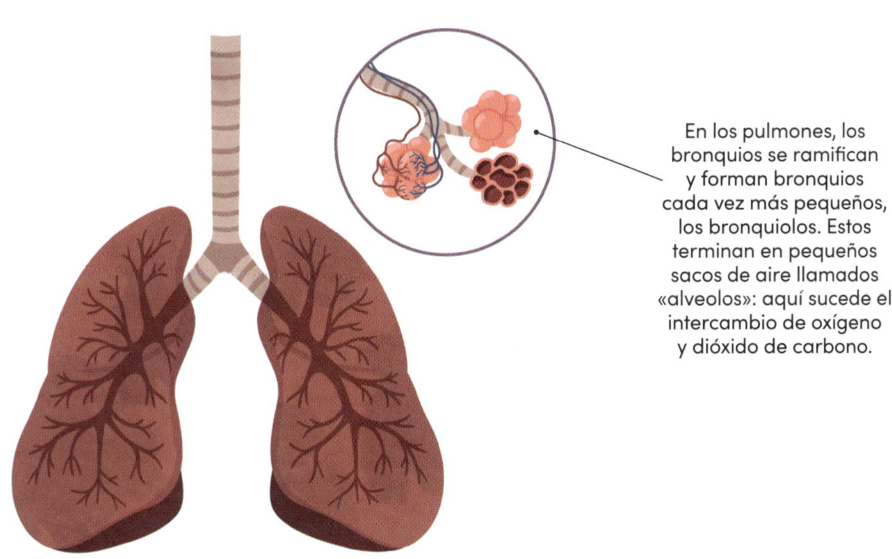

En los pulmones, los bronquios se ramifican y forman bronquios cada vez más pequeños, los bronquiolos. Estos terminan en pequeños sacos de aire llamados «alveolos»: aquí sucede el intercambio de oxígeno y dióxido de carbono.

La eliminación de líquido de los pulmones en el bebé comienza tiempo antes del parto, debido a cambios hormonales y bioquímicos. Aunque popularmente se ha dado mucha importancia a la compresión por el canal vaginal del parto, esto puede ayudar con la vía aérea superior y el estímulo torácico, pero la eliminación del líquido pulmonar es sobre todo un proceso madurativo previo al nacimiento. Una vez que el bebé empiece a respirar, se completará en las siguientes 4-6 horas de vida. En este sentido, el pinzamiento fisiológico del cordón permite que los capilares, los pequeños vasos sanguíneos que envuelven los alveolos pulmonares y realizan el intercambio de gases, se llenen de sangre. Esto facilita que el líquido que quede tras el nacimiento en los alveolos sea absorbido por la circulación, con lo que los pulmones se despejan.

El bebé en el parto

El parto se desencadena mediante una cascada inflamatoria. Entre los mecanismos que lo provocan se encuentra el propio bebé:

- El aumento de cortisol, especialmente a término. Los pulmones maduros del bebé secretan más surfactante, y esto parece favorecer la aparición de prostaglandinas que median el inicio del parto.
- La distensión del útero por el crecimiento del bebé se suma a la cascada hormonal, con lo que se favorece mecánicamente la aparición de las contracciones.
- El encajamiento y apoyo de la cabecita fetal sobre el cérvix favorece su maduración.

Los bebés tienen un papel activo en su nacimiento. Trabajan junto con su madre. A pesar de ser un proceso que puede durar muchas horas, y de las contracciones, el bebé dormirá a ratos y estará despierto en otros momentos, moviéndose activamente y buscando con su cabecita el camino para nacer. En *Ser mamá*, veíamos que la mayoría de los bebés entrarán bien flexionados en el canal del parto: con la barbilla pegada al pecho. Los bebés tienen lo que llamamos una retrognatia fisiológica: la mandíbula hacia atrás para permitir esta posición.

Durante el parto, estamos muy pendientes de la frecuencia cardiaca del bebé. Interpretándola adecuadamente, sabemos si está tolerando bien el parto o cuándo empieza a cansarse. La mayoría de los bebés a término laten con una frecuencia cardiaca de entre 110 y 150 latidos por minuto.

Con cada contracción de parto, el útero se contrae durante un minuto aproximadamente. En este minuto, no llega sangre a la placenta, pero hay reservas de oxígeno en la sangre ya presente en la misma. Cuando la contracción cede, se renueva esta sangre y el bebé se encuentra perfectamente oxigenado. La mayoría de los bebés no muestran señales de estrés o cansancio durante el parto normal. Cuando forzamos, exponemos al bebé a mayor riesgo de estrés.

Entre las intervenciones externas que pueden afectar a su frecuencia cardiaca cabe señalar las siguientes:

- Mal uso de fármacos para la inducción o la aceleración del parto: el exceso de contracciones no permite al bebé renovar el oxígeno igual de bien. Aunque en ocasiones sea preciso usar estos fármacos, se debe hacer de manera muy racional y suave.
- Posiciones tumbadas que disminuyen el riego al útero. En este sentido la epidural requiere cambios de posición frecuentes.
- Hipotensión en la madre.
- Infecciones durante el parto: normalmente aumentan la frecuencia cardiaca del bebé y, si esta se mantiene en el tiempo, supone un gasto de oxígeno mayor.

Las matronas solemos animar a la madre a respirar despacio para oxigenarse bien durante el parto. En una posición cómoda, respirar despacio, cogiendo todo el aire que podamos por la nariz, sin que resulte agobiante. A continuación, echar el aire despacio, frenado por la boca. Se puede hacer entre contracciones o con contracciones si a la mujer de parto le sirve. La respiración profunda disminuye la ansiedad, relaja los tejidos del cuerpo materno y la oxigenan a ella y a su bebé, activando el sistema nervioso parasimpático. Si la pareja respira con ella, es más fácil que ella acompañe esta respiración profunda.

En ocasiones, algunos bebés no consiguen una posición flexionada. Podrían chocarse con la pelvis y les cuesta más descender. Esta situación mantenida en el tiempo sin cambios puede causar cansancio en los bebés. Cuando el bebé tiene la cabecita deflexionada, puede comprimirse el nervio vago y que esto origine bajadas de la frecuencia cardiaca. No es que se quede sin oxígeno, sino que el bebé se estresa por la posición.

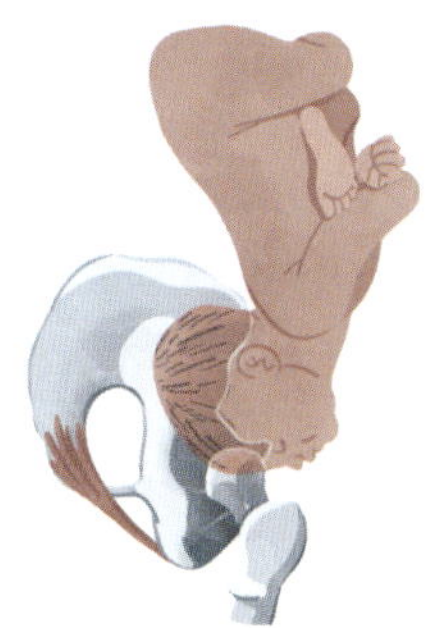

El bebé podría acabar desarrollando también dolor en sus cervicales. Como pequeño ser humano que es, el bebé siente dolor. Así que parte de lo que vemos en la gráfica de la página 199 se relaciona también con ese dolor.

Cuando los bebés se cansan o se estresan durante el parto, pueden relajar el esfínter (esto también lo puede ocasionar la compresión del nervio vago) y hacer caca durante el parto. La mayoría de las veces, esto no supondrá ningún problema. Al nacer estaremos pendientes de su adaptación e inicio de la respiración. Casi todos los bebés respiran sin ningún problema. Por ello, las guías de reanimación neonatal no aconsejan hacer nada diferente si hay presencia de meconio (caca) en el parto. Solo se observa, por si fuese preciso para algunos bebés, la aspiración de la boca y la vía aérea, ya que, si el meconio entrase en su vía aérea, sí podría suponer un problema. Esto se conoce como síndrome de aspiración de meconio. Afortunadamente, si cuidamos bien a los bebés que muestran estrés en el parto, podemos minimizar aún más esta posibilidad. Los bebés nos hablan a través de su frecuencia cardiaca. Los cuidamos intentando averiguar de dónde viene el estrés. Si es la posición, la trabajamos en lugar de forzar el parto. ¡Más vale maña que fuerza!

A pesar de todo, si en algún momento el bebé necesita nacer de inmediato, se tomará la decisión de instrumentar el parto, si es viable en ese momento, o de realizar una cesárea si fuese preciso.

Hormonas del parto en el bebé

Durante el parto, el bebé recibe hormonas de su madre a través de la placenta y, además, también las producirá por sí mismo. Todas ellas juegan un papel importante, ya que le ayudan a tolerar el parto y a adaptarse tras nacer.

En el cuerpo de la madre, su propia oxitocina genera contracciones uterinas y, a la vez, activa en su cerebro circuitos de maternaje que la preparan para la responsividad hacia su bebé.

En el bebé, la oxitocina parece formar parte del circuito neuroprotector de su cerebro ante el estrés del parto. El parto no deja ser un proceso de compresiones físicas para su cuerpecito, incluida la cabeza. El bebé recibe oxitocina de su madre, pero también la produce en su propio cuerpo. Lo mismo se ha observado con las betaendorfinas. Ambas disminuyen el estrés del parto y actúan como un analgésico.

El papel de las catecolaminas (adrenalina, noradrenalina y dopamina) en el nacimiento del bebé es esencial. El cuerpo del bebé irá aumentando la secreción de noradrenalina antes del parto. Cuando este haya terminado, los valores serán marcadamente altos. La madre también aumenta la secreción de catecolaminas al final del parto, contribuyendo a aumentarlas en su bebé. Durante el parto, estas hormonas lo protegen del estrés y de la posible y puntual disminución de oxígeno en corazón y cerebro. Pero, sobre todo, le preparan para la transición a la vida fuera del útero materno. Junto con el cortisol elevado, posibilitarán:

- el aumento de su presión arterial
- la eliminación del líquido pulmonar
- el aumento de surfactante pulmonar.
- la apertura de la vía aérea
- la movilización de glucosa y ácidos grasos para las primeras horas de vida.
- el estado de alerta al nacimiento
- los ojos muy abiertos para facilitar el contacto con la madre
- el control de la temperatura corporal activando la grasa parda

En bebés prematuros, la secreción de catecolaminas es muy elevada, ya que la respuesta a las mismas es menor debido a su inmadurez. En los bebés que nacen por cesárea programada sin trabajo de parto previo no se da esta secreción de catecolaminas y, por ello, es importante que solo se programen las cesáreas absolutamente necesarias.

El bebé nace

Llega el momento más esperado. La cabecita del bebé empieza a asomar. En tiempos completamente diferentes para cada mamá y bebé, la cabecita terminará de nacer por completo. En los últimos pujos y con las grandes presiones sobre el bebé y el útero, la placenta ya ha empezado a devolver sangre al cuerpo del bebé. Por fortuna para muchos bebés, aun cuando alguien mete la tijera con prisa en su cordón, han recuperado parte del volumen que les es propio.

Si no nos apresuramos, los bebés comenzarán a girar, buscando acomodar sus hombros para salir de la pelvis materna. Los movimientos que realiza el bebé para nacer son impresionantes de ver. Los bebés no necesitan que tiremos de su cabeza ni apresuremos su nacimiento. Lo forzamos porque llevamos más de cincuenta años pensando que no nacen si no lo hacemos. Solo está justificado apresurar su nacimiento cuando hay señales de estrés, agotamiento, o ante un parto complicado. Tenemos estudios que demuestran que esperar a que el bebé rote y nazca sin tracción no aumenta el riesgo para el bebé y, por el contrario, sí disminuye la posibilidad de atascar sus hombros. Es el nacimiento en dos pasos, y suele suceder en dos contracciones.

¿SABÍAS QUE...? La mayoría de los bebés, si no interferimos, suelen expresar el reflejo de moro una vez que ambos brazos están ya fuera: el bebé descubre el espacio. Este reflejo, a la vista, parece como si el bebé se asustara. Es un reflejo que aparece cuando el bebé siente como si se fuese a caer. Verlo en el nacimiento es magia.

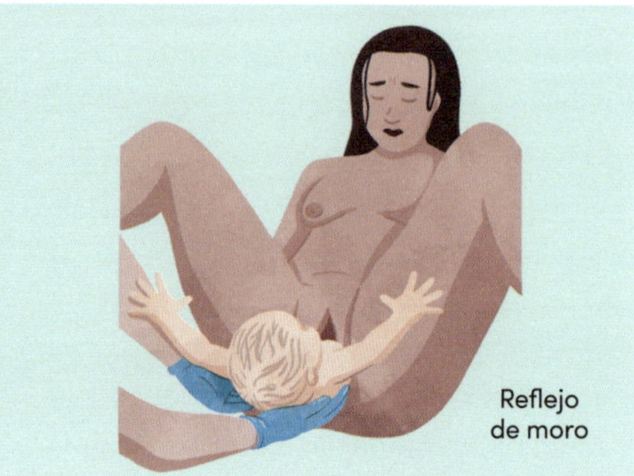
Reflejo de moro

Parto instrumental

La decisión de terminar el parto instrumentando puede deberse a la urgencia para que nazca el bebé si hay riesgo por su oxigenación, o en partos muy prolongados en los que, a pesar de los tiempos adecuados, el cambio de posiciones y los diferentes pujos, el bebé no termina de nacer, pero está muy bajito en la pelvis.

Es responsabilidad de las obstetras tomar esta decisión. Las matronas avisamos por ambas situaciones: urgencia o no progresión tras los tiempos apropiados. Debemos valorar adecuadamente también la posición del bebé para favorecer su nacimiento en función de cómo viene colocado.

En general se utiliza una ventosa o fórceps. Su uso irá acompañado del pujo materno para traccionar lo menos posible de ellos. Muchos instrumentales son suaves y los bebés nacen perfectamente sin aparentes signos de dolor. En otras ocasiones, el bebé puede tener la marca del instrumental o presentar un llanto irritable. Es posible que sea del instrumental en sí mismo o del proceso del parto, pues el instrumental puede haber sido necesario precisamente por tratarse de un parto complicado. En cualquier caso, el pediatra revisará al bebé en el nacimiento.

Algunos partos instrumentales son imprescindibles; a otros se llega por una asistencia inadecuada. Qué importante y qué diferente es cuando nos explican, nos cuentan, nos acompañan y no olvidamos que es un bebé humano lo que hay en el útero de la madre.

El bebé se dejará encima de su madre y solo observaremos su adaptación. Siempre debemos dar la oportunidad de no interrumpir el contacto inmediato y separar exclusivamente si el bebé lo necesita. Nacer mediante instrumental no es sinónimo de separación rutinaria.

Cesárea

La cesárea intraparto se escogería cuando no hay progresión de parto o si se presentase una urgencia con el bebé todavía alto en la pelvis o sin dilatación completa. Lo seguro para mamá y bebé cuando este aún está alto, a pesar de una dilatación completa, ante una urgencia, es una cesárea.

CUANDO NACE EL BEBÉ, SI SU ADAPTACIÓN ES ADECUADA, Y LA GRAN MAYORÍA DE LAS VECES LO ES, SE DEBE PRIORIZAR EL CORTE TARDÍO DEL CORDÓN UMBILICAL Y EL BEBÉ DEBE IR PIEL CON PIEL CON SU MADRE DE MANERA INMEDIATA.

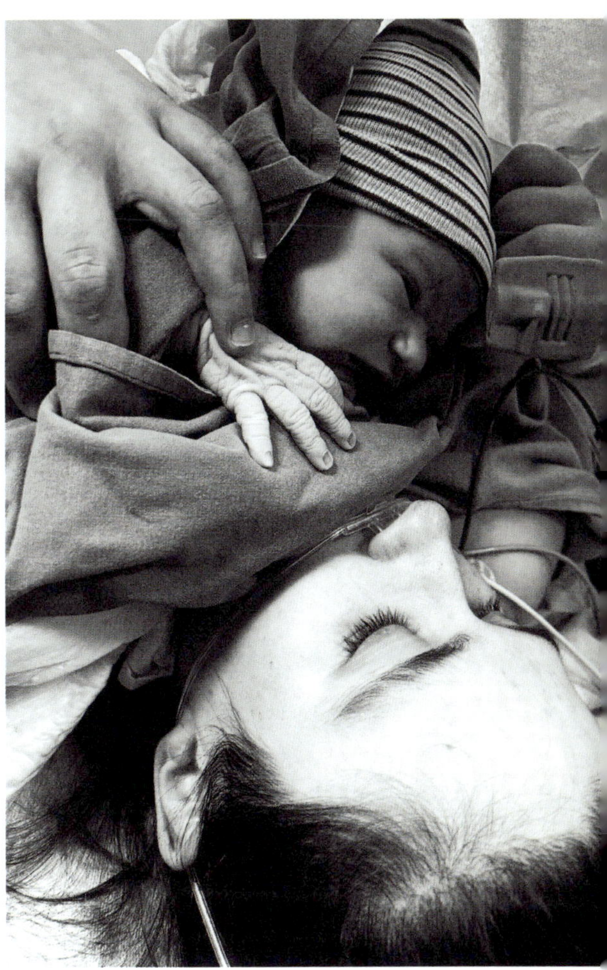

Nerea

Si el motivo de la cesárea compromete la adaptación, y al nacer el bebé lo necesita, los pediatras comenzarán su estabilización o reanimación inmediatamente. La mayoría de los bebés a los pocos minutos pueden ser llevados con su madre. El lugar donde esperan estar.

2.

Adaptación del bebé al nacer

Estoy segura de que ya lo sabéis: la sangre es del bebé. El pinzamiento fisiológico es la norma biológica en humanos, cuando el cordón deja de latir, cuando el bebé se ha podido adaptar a su nueva condición aérea. En *Ser mamá* tenéis información amplia y completa al respecto.

También podéis descargar en mi web el ebook gratuito con la información y la respuesta más completa a todas las dudas que sigue planteando algo tan básico, fundamental y evidente como es no quitarle la sangre al bebé al nacer. Ahora veremos más.

Respetar el modelo biológico favorece la transición a la vida no acuática del bebé.

M. M. Y. unida a su placenta.
El momento de pinzar el cordón respetando la fisiología llega cuando este queda blanco y colapsado tras alumbrar la placenta.
Álvaro Guerrero 3hvisual.com

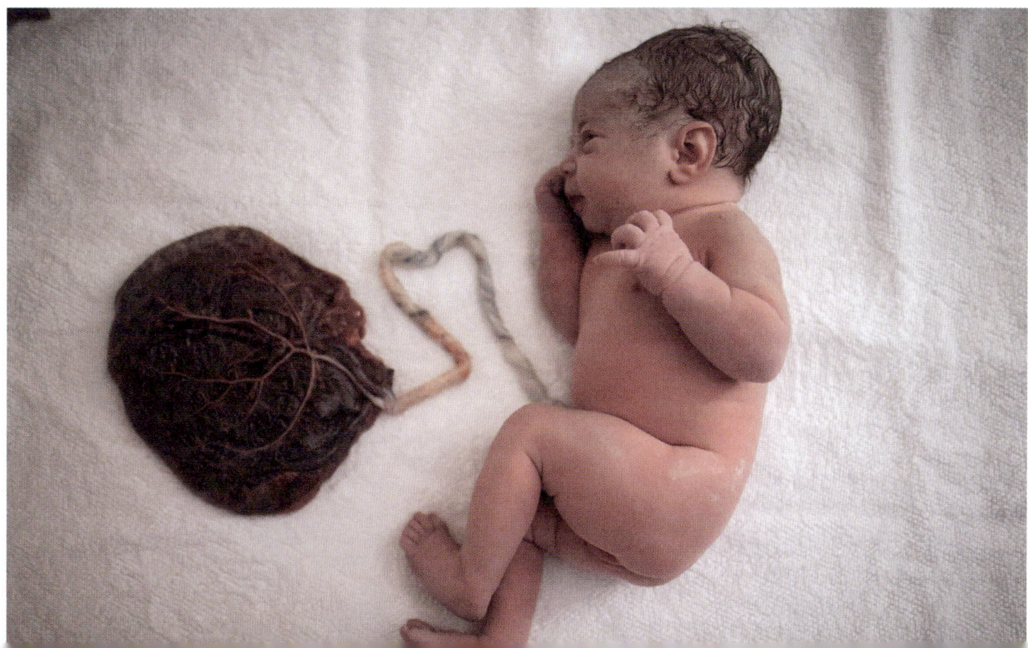

Respiración

Todos esperamos oír el llanto del bebé al nacer. Es cierto que la mayoría de los bebés lloran tras su primera inspiración de aire, pero otros simplemente comienzan a respirar sin pasar por el llanto.

¿SABÍAS QUÉ...? Cuando la cabecita del bebé entra en contacto con el aire por primera vez, aun sin que haya salido el resto del cuerpo, se activan los mecanismos para iniciar la respiración. La mayoría de los bebés, antes de coger aire, degluten el líquido que tienen en la boca (restos de la vida intraamniótica). El bebé traga primero y después inspira por primera vez. El llanto es posterior a la primera inspiración. Los bebés necesitan que les demos tiempo; mientras, observaremos el resto de las señales que nos dicen que están bien.

Mucha gente cree que el bebé respira porque lo estimulamos (frotamos), pero los bebés respiran porque han nacido para hacerlo, es el conjunto de varios estímulos lo que inicia la respiración:

- Cambio de temperatura brusco para el bebé (aunque nazca en un ambiente más cálido, el bebé está mojado y, por tanto, percibe un cambio de temperatura brusco).
- Fuerza de la gravedad en la cabeza y el rostro del bebé.
- Contacto con el aire y oxígeno en la zona nariz-boca.

VÍA AÉREA EN EL BEBÉ

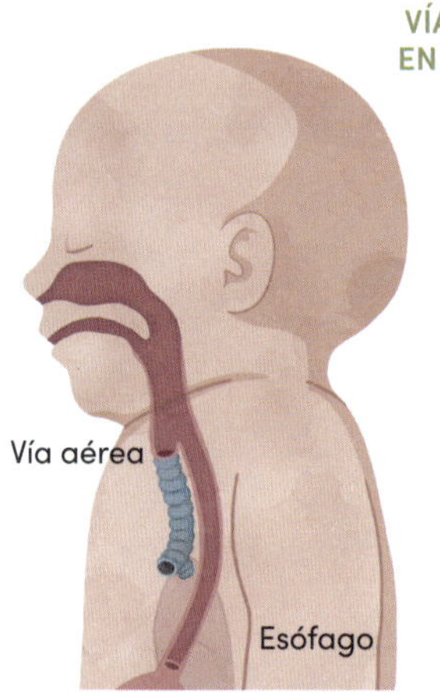

Los bebés que nacen en partos en el agua no inician la respiración bajo el agua. Aunque los toques. Poseen el reflejo de inmersión. Degluten líquido, pero no lo aspiran. Se deglute por el esófago hacia el estómago. Aspirar se refiere a la entrada de algo diferente a aire en la vía aérea. No es hasta que salen del agua que se desencadenan los mecanismos anteriormente descritos.

La mayoría de los bebés iniciarán la respiración de manera espontánea sin ningún problema, entre los primeros 10 y 30 segundos. Mientras, el cordón sigue aportando oxígeno. Empiezan a respirar nada más salir del cuerpo materno. La creencia popular de que hay que cortar el cordón para que respiren causa estragos en partos mal asistidos o partos rápidos no planificados fuera del hospital. Recordad que el cordón no se toca, ni se pinza, hasta que deja de latir. Favorece una transición más adecuada en el recién nacido y esa sangre abastece los pulmones principalmente, sin tener que privar de volumen de sangre al resto de los órganos. El bebé antes enviaba esa sangre a oxigenarse fuera de su cuerpo, a la placenta. Ahora la envía al recién estrenado circuito pulmonar.

No es necesario frotar a los bebés vigorosamente por rutina. Podemos dar una bienvenida más suave. Debemos dejarlos en paz con su madre y taparlos para evitar que se enfríen. Solo cuando un bebé no termina de iniciar la respiración, pasaremos a ejecutar maniobras de reanimación, y la primera de todas es la estimulación mediante masaje sobre su cuerpo.

Con la inspiración, los pulmones del bebé se llenan de aire por primera vez. Los alveolos se expanden y el líquido que quedaba en ellos se empuja hacia fuera. En bebés prematuros o nacidos por cesárea sin trabajo de parto previo, la eliminación del líquido es más lenta. Es prioritario también por ello proteger un pinzamiento tardío o fisiológico del cordón en cesáreas y prematuros.

El inicio de la respiración es la clave de la adaptación del bebé a la vida fuera del útero. Desencadena el resto de los cambios que sucederán en el corazón y en su sistema circulatorio.

Sistema circulatorio

Circulación fetal

Antes de nacer, la sangre que venía oxigenada de la placenta desde la vena umbilical, al llegar al corazón del bebé, se desviaba por la comunicación entre aurículas: pasaba de la derecha del corazón a la aurícula izquierda, a través del foramen oval. Solo una pequeña parte iba al pulmón.

Una vez que los pulmones del bebé se llenan de aire, la circulación fetal cambia. La sangre del bebé dejará de ser enviada a la placenta a través de las arterias umbilicales y el bebé recupera su sangre. Este progresivo aumento del volumen de sangre en el cuerpo del bebé, y el llenado de aire en los pulmones, cambia la circulación fetal y surge entonces la neonatal con sus dos circuitos: la circulación menor o pulmonar y la circulación mayor al resto del cuerpo.

Ahora que el bebé debe respirar a través de sus pulmones, la sangre sin oxígeno pasa de la aurícula derecha al ventrículo derecho. De ahí, se envía a través de la arteria pulmonar a los pulmones. Los pulmones cumplen ahora sí la función de oxigenar toda la sangre del bebé. Una vez oxigenada, pasa a la aurícula izquierda por las venas pulmonares, y de ahí al ventrículo izquierdo, que es el encargado de repartir la sangre al cuerpo desde el corazón.

Es difícil asimilar cómo podemos siquiera plantearnos privar al bebé de parte del volumen sanguíneo en un pinzamiento inmediato o precoz del cordón. Cuando no intervenimos, el bebé puede completar esta transición en las mejores condiciones.

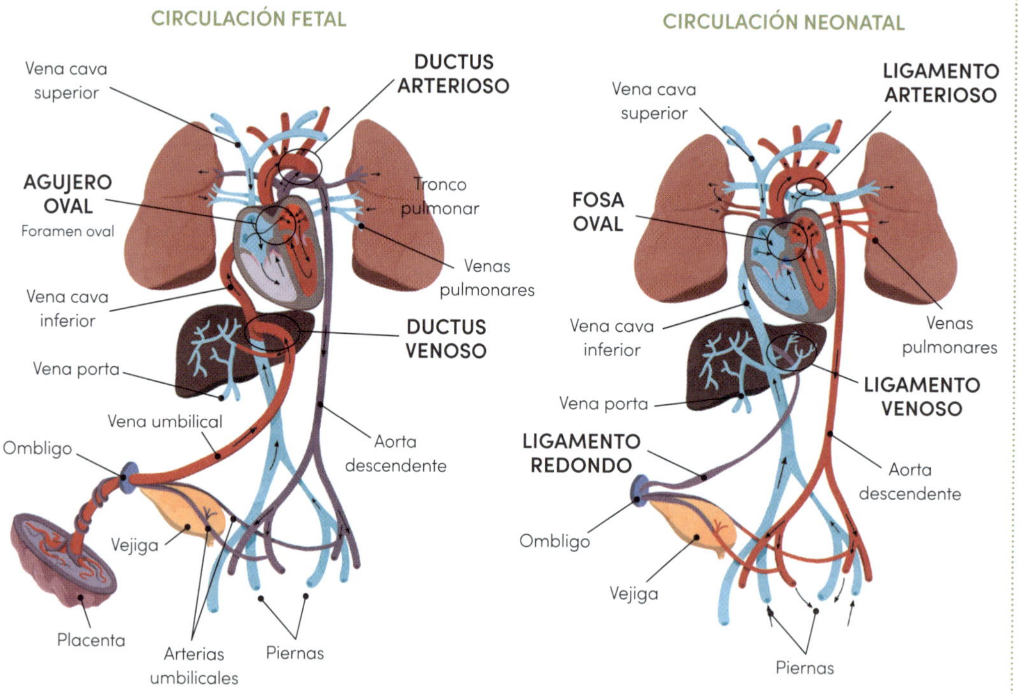

CIRCULACIÓN FETAL

Vena cava superior
DUCTUS ARTERIOSO
AGUJERO OVAL
Foramen oval
Tronco pulmonar
Venas pulmonares
Vena cava inferior
DUCTUS VENOSO
Vena porta
Vena umbilical
Ombligo
Aorta descendente
Vejiga
Placenta
Arterias umbilicales
Piernas

CIRCULACIÓN NEONATAL

Vena cava superior
LIGAMENTO ARTERIOSO
FOSA OVAL
Vena cava inferior
Venas pulmonares
LIGAMENTO VENOSO
Vena porta
LIGAMENTO REDONDO
Aorta descendente
Ombligo
Vejiga
Piernas

El foramen oval se cierra debido al aumento de presión y volumen sanguíneo en la aurícula izquierda. El cierre se produce gracias a esta presión. Anatómicamente, permanece abierto entre 6 meses y 2 años para la mayoría de los bebés. Se calcula que en torno a un 25 por ciento de los adultos tiene el foramen oval permeable.

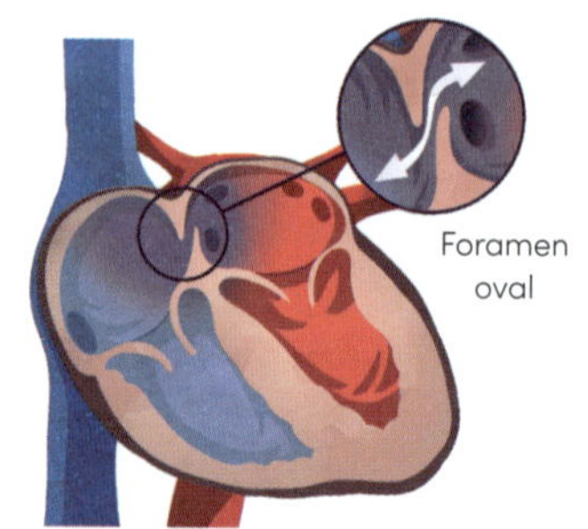

Piel con piel

Es el lugar donde el recién nacido espera adaptarse a la vida. El bebé necesita a su madre: su cuerpo, su piel, su voz, su calor y su olor. Su lugar seguro. El olor de la madre ayuda a organizar el estado del bebé. Los bebés tienen un sistema olfatorio muy desarrollado. Olfato y tacto son sus principales vías de información los primeros meses.

Sobre el cuerpo de su madre, se inicia el descenso de las catecolaminas tan necesarias para nacer. Mantenerlas elevadas ahora supondría un gasto energético innecesario para el bebé. En piel con piel, se disminuye el estrés y se reemplaza por calma y placer.

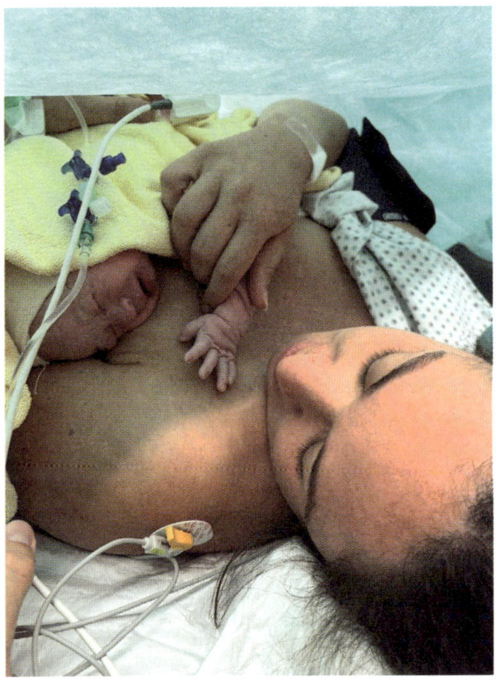

Contacto piel con piel inmediato en cesárea, Berta y Lucas

El masaje que ejerce el bebé sobre el cuerpo de su madre aumenta los niveles de oxitocina en ella. Y viceversa: el olor y el contacto con mamá los aumenta en el bebé. Es decir, ambos, mutuamente, se retroalimentan para producir oxitocina. En ambos se favorece el apego. Protege a la madre de hemorragia posparto y en el bebé produce un efecto analgésico.

El cerebro del bebé, recordemos, tiene un desarrollo infinito por delante. Activar el sistema de calma y conexión, mediante el contacto físico, favorece su desarrollo por la vía de la oxitocina. La madre es clave para el cableado del cerebro del bebé. Si por algún motivo se separa a madre y bebé, en cuanto sea posible, se recuperará el contacto piel con piel para retomar este proceso.

HABLAR AL BEBÉ, TOCARLO, MIRARLO CUANDO ACABA DE NACER DESENCADENA LA SECRECIÓN DE OXITOCINA Y LA ACTIVACIÓN DEL SISTEMA NERVIOSO PARASIMPÁTICO. LA NATURALEZA TEJE SIN DEJAR PUNTADA SIN HILO.

A lo largo de los próximos días y semanas, habrá mucho tiempo de piel con piel, porteo y brazos para la pareja también. Tras el parto se debe priorizar y cuidar que sea con la madre. Cuando ella necesite ducharse, pasar al baño y comer, pueden hacerlo las parejas. Recordad que las parejas implicadas, presentes y corresponsables desarrollan también cambios cerebrales y una mayor capacidad de cuidar.

En caso de complicaciones en la madre y separación inevitable, el bebé debe hacer piel con piel con papá, la otra mamá o la persona que haya acompañado a su madre en el parto.

Temperatura

El bebé conserva mejor el calor cuando está piel con piel con su madre. Debido al pico inmenso de oxitocina en la madre, se produce una vasodilatación en la zona de su pecho que provee de calor al bebé recién nacido. Podemos secarlo suavemente, pero lo más importante es el contacto entre ambos.

El uso de gorritos está muy extendido en nuestro medio, pero no es necesario si no hay separación. Estudios recientes demuestran que no ofrece ningún beneficio ni mejora la termorregulación del bebé. Es una práctica sin evidencia científica hoy día. El olor que emana de la cabeza del bebé activa comportamientos instintivos, como en muchos otros animales. Debemos favorecer que la madre pueda oler a su bebé sin gorrito.

«Recuerdo el nacimiento de mis hijos con especial amor. El primer encuentro, después del primer parto, que fue horrible, y del segundo, que fue maravilloso. Es un momento en el que se para el mundo. Lo miras, por fin está contigo. Ese olor, esa capacidad de poder calmarlo con tu voz, con el pecho. Tengo ese olor grabado a fuego».

Amaya

Los recién nacidos cuentan con grasa parda, un tipo de grasa con gran capacidad metabólica para producir calor. Puede llegar a representar hasta el 5 por ciento del peso de los bebés a término. Se acumula en sus escápulas, axilas, cuello y abdomen. Los bebés prematuros tienen un menor almacén de grasa y son más susceptibles a enfriarse, además de contar con un sistema de regulación de la temperatura más inmaduro. Por ello, dependiendo de las semanas de prematuridad y de su adaptación a la vida, el nacimiento se manejará de diferentes formas.

Muchos bebés de 32 semanas en adelante podrán tener contacto piel con piel con su madre, mientras que los más pequeñitos, o peor adaptados, necesitarán ser estabilizados, al menos al principio.

DISTRIBUCIÓN DE GRASA PARDA EN EL RECIÉN NACIDO

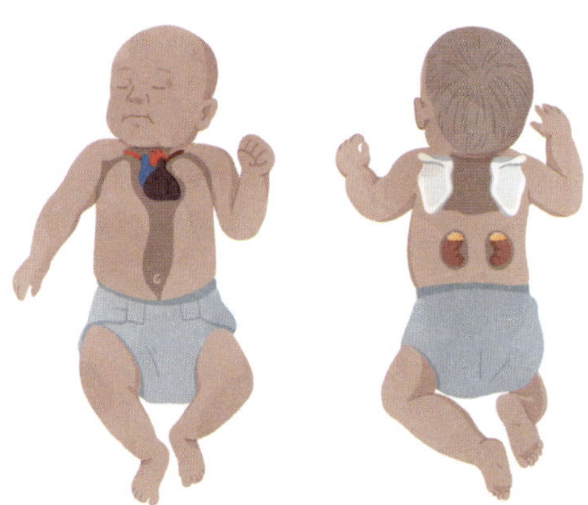

Test de Apgar

El test de Apgar se lo debemos a Virginia Apgar, médica anestesióloga y neonatóloga (Estados Unidos, 1909-1974). Se lleva a cabo de forma rutinaria y valora la adaptación a la vida extrauterina de una manera rápida y sencilla. Se realiza mediante observación del bebé, no se lo separa y, solo si es necesario, a veces puede requerir palpación y auscultación del bebé. Se valora al primer minuto y a los cinco minutos de vida.

¿Qué valora?

- el color del bebé
- la frecuencia cardiaca
- gestos y respuesta a estímulos
- el tono muscular: es uno de los parámetros más importantes. Si el bebé tiene buen tono, es decir, se ven sus manos, brazos y piernas con buena tensión, podemos esperar a que inicie la respiración. Si nace sin tono muscular, es decir, como flácido, empezaremos a estimular
- respiración: ausente, irregular o vigorosa

¿SABÍAS QUÉ...? La gran mayoría de los bebés tienen un Apgar de 9 al minuto y 10 a los 5. El 9 es porque se tiende a quitar habitualmente un punto por color: la realidad es que muchos bebés nacerán con un tono más o menos azulado. La concentración de oxígeno intraútero no es tan alta como cuando el bebé se oxigena a través de los pulmones. En cuestión de minutos, y más con un pinzamiento fisiológico, cogerá un precioso color sonrosado.

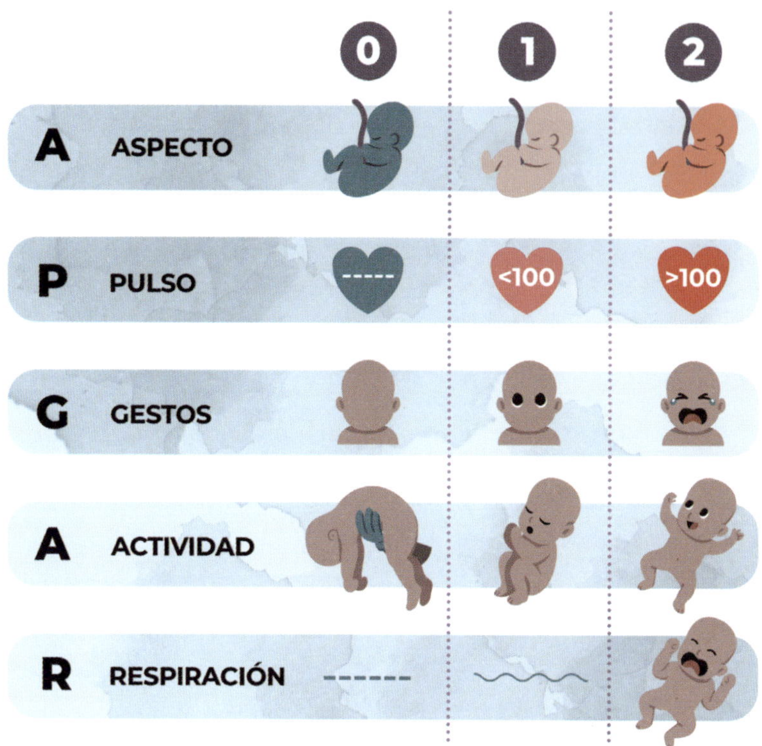

Todos los cuidados para pesar, medir, evaluar o administrar la vitamina K al bebé pueden y deben esperar al menos 2 o 3 horas tras el nacimiento, nada debe interrumpir este momento.

Es importante estar pendientes del bebé en todo momento durante estas primeras horas. La vía aérea debe estar siempre visible y despejada. El agotamiento extremo por partos largos, medicalizados o complicados puede afectar a nuestra capacidad de atención. En caso de ser así, es importante tomar medidas. Aunque no es frecuente, hay bebés que hacen una mala adaptación tardía, o sea, algún tiempo después de nacer. Ante una respiración dificultosa, un quejido o un cambio del color y aspecto del bebé, se debe avisar inmediatamente al personal sanitario.

Mala adaptación al nacimiento

Aunque lo habitual y lo frecuente es que todo fluya, en ocasiones nos toca ser ese pequeño porcentaje en el que esto no sucede. Hemos visto que la adaptación del recién nacido es un mecanismo complejo de diferentes procesos. Algunos bebés no realizarán esta adaptación como esperamos. En estos casos aparece la reanimación neonatal. Se calcula que en torno a un 10 por ciento de los bebés pueden precisar algún tipo de ayuda al nacer. Ten en cuenta que esto incluye a los bebés prematuros y los embarazos y partos de riesgo.

Aunque la palabra «reanimación» nos hace pensar en grandes complicaciones, la realidad es que la mayoría de las veces las maniobras de reanimación que necesitan los bebés son básicas y sencillas. Llamamos reanimación al simple hecho de iniciar maniobras de estimulación. En función de las necesidades de cada bebé, estas irán avanzando de la siguiente manera, si no responde a la medida anterior:

Estimulación → aspiración de secreciones de la vía aérea si estas impiden una adecuada respiración → fuente de calor → mascarilla con oxígeno → ventilación activa («presión positiva»). Muy pocos bebés precisarán más: intubación → masaje cardiaco y → fármacos.

La mayoría de los bebés que precisan reanimación básica volverán con su madre al instante en la propia sala de partos. Unos poquitos precisarán ingresar en las unidades de neonatos.

En las últimas recomendaciones de la Sociedad Española de Neonatología (SeNeo), se plantea, al fin, la posibilidad de reanimar con el cordón intacto. En la actualidad, cuando un bebé necesita reanimación, se pinza el cordón para trasladarlo a la cuna. Esto presenta cuestiones que debemos resolver. Por supuesto, la reanimación de un bebé que lo necesita es prioritaria, pero privarle de volumen sanguíneo no es gratuito para el bebé. Mantener el cordón sin pinzar e iniciar la reanimación debe ser hacia donde vamos. Hasta hace unos años era impensable, pero ahora, esto es lo que dice la SeNeo:

«El pinzamiento tardío del cordón se ha asociado a diversos beneficios clínicos, por lo cual, si bien no existe una definición universal de este, está ampliamente recomendado desde hace años para nacimientos no complicados. El dilema surge en neonatos que requieren reanimación. En un intento de mantener los potenciales beneficios del pinzamiento tardío, se han descrito diversas alternativas: el inicio de la ventilación con el cordón íntegro y su posterior pinzamiento. En neonatos que requieren reanimación se debe priorizar el inicio de la ventilación con presión positiva. Se puede considerar iniciar las maniobras de estimulación con el cordón íntegro en el contexto de un protocolo consensuado, o incluso el inicio de las maniobras de ventilación con el cordón íntegro si logísticamente se considera factible y seguro, evaluando el riesgo materno y neonatal. Un ejemplo sería el uso de cunas de reanimación ubicadas junto a la madre y que permitan iniciar la reanimación. La evidencia para estas estrategias de cordón íntegro es limitada, por lo que deben ser individualizadas e integrarse dentro del concepto del «minuto de oro» de la reanimación».

(***Guía española de estabilización y reanimación neonatal*, 2021)**

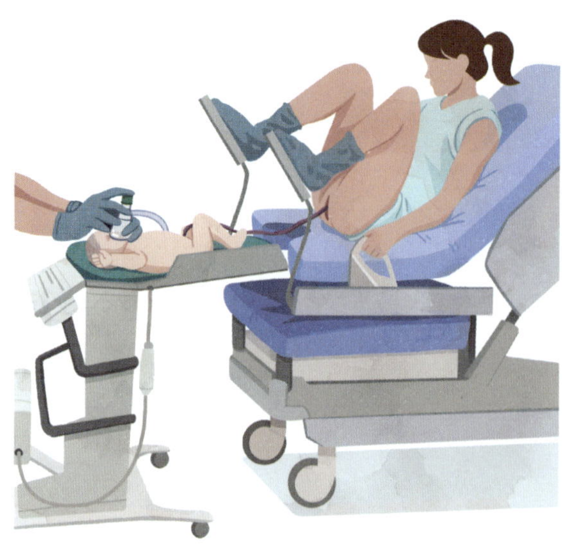

Efectivamente, para que esto comience a ser una realidad en los paritorios, se requieren cambios, consenso, medios y convencimiento de lo beneficioso que es para el bebé proteger su volumen de sangre. Al fin, tenemos la esperanza de proteger de aquí a los próximos años, de una vez por todas, la sangre del bebé.

Separación del bebé

> Proteger la no separación de madres y bebés debe ser una prioridad de todos los servicios que prestan cuidados a la mujer y su recién nacido. No es cuestión de protocolos o preferencias, sino de salud para ambos, y también de derechos. La madre y el bebé tienen el derecho natural y, por tanto, inalienable, de no ser separados.

El impacto de la separación afecta a ambos y debe responder a una necesidad vital en alguno de los dos. Bien por complicaciones en la madre, bien por la necesidad del recién nacido de recibir cuidados en la unidad de neonatos. Afortunadamente, en embarazos y partos normales, esta posibilidad es muy pequeña, pero es aún menor cuando los partos se asisten con evidencia científica, con respeto y fomento de la fisiología.

La separación de madre y bebé al nacer:

- Retrasa la retroalimentación de oxitocina. Esto conlleva más estrés, mayor riesgo de hipoglucemia y menor estabilidad de la temperatura en el recién nacido.
- Propicia un comportamiento más desorganizado en el bebé: no entiende el mundo sin el cuerpo de su madre.
- Retrasa el inicio de la lactancia materna para las madres que desean dar el pecho. El inicio precoz es importante en el establecimiento de la lactancia a corto y medio plazo. La separación afecta a la secreción de oxitocina y prolactina.
- Afecta a las adaptaciones mediadas por oxitocina, prolactina y betaendorfinas que refuerzan el apego entre madre y bebé: cuidados, recompensa y dependencia mutua.

Si la mamá o el bebé lo necesitan, la separación estaría justificada. Dolerá, y mucho, igualmente, pero nos aferraremos a su necesidad. En cuanto se estabiliza la situación que lleva a la separación, se debe reunir a ambos. Las unidades de neonatos deben estar abiertas para la familia 24 horas sin interrupción. El paradigma científico más avanzado aboga por el cuidado centrado en las familias:

«Siguen existiendo barreras para el acceso de la familia a las unidades neonatales. El recién nacido tiene derecho a recibir cuidados maternos o paternos y su desarrollo está ligado en parte a la calidad de la interacción que tendrá con su familia. Se entiende por cuidados centrados en la familia un nuevo enfoque en el manejo del niño que precisa de cuidados especiales en las unidades neonatales. El núcleo de esta nueva filosofía se basa en un cambio de actitud, reconociendo a la familia como referencia permanente en la vida del niño, incluso durante su hospitalización. Los miembros de la familia se implican en sus cuidados, forman parte prioritaria de los mismos y participan en las decisiones respecto a su hijo. Como padres son sus cuidadores naturales y por tanto deberían formar parte del equipo de cuidadores; si se les ofrece el soporte apropiado, ellos serán un apoyo muy valioso para el niño y para el equipo de profesionales».

(Cuidados desde el nacimiento: recomendaciones basadas en pruebas y buenas prácticas, **Ministerio de Sanidad, 2010)**

Los bebés y los niños tienen derecho al acompañamiento continuo. Legalmente. La Carta Europea de los Derechos de las Niñas y Niños Hospitalizados, de 1986, dice así: «El niño tiene derecho a estar acompañado de sus padres o de la persona que los sustituya el mayor tiempo posible durante su permanencia en el hospital, no como espectadores pasivos, sino como elementos activos de la vida hospitalaria». En nuestro ordenamiento jurídico, las declaraciones internacionales tienen plena efectividad jurídica, ya que el artículo 39 de la Constitución Española afirma que «los niños gozarán de la protección prevista en los acuerdos internacionales que velan por sus derechos».

Por tanto, recordad que no es legal cerrar las unidades de neonatos a visitas cada 3 horas para las madres y los padres. El bebé tiene derecho a estar acompañado.

No necesitamos evidencia científica para todo. Se trata de cuidar lo humano, lo esencial. De proteger a los bebés, a las madres y a las familias. Debemos poner amor y no solo protocolos en los cuidados hacia las madres y sus bebés.

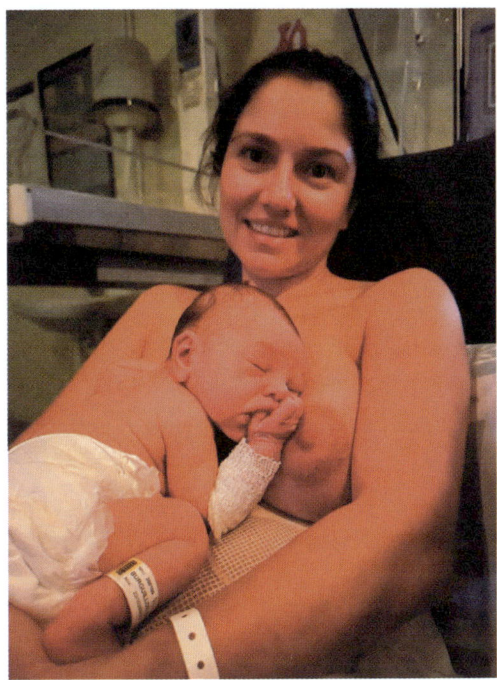

Mireya y Fernando. Piel con piel en neonatos tras cesárea y separación

Recordad que, aunque proteger la no separación es prioritario, si en vuestro caso se produjera, todo se recupera. No hay un único camino en la vida. Si no pudimos tener ese primer contacto inmediato, lo tendremos después. Las hormonas volverán a aparecer. El bebé os buscará. El piel con piel puede hacerse durante meses. El apego y la confianza se establecen en el tiempo. Y se fortalecen. Vuestra relación no va a depender exclusivamente de la ventana inmediata al nacimiento.

La humanización de las cesáreas no es un capricho ni una modernez. Es la única vía posible para dar respuesta a las necesidades de la madre y del bebé. No existe justificación que no sea clínica, por necesidad de cualquiera de los dos para ser separados. Seguiremos presentando quejas, reclamando y denunciando hasta que se deje de separar por rutina, por protocolo, por desidia, por falta de humanidad, a las madres y a sus bebés recién nacidos de su cuerpo en una cesárea.

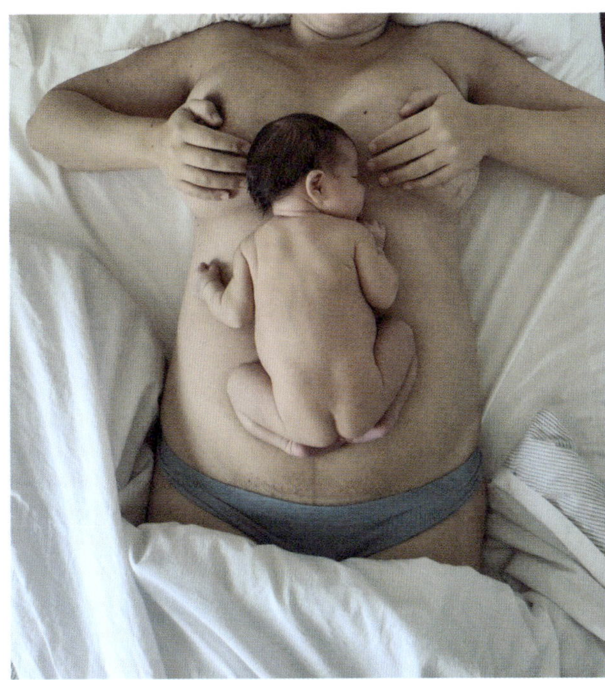

Claudia y Alba en piel con piel unos días tras la cesárea

¿Enamoramiento del bebé?

Decía el psicólogo Urie Bronfenbrenner: «Todos los bebés necesitan al menos un adulto que esté irracionalmente loco por él o ella».

Sabemos que los bebés humanos necesitan ser exterogestados tras nacer. Y para conseguirlo, precisan al menos a una persona dispuesta a darles contacto a demanda, alimentarlos e intercambiar miradas y establecer responsividad. Les va la vida en ello. Si consiguen que al menos una persona adulta se enamore, están a salvo y su desarrollo también. Y si logran que dos adultos sientan amor hacia él o ella, ¿existe mejor escenario para un bebé? Mirar al bebé, hablarle, acariciarlo, llevarlo y tenerlo en contacto hace todo eso que no vemos y es magia en su cerebro y su corazón.

Ahora bien, a veces este enamoramiento no es inmediato. Leímos sobre el flechazo y esperábamos que ocurriese tras el nacimiento. Pero no ha sucedido, y nos sentimos mal. Lo cierto es que no todo encuentro con el bebé al nacer culmina en un enamoramiento intenso. A veces, necesitamos tiempo para conocernos y aprender a querernos. También, existen factores que interrumpen el curso hormonal natural. No podemos decir que estos factores sean en absoluto determinantes, pero sí son situaciones que hay que tener en cuenta:

- Intervenciones de rutina en los partos: alteran la interacción y los niveles de las hormonas.
- Partos traumáticos: el parto puede ser traumático por una mala asistencia o por ser un parto complicado. Que este sea atendido con respeto, cariño y profesionalidad mejora la vivencia. La cuestión es que ambas situaciones pueden afectar al primer encuentro físico con el bebé. Un evento traumático genera un estado de shock y, a veces, estrés postraumático.
- La separación de madres y bebés.
- Idea idealizada por la sociedad del bebé como un muñeco.

L. C. I.

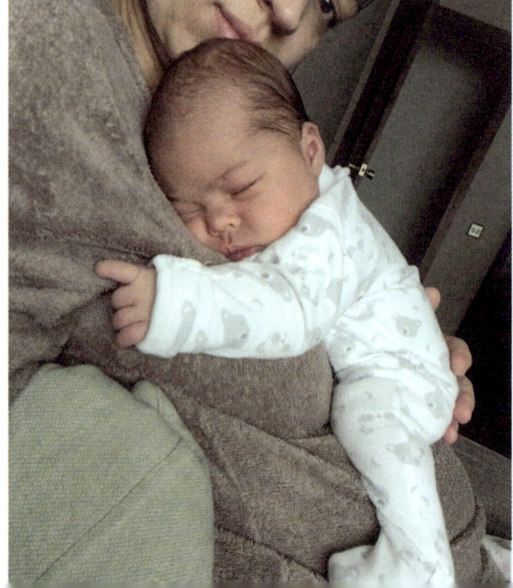

¿SABÍAS QUÉ…? Los eventos traumáticos pueden generar un estado de shock emocional y estrés postraumático. En ese estado, no podemos responder como nos hubiese gustado al primer encuentro con nuestro bebé. Necesitamos tiempo para reparar el daño que hemos vivido o, a veces, nos han hecho vivir. El shock es una alteración súbita del intenso estado emocional que puede provocar sentimientos de sobrecogimiento y negación. La negación nos protege al no permitirnos reconocer lo que acabamos de vivir, pero también hace que no podamos experimentar con plenitud el momento del encuentro con nuestro bebé.

Aun en partos fisiológicos, a veces, no se da la euforia del enamoramiento. La maternidad real es un abanico de experiencias individuales. No debe haber culpa en el sentimiento del no enamoramiento. Por un lado, está eso que conocemos gracias a la ciencia sobre las hormonas y el nacimiento. Pero por otro, se encuentran las miles de variables que no controlamos. El amor no tiene que construirse en 2 horas. Crece poco a poco. Los sentimientos evolucionan en el tiempo. Siempre habrá caminos diferentes para llegar al mismo lugar. El simple hecho de cuidar al bebé ya constituye vínculo y apego. No hay nada malo en ti. Date tiempo.

«Y después de la larga espera, naciste. Te miré, maravillada por lo que acababa de hacer... pero no te amaba. No reconocía tu cara, no reconocía tu olor, tu llanto me producía escalofríos. Todos me miraban esperando ver salir corazones de mis ojos, pero yo solo sentía miedo al no haber caído sumida en un enamoramiento pleno. Tampoco necesité cueva, necesité tribu. Compartir lo duro de un inicio de lactancia infernal. Busqué ayuda, y con unos pezones un poco menos en pie de guerra, te conocí, te olí, te besé e irremediablemente... me enamoré. Hoy eres el gran amor de mi vida, y juntos, esperamos la llegada de tu hermana para aprender a quererla también».

Laura

«Me hubiera gustado saber que, a veces, no se produce un flechazo a primera vista justo nada más nacer, a veces la mujer necesita un tiempo, días, semanas... para irse enamorando poco a poco de su bebé».

Débora

La pareja en el nacimiento del bebé

Mamá y bebé lo están dando todo física y emocionalmente. Un baile de hormonas, de movimiento y de emociones forman parte del proceso de parto y nacimiento. En esta ecuación, la pareja debe ser sostén y presencia. Es quien mejor conoce a la mujer de parto el día del nacimiento. Sus deseos, sus anhelos, sus miedos.

Vivimos en una sociedad que ya está más que acostumbrada a la inmediatez. Durante el parto, a la pareja se le exige desde fuera y a través del teléfono móvil que vaya dando un parte de noticias al minuto. Esto no les permite estar presentes, en calma, viviendo el momento. Necesitamos trabajar un poquito el respeto a los tiempos y la privacidad de un evento semejante.

Cuando ya va a nacer el bebé, las parejas implicadas, vinculadas, están presentes, acompañando cada pujo, animando a su mujer. En algunos partos sostienen una pierna o el cuerpo en cuclillas. Ven cómo empieza a coronar la cabecita, a asomar el pelito. Se nota en el ambiente que suelen estar algo nerviosas, a veces preocupadas, pero sienten una gran emoción.

No hay nada más bonito que el clima que se respira en algunos nacimientos, entre la mujer y la pareja, con la matrona o el equipo asistencial. Miradas que transmiten calma o explicaciones al proceso cuando surge alguna cosa por leve que sea.

Cuando el bebé nace del cuerpo de su madre, el alivio se palpa, la alegría, la ilusión. La pareja observa a su bebé también por primera vez. Lo toca, le habla, la familia reunida. Los ojitos, la mirada, la piel húmeda y calentita del bebé. Las manitas con sus dedos que nos cogen el nuestro con fuerza. Los pies tan pequeños, tan perfectos. El piel con piel ahora debe ser con mamá, pero habrá tiempo para después. Descubrir a nuestro bebé es magia para todos.

Durante las próximas 2 horas, el bebé reconoce el mundo sobre el cuerpo de su madre. La pareja presencia, comparte y cuida ese momento. El teléfono debe esperar. Es un instante único que no se repite. Un ratito después del parto, se puede transmitir a la familia que el bebé ha nacido.

> Observad al bebé, interactuad entre los tres. Seguid propiciando el desarrollo de conexiones neuronales que facilitan y predisponen a su cuidado.

Cuidad las luces, los ruidos, gestionad las llamadas, pues en estas 2 horas bebé y mamá se están conociendo.

Si el parto es por cesárea, salvo en casos de emergencia, la pareja debe estar al lado de la mujer para ser partícipe del nacimiento. Se sitúa a su lado, le coge una mano, conoce al bebé en el minuto en que llega al mundo y lo coloca encima de su madre. Las cesáreas deben ser nacimientos bonitos, porque son igual de mágicos: vuestro bebé está ya aquí.

En la cesárea, la pareja puede ayudar a la madre a sostener al bebé. La camilla del quirófano no es muy cómoda.

> En caso de separación de mamá y bebé, por necesidad clínica o simplemente por hospitales con mala praxis que separan en cesárea, la pareja debe hacer piel con piel con el bebé. Recordemos que el bebé necesita calmar el estrés del nacimiento para disminuir la adrenalina y comenzar a segregar oxitocina. Para ello, ser recibido mediante contacto piel con piel es fundamental. En cuanto sea posible, se le reunirá con la madre.

Si el bebé debe ingresar en la unidad de neonatos, la pareja lo acompaña, lo coge piel con piel, salvo que la situación no lo permita. Lo cuida, le da calor hasta que mamá pueda reunirse con él. La pareja también va y viene, para contar a la mujer cómo está y dónde se encuentra el bebé. Su corazón también se divide entre estar con su mujer recién parida y su bebé recién nacido.

> Podemos evitar mucho estrés a las familias asistiendo de la mejor manera posible: humanizando todos y cada uno de los procesos, y dejando atrás para siempre las prácticas absurdas que vulneran derechos inalienables.

3.

Así es un recién nacido humano

La cabecita

La cabecita de los bebés desprende magia al tacto. Acaríciala y guarda esa memoria en tus manos, ya que la memoria corporal nos queda para siempre.

Algunos bebés nacerán con mucho pelo en la cabecita y otros con apenas una pelusilla. La cabecita del recién nacido está formada por varios huesos que no se hallan soldados entre sí. Esto permite que se pueda amoldar durante el parto para nacer. También permite que su cerebro pueda crecer. Recordad que al nacer su cerebro pesa unos 350 gramos y que a los 6 meses ya pesará el doble. Las fontanelas se forman por la unión de varios huesos. Son zonas donde no hay hueso y por eso son blanditas. La mayor, la de delante, tiene forma de rombo y es la más visible. Se cierra en torno a los 18-24 meses de edad.

Algunas veces las fontanelas y suturas cierran antes de lo debido y esto puede presentar problemas de diferente índole. Tu pediatra hará el seguimiento oportuno y decidirá el tratamiento que se debe seguir. No es muy frecuente.

En las revisiones del programa de niño sano, se observa siempre el perímetro de la cabeza del bebé y su crecimiento. La mayoría de los bebés nacen con una circunferencia de entre 34 y 36 centímetros. En los tres primeros meses de vida, el perímetro aumenta en torno a 2 centímetros al mes y 1 centímetro al mes entre los 3 y los 6 meses. Este es el periodo de máximo crecimiento y desarrollo de su cerebro.

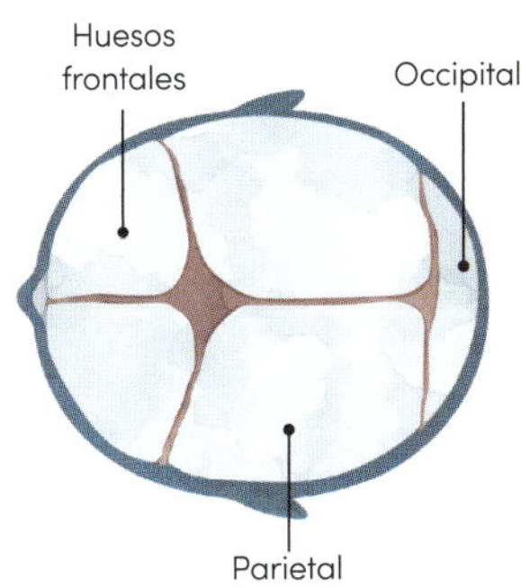

VISTA DESDE ARRIBA

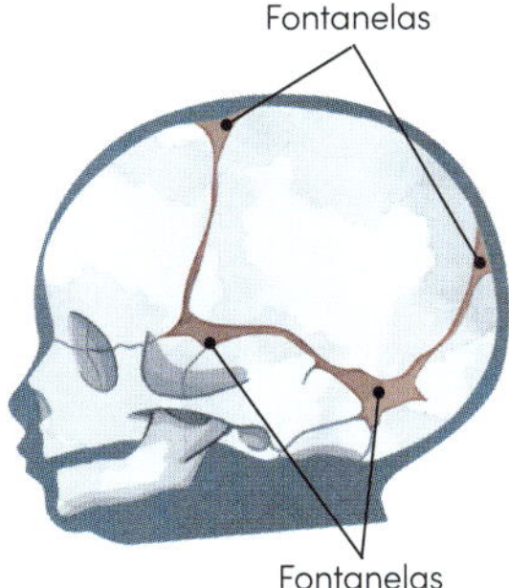

VISTA LATERAL

¿SABÍAS QUE...? Al nacer, muchos bebés tienen la cabecita apepinada como consecuencia del moldeamiento que ha necesitado para nacer. Suele desaparecer en las primeras 24 horas de vida. Ocasionalmente, algunos bebés pueden presentar alguna *deformidad* transitoria leve, como algún aplanamiento por la postura que tuviesen en el embarazo. Lo vemos, por ejemplo, en gemelos con menos espacio, o bebés que han estado de nalgas. El pediatra lo revisará. Lo normal es que se vaya corrigiendo sola, pero la valoración por un fisioterapeuta pediátrico es clave en todos los casos.

Muchos bebés presentan lo que se conoce como *caput succedaneum*. Es una especie de chichón, de edema bajo el cuero cabelludo. Se debe al apoyo de la cabeza del bebé durante el parto y desaparece los primeros días.

En ocasiones, algunos bebés presentarán un cefalohematoma. Es un hematoma en un plano más profundo. Es poco frecuente y puede aparecer en partos muy largos o complejos, en caso de malposiciones y partos instrumentales. Se suelen detectar tras el parto y se reabsorben en unas 4-8 semanas. No os preocupéis, el pediatra lo valorará y os lo explicará. Simplemente se le hace un seguimiento. Si el bebé se queja, puede que tenga dolor y podrían pautarle paracetamol.

Su carita

La carita de cada bebé es única. Qué curioso es mirarlos por primera vez. Los bebés nacen muy despiertos. Abrirán sus ojos inmediatamente o unos minutos tras nacer. Pueden ver más o menos a una distancia de 20 centímetros: justo desde los brazos de mamá a su rostro. Al principio no enfocan apenas. La luz fuerte les puede molestar, por lo que estarán mejor con luces tenues nada más nacer. Ven en una escala de grises, pero al cabo de unos días comenzarán a percibir matices de color.

Es normal que a veces los ojos del recién nacido no se coordinen y apreciemos estrabismo. Poco a poco irá aprendiendo a coordinar ambos ojos y la musculatura de los mismos se volverá más fuerte. En el útero no podían ni necesitaban fijar la mirada, por lo que lo irá desarrollando a partir de ahora. ¡El bebé tiene tanto por madurar!

¿SABÍAS QUE...? Muchos bebés nacen con el color de los ojos en tonos grisáceos o azulados. No es su color definitivo, se debe a la falta de exposición a la luz durante el embarazo. El color dependerá de la melanina que produzcan los melanocitos en los ojos, por su genética especialmente. A mayor producción, ojos más oscuros, y viceversa. A los 6 meses, podríamos decir que sus ojos ya tienen el color definitivo, pero aún podrían matizarse hasta el año.

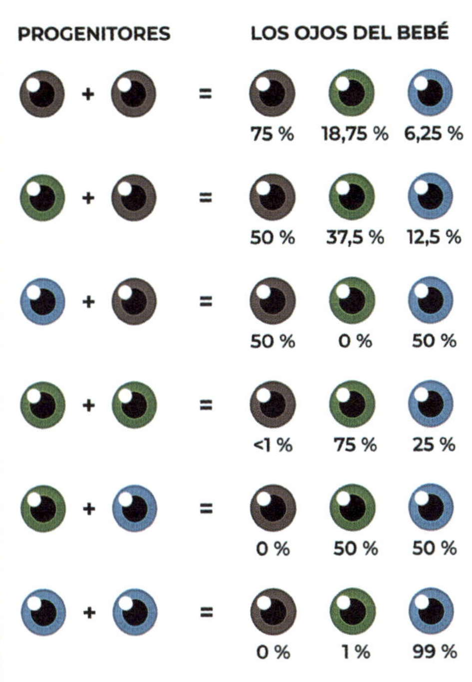

La naricita de los bebés es chata. Esto les permite que los amamanten y respirar, pues los orificios nasales quedan libres. El sentido del olfato está muy desarrollado en el bebé: le permite saber si su madre, que significa seguridad, está cerca. Según diferentes estudios del olfato en el recién nacido, los bebés muestran preferencia por el olor de la leche de su madre en comparación con la de otras madres. También giran más la cabeza hacia prendas de vestir con el olor de su madre que el de otras madres o ropa sin olor.

Sus boquitas son pequeñas y presentan un atrasamiento de la mandíbula y la barbilla que llamamos retrognatia. En muchos bebés deja de ser tan marcada unas horas después de nacer. En los recién nacidos, el tamaño del maxilar superior es mayor que el inferior. Mediante el amamantamiento, la mandíbula irá avanzando hacia delante con los meses, al estimular el adecuado desarrollo de la musculatura bucal.

Ten en cuenta que, si la retrognatia permanece llamativamente marcada y aparecen problemas en la lactancia, es necesario valorar que no sea debido a una anquiloglosia.

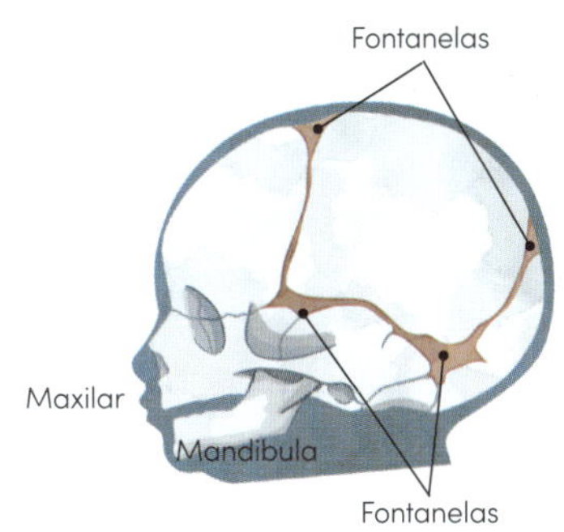

VISTA LATERAL

La piel del bebé

La piel de los bebés es delicada. Es la primera vez que entra en contacto con el mundo. Presenta unas capas y una barrera de protección más delgadas que en niños o en adultos. En bebés nacidos antes de las 34 semanas, es más fina todavía, ya que sus capas no están del todo desarrolladas.

Al nacer, la mayoría presentan vérnix, una especie de mantequilla que recubre su piel dentro del útero. A más prematuros, más vérnix. Esta grasa se adhiere bien al lanugo, el pelo muy fino que cubre todo el cuerpo de los bebés. Algunos aún conservarán bastante al nacer, pero lo irán perdiendo a lo largo de las primeras semanas. El vérnix se absorbe por la piel tras nacer. Les hidrata y protege, pues tiene propiedades antibacterianas.

Cuando se realiza un pinzamiento fisiológico, es normal que el color de la piel sea más rojo durante unas 24-48 horas. No supone ningún riesgo para el bebé. Se llama policitemia al aumento de glóbulos rojos. Es propia de un pinzamiento fisiológico y es completamente asintomática. Es decir, no causa ningún problema. En realidad, es lo normal. Estamos llamando policitemia a valores normales. Sí existen otras causas patológicas que puedan causar un verdadero aumento de glóbulos rojos y viscosidad en la sangre, pero no tienen que ver con el pinzamien-

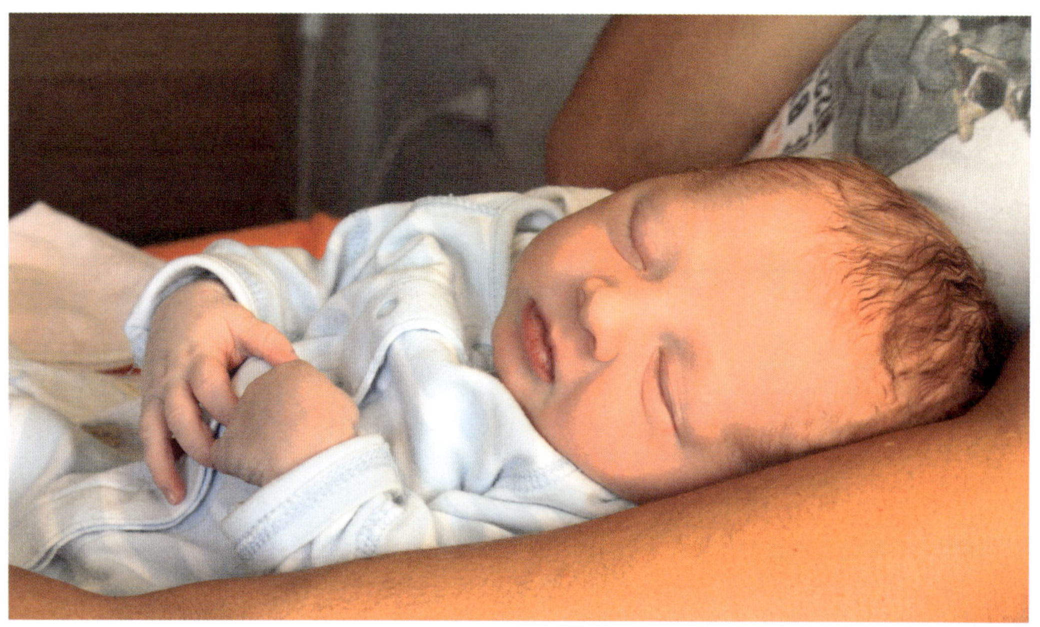

Santi 4 horas después de nacer

to tardío, sino con patologías subyacentes como pueden ser diabetes, cromosomopatías o por consumo de tabaco durante el embarazo.

Las manos y los pies del bebé pueden permanecer con un color más amoratado y más fríos los primeros días. Si su cuerpo y su cabecita están calentitos y con buen color, lo de las manos y los pies es algo pasajero y normal.

Algunos bebés nacen con lunares, manchas de nacimiento o hemangiomas. Un hemangioma es un crecimiento marcado de vasos sanguíneos sobre la piel. Se aprecian como marcas o manchas rojas. A todos los bebés los examinará el pediatra a lo largo de sus primeras 24 horas de vida. Cualquier cosa que os llame la atención no dudéis en preguntar. Pero siempre que se detecte algo diferente, el pediatra lo valorará y explicará.

Las uñas largas

La mayoría de los bebés a término nacen con las uñitas muy largas. No suponen ningún problema, pero a la mayoría de las familias les preocupa que el bebé se arañe. Y la verdad es que lo hacen. Estos arañazos son pequeños y desaparecen rápidamente. Aun así, la mayoría querréis cortarlas. Las podéis limar levemente o cortar con mucho cuidado. Son blandas y, sobre todo, están muy pegadas a la piel del diminuto dedo. Ahora existen en el mercado todo tipo de limas y tijeritas para bebé. A partir de las 3 semanas más o menos, comienzan a coger más consistencia y se pueden cortar con tijeras especiales para bebé también. Hacerlo cuando está dormido es mucho más seguro y sencillo.

Sobre todo, ¡no apuréis el corte! Se cortan más bien rectas y podemos limar un poquito las esquinas. No es aconsejable ponerles manoplas: las manos son un medio de contacto y reconocimiento del mundo fundamental para el bebé.

Las uñas de los pies crecen más lentamente. No hay ninguna prisa por cortarlas. Es importante aprender a cortarlas bien desde el principio, que sirve para el resto de la vida. Esto es: rectas para evitar uñeros. Tampoco se deben apurar. Las esquinitas se pueden limar un poquito para que no se claven.

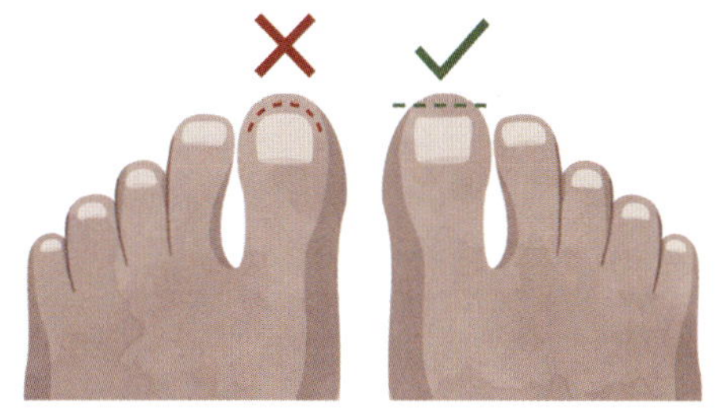

El cuerpecito

Algunos bebés pueden nacer con las mamas hinchadas debido a las hormonas maternas. Se pasará en cuestión de pocos días. No se deben tocar ni masajear. Si se pusiesen rojas o inflamadas, consultad con pediatría. Algunas veces, llegan a hacer mastitis.

El muñoncito del cordón umbilical va generalmente con una pinza de plástico. Es una pena que hayamos dejado de utilizar cordonete estéril, pues es suave y blandito, y no se clava en la piel del bebé. En algunos hospitales es posible pedir cordonete en lugar de la pinza. En partos en casa suele ser la elección.

Las pinzas acostumbran a llevar el mismo código de las pulseras de identificación. La pinza a veces se pone demasiado pegada a su piel. Debemos cortar los cordones más largos para dejar la pinza fuera del pañal y la piel del bebé libre. Podéis sugerirlo en el momento del corte de cordón.

Los recién nacidos tienden a presentar los genitales algo inflamados, tanto los niños como las niñas. Irá pasando en los primeros días. Las niñas pueden tener una minúscula menstruación, debido a la presencia de las hormonas del embarazo. Es un sangrado muy escaso y puntual que verás en el pañal. Si os asusta, comentadlo con vuestro pediatra, pero es algo puntual, sin mayor repercusión.

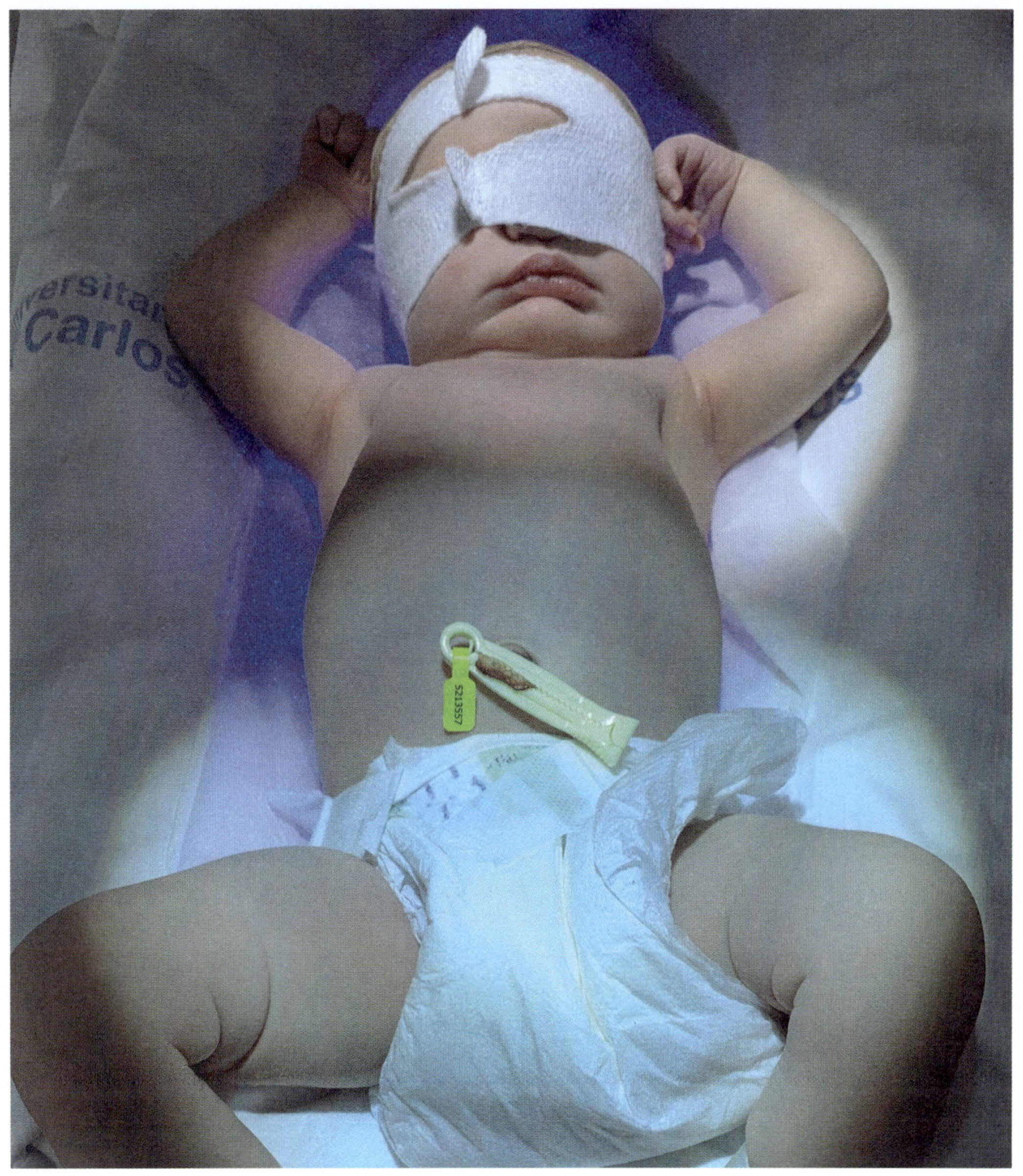

Pablo

4.

Alimentación del bebé

No es la finalidad del libro ser un manual de lactancia, pero lo cierto es que resulta imposible hablar de bebés y de sus primeros meses sin incorporar información detallada sobre su alimentación, ya que gran parte de los cuidados del bebé giran en torno a esta.

Es importante que la pareja esté compenetrada con la alimentación que la madre escoge para el bebé. El entorno a veces puede ser hostil con las decisiones de las madres. Si no hay pareja, sería ideal que las personas más cercanas acepten la decisión de la madre.

Si la madre desea dar el pecho, las parejas deben tener la capacidad de apoyarla y adquirir suficiente conocimiento para darle dicho apoyo. Comprender su deseo y la importancia para ella y para su bebé convierten a la pareja en un pilar fundamental. Además, la pareja o la familia deben cuidar a la madre para que ella pueda alimentar a su bebé.

Si opta por la lactancia artificial, es fundamental que la pareja también comparta el modo de dar el biberón de la mejor forma para el bebé, que aprenda cómo se prepara bien un biberón y cómo se manipula la leche. Siempre juntos, en el mismo barco.

Las madres deben poder acceder a información completa y adecuada para tomar sus decisiones. Esto incluye información objetiva sobre lactancia materna e información completa sobre lactancia artificial. Las familias deben saber que la leche materna es el alimento más adecuado para un bebé humano, pues es un dato objetivo. A partir de ahí, siempre apoyaremos las circunstancias, necesidades y elecciones de cada madre.

En nuestro entorno, al vivir en un país con recursos, *a priori* escogemos el tipo de lactancia. Esto es así, porque a veces se desea dar el pecho y, por muchos y variados motivos, no se consigue realizar ese deseo. En este sentido, parte de los servicios sanitarios tienen aún un largo camino por recorrer para prestar una atención de calidad suficiente en forma de apoyo, conocimiento y recursos.

«Mi hijo no quiso mamar nunca. Visitamos a muchas asesoras de lactancia, fisios, osteópatas y pediatras. Nadie pudo hacer que mi bebé abriera la boca. Cuando le obligaban, mordía fuerte y no succionaba. Me saqué leche y se la di en biberón. También pasamos a dar fórmula. Era una odisea y parecía que ninguna leche le iba bien. Unas muy líquidas, que hacían que regurgitase mucho, y otras que se hacían espesas dentro del biberón y no podía succionar. Tardamos meses en dar con una que le fuese bien».

Meritxell

¿Qué es la lactancia a demanda?

Todos hemos oído que la lactancia materna es a demanda y la artificial, también. A demanda no es ni cada 2, ni 3, ni 4 horas. Es cada vez que el bebé busca, pide o está dispuesto a alimentarse. A veces lo hará cada hora y a veces puede que cada dos o tres. Come cuando siente que tiene hambre. En ocasiones será para tenerte cerca. Y otras para calmarse. La cercanía al bebé nos despierta el instinto de ofrecer alimento ante su comportamiento. Aprender a escucharnos no es fácil en sociedades tan tecnificadas y desconectadas. Pero está ahí.

La lactancia es a demanda porque el único que sabe cuándo tiene hambre es el bebé. Ni nosotros, ni la enfermera, la matrona, la pediatra o la abuela sabe si el bebé tiene hambre o cuánto debe comer. Eso lo sabe el centro de regulación de hambre y apetito del bebé.

Los bebés realizan muchas tomas y con bastante frecuencia. Olvidad el reloj. No sabemos bien en qué momento y por qué motivo alguien inventó lo de las 3 horas. Olvidad también eso de que un bebé «ya aguanta» 3 horas sin comer.

«Aun nos hacen creer que los bebés comen cada 3 horas. Sin embargo, si sigues la lactancia a demanda, todo el rato quiere mamar, si le das el pecho lo mismo a la hora llora porque tiene hambre otra vez y así todo el día. Cuando fui a un grupo de lactancia resulta que esa era la norma y no lo de las 3 famosas horas. Yo pensaba que lo mío era raro y que algo estaba mal».

Yadira

No es una meta que el bebé aguante cada vez más horas sin comer. La meta es que la lactancia se establezca, que el bebé reciba alimento cuando lo pide y que la cantidad la regule él mismo. Haced caso al bebé. Es el único que puede deciros cuánto y cuándo, tanto cuando hablamos de lactancia materna como de la artificial.

¿Señales de hambre?

Sabréis que el bebé quiere comer porque se despierta y busca. Cabecea y se gira hacia los lados abriendo la boca. Abre los ojitos y se busca las manos. Pero estas conductas, en realidad, no son señales de hambre, son movimientos de búsqueda activa para alimentarse. Si el recién nacido está encima de su madre, piel con piel, esos movimientos permiten al bebé encontrar el pecho. El bebé busca activamente su comida. Si no está con mamá en ese momento, entonces no encontrará el pecho, y es cuando llamamos a este comportamiento señales de hambre.

Si el bebé comienza a chuparse las manitas vigorosamente, quiere comer. Si pasa un ratito más y no consigue la comida, comenzará a llorar. El llanto es una respuesta tardía de hambre. Ante la duda, probamos a ofrecer. Si os lo permitís, poco a poco tendréis muy claro que os podéis comunicar con el bebé sin necesidad de palabras.

Estas son señales de una adecuada alimentación y de que el bebé no se queda con hambre:

- Se queda tranquilo tras las tomas.
- Se desengancha solo o ya no quiere el biberón.
- En la toma, succiona activamente y poco a poco se relaja.
- Los puñitos pasan de cerrados y apretados a abiertos y relajados.
- Demanda de nuevo al cabo de un tiempo.
- La ganancia de peso es adecuada.
- Hace pipí y caca.

Lactancia materna

Dar el pecho debe ser un deseo materno. El bebé nace con la necesidad de que lo amamanten para sobrevivir. Debido a la historia pasada de las compañías de leches artificiales y su publicidad agresiva cuando no había regulación, en las últimas décadas se ha hecho mucho hincapié en dar a conocer los beneficios de la lactancia materna. Sin embargo, es más que una cuestión de beneficios. Es la leche diseñada para el bebé humano, pues las leches maternas en el mundo animal son específicas de la especie.

El amamantamiento cumple funciones más allá de lo exclusivamente nutritivo. Desempeña un papel importante en el desarrollo del sistema inmunitario del bebé y de su microbiota. Interviene en la regulación de su comportamiento, favorece un buen desarrollo oral, facilita la adquisición de los ciclos de sueño y vigilia, y asegura un contacto estrecho con la madre, al ser una leche diluida, propia de un mamífero altricial secundario.

Yaiza y Atenea

La leche materna se adapta a la edad del bebé, cambia si este está enfermo y, estadísticamente, está demostrado que reduce la necesidad de atención sanitaria con menor necesidad de consultas y de hospitalización.

En torno a la lactancia materna, los mitos, la falta de conocimiento y la escasez de habilidades a nivel profesional y de la población complican mucho su instauración. De lactancia materna debemos informarnos y formarnos antes de que nazca el bebé. Es algo que deberíamos aprender desde pequeñas, por observación constante, como parte de la vida. En los colegios ni se menciona la glándula mamaria cuando se estudia el cuerpo humano. Y esto es grave.

Existen libros completos de lactancia como *Somos la leche* y *Mucha teta* de Alba Padró. Además, es importante contar con apoyo profesional y social para que las mujeres con deseo de dar el pecho puedan hacerlo.

Recordad que, como parte del plan de posparto, es fundamental tener localizada a una matrona, IBCLC o una asesora de lactancia a quien acudir tan pronto como nazca el bebé.

«Las primeras horas de vida de Atenea fueron absolutamente inolvidables para mí. Tengo grabada a fuego cada emoción que sentí. Incluidas las malas. Determinadas visitas al hospital cuando nació me generaron ansiedad. ¿Mereció la pena? Claramente, no. Atenea lloró mucho durante una visita, casi no había dormido en todo el día. Ir de brazos en brazos la irritó, la hizo llorar. Tuve que escuchar que lloraba porque yo no tenía leche. Sigo sintiendo ansiedad cada vez que recuerdo ese momento y su llanto. Tuve que levantarme con el dolor de un cuerpo que acaba de parir para recuperarla. Ojalá pudiera volver atrás. Hace falta más respeto hacia madres y bebés en momentos tan cruciales. El amor inmenso que sentía y siento sigue siendo el remedio que me sana en los momentos de ansiedad que cinco meses después siguen brotando por la acumulación de comentarios, para mí dañinos, hacia mi forma de criar».

Yaiza

Por desgracia, tendréis que aprender a ignorar o parar comentarios de mucha gente. Familiares y sanitarios que cuestionan si come con frecuencia porque tu leche no alimenta o no tienes suficiente.

Sentar unas bases sólidas puede ayudarnos para empezar. Un gran porcentaje de mujeres, al nacer su bebé y cuando les preguntan por el tipo de alimentación que han escogido, responden: «Pecho, si tengo leche» o «Materna, si puedo». No estamos muy seguras de poder.

¿Cómo funciona la producción de leche? Empecemos por el principio

Esta es una de las bases que debe quedar bien instaurada e integrada en nuestro conocimiento y aprendizaje sobre lactancia materna. Comprender cómo se produce la leche nos ayudará a no creer en tantos fantasmas:

- No tenéis suficiente leche.
- Vuestra leche no alimenta (es agua).
- El bebé se queda con hambre (porque no tenéis leche o es agua).
- Vuestro pecho no es apto.

En cuanto al tamaño del pecho, este varía por la grasa que contiene. Pero la leche se produce en la glándula mamaria. El tamaño, por tanto, no importa.

En cuanto a la glándula, sí que existe una condición poco frecuente llamada hipoplasia mamaria. Por causas hormonales, la glándula no se desarrolla en la pubertad adecuadamente. En estos casos, es posible que la lactancia no pueda ser materna exclusiva (LME) y tenga que ser mixta en mayor o menor medida. Al no haber un tejido glandular completo, la producción de leche podría no ser suficiente. Se diagnostica únicamente en el posparto, por la morfología de las mamas junto con la clínica de la lactancia.

> No olvides que para diagnosticar una hipoplasia debe hacerse una rigurosa valoración por parte de una experta en lactancia que, en primer lugar, habrá valorado a fondo la técnica de lactancia, tomas y agarre, historia clínica completa de la madre y las estructuras orales del bebé.

Otras causas de baja producción orgánica podrían ser problemas de tiroides no detectados o tratados; cirugías en la mama que hayan afectado a los conductos de leche que desembocan en el pezón; anemias graves; hemorragia masiva en el parto y restos placentarios. En estos casos, la producción de leche sí podría ser menor a la necesaria, pero hay una patología detrás.

Lactogénesis: producción de leche

Durante el embarazo, la mama es capaz de producir calostro en pequeñas cantidades. Pero para que comience la producción de leche tras el parto, deben suceder varias cosas, y todas son fundamentales:

1. Debemos alumbrar la placenta. Una vez que esto sucede, y solo entonces, la hormona prolactina podrá comenzar a elevarse. La prolactina es la hormona que le dice a la glándula mamaria que debe producir leche. Además, participa también en el comportamiento materno de cuidados hacia el bebé.

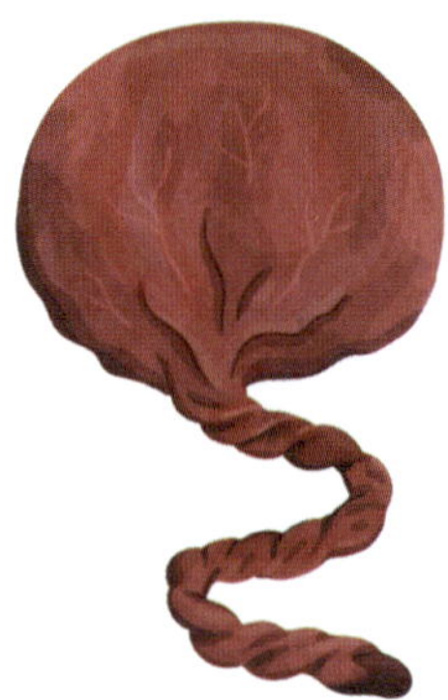

2. Para una adecuada producción de leche, necesitamos que el bebé haga dos cosas:

a. Debe estimular el pecho mediante la succión. La succión genera en la madre secreción de oxitocina y prolactina. La oxitocina hará que las células mioepiteliales, es decir, musculares de la glándula, se contraigan (como el útero en el parto). Esto facilitará la eyección del calostro, primero, y de la leche, después.
b. El bebé debe ser capaz de extraer la leche del pecho eficientemente, para que el cuerpo de la madre rellene y produzca cada vez más. Es fundamental que comprendamos esto: si el bebé no realiza tomas suficientes (porque está muy dormido o porque se le ponen unos horarios) o no consigue sacar la leche (por problemas mecánicos y anatómicos), por mucho que tenga el pezón en la boca, sin una succión activa, la cantidad de leche producida puede verse mermada.

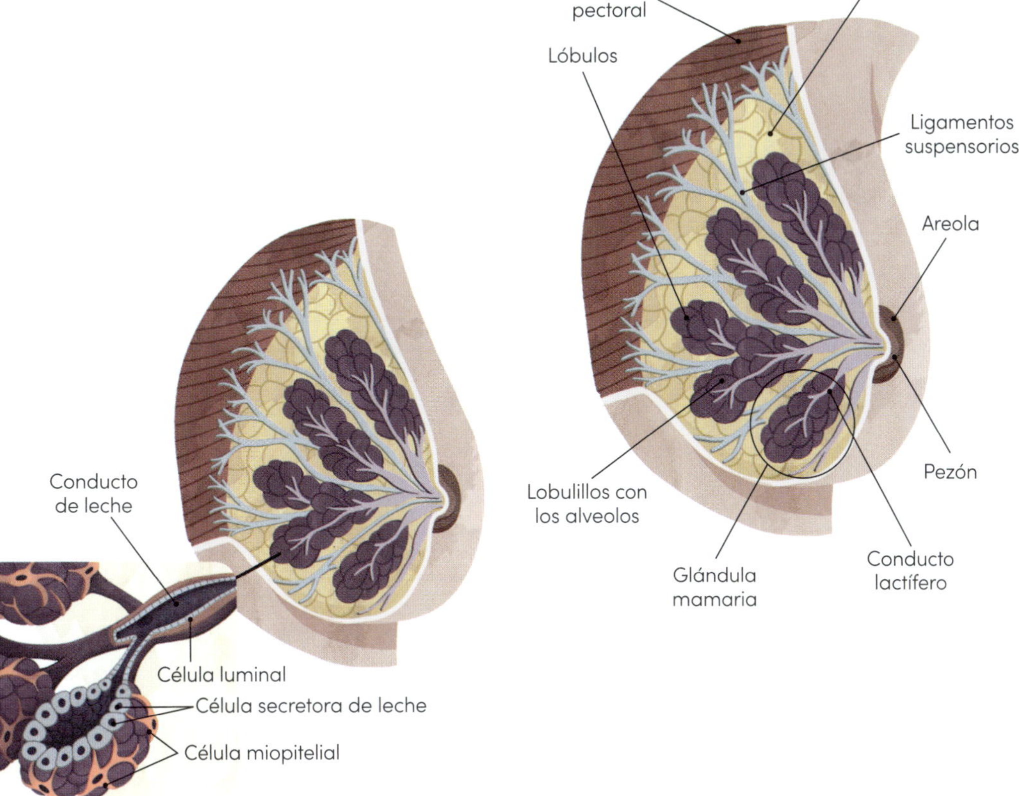

Que nadie os haga dudar: la producción de leche depende de que el bebé succione con frecuencia, para que tú produzcas oxitocina y suba la prolactina, y de que el bebé vacíe el pecho para que tu cuerpo lo rellene. Las tomas deben ser frecuentes y eficientes. Un bebé cansado o con problemas para succionar no podrá hacer tomas eficientes. Vaciar el pecho es una forma de hablar. El pecho nunca está vacío del todo, pues repone lo que se ha extraído: en eso se basa la regulación de la producción de leche.

Si lo estáis pensando, así es: en la mayoría de las mujeres que no consiguieron lactancia materna a pesar de desearlo, porque «tenían poca leche» o porque «su bebé se quedaba con hambre», detrás ha habido un problema no abordado adecuadamente.

La falta de apoyo para encontrar y trabajar en la causa y la presión y los comentarios del entorno pueden llevar a la pérdida de la lactancia. Pedid apoyo a profesionales expertas. Cuanto más pronto lo hacemos, mayor posibilidad de reconducir la situación hay.

Situaciones que hay que abordar precozmente

Si damos el pecho y estamos pasando por las siguientes situaciones, necesitaremos pedir ayuda a profesionales cualificados, para valorar dónde se está originando el problema:

- El bebé no coge peso adecuadamente.
- Hace tomas de una hora y más, y nunca se desengancha.
- Se queda dormido nada más empezar.
- Hace una especie de toma continua de 24 horas.
- No se queda tranquilo tras la toma o está irritable.

En cuanto al peso, hacer pipí y caca es importante como señal de que come suficiente. Si solo duerme y no demanda, la producción de leche mermará. Si no estimula y no extrae leche, no se alimenta y tu producción se verá afectada. Si no succiona, pide ayuda para encontrar la causa.

Los problemas de peso se deben a una causa siempre, pero esta no es la calidad de tu leche. No hay leches malas. Lo que sí hay son bebés muy dormidos, lactancias con horarios o bebés con problemas para succionar y, a veces, un origen orgánico en la baja producción de leche.

Posición, agarre y dolor en las tomas

Junto con un bebé que no demanda y el miedo a saber si están comiendo o no, la situación más frecuente en los problemas de lactancia los primeros días es el dolor en las tomas. Y con dolor, no se puede amamantar.

> Atención, esta es otra premisa que debe quedar bien integrada en nuestro conocimiento: si duele el agarre, no es bueno.

Posición del bebé

Antes del agarre, es importante trabajar en la posición del bebé cuando va a mamar. Debe estar muy pegado a su madre. En la toma, la barbilla del bebé está pegada al pecho. La proximidad lo ayuda a relajar la musculatura y a no hacer fuerza de más, por miedo a perder el pecho y no poder alimentarse. La nariz también está próxima a la piel de mamá. La cabecita del bebé es libre de extenderse hacia atrás. Lo ayuda a abrir mejor la boca, como cuando bebemos agua de una botella y llevamos nosotros la cabeza hacia atrás. Además, la cabecita está alineada con su cuerpo.

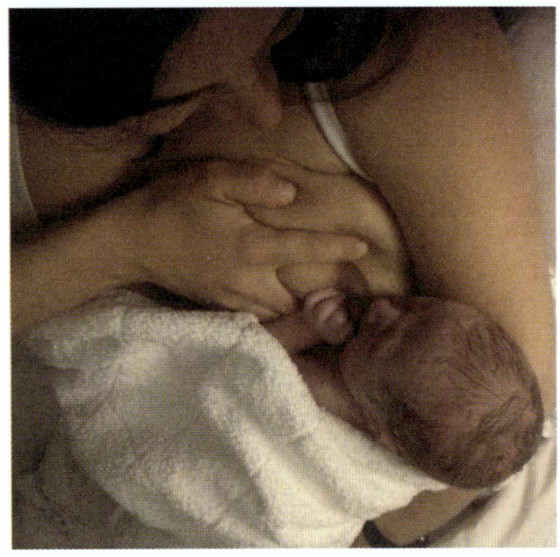

Naza y Elías

> Haced una prueba: bebed agua de un vaso o de una botella. ¿Cómo os colocáis? La cabeza se alinea con el cuerpo, no girada hacia un lado. Además, al beber, la lleváis hacia atrás.

¿Qué es el agarre?

El agarre es eso que pasa dentro de la boca del bebé y no lo que se pueda ver por fuera. Los labios en forma de pez no nos dicen qué pasa dentro de su boquita. Unos labios evertidos, por tanto, no nos dicen si un agarre es bueno.

Cuando el agarre del bebé es adecuado, la lactancia no debería doler. Puede molestar los primeros días. Puede doler el inicio de la toma si se pasa enseguida. Puede haber cierta sensibilidad. Pero el dolor no es normal. Indica que el agarre no es adecuado. Su causa es muy variable. A veces será fácil corregirlo, y otras supondrá un camino largo y tedioso en el tiempo.

El agarre y la succión:

- El bebé abre la boca y debería coger bastante areola, especialmente de debajo. No se amamanta del pezón, sino cogiendo gran parte de la areola.
- El pezón queda al fondo de la boca, se alarga, se deforma. De esa manera no se mastica ni fricciona. No está preparado para ello.
- Con el pezón al fondo de la boquita, el paladar y la lengua sellarán el pecho, haciendo ventosa, y crearán un vacío.
- Con la mandíbula y la lengua, realizará el movimiento de succión para extraer la leche sobre la areola. Debe ser un movimiento de deslizamiento suave, no una sensación de masticación.

Cuando el bebé consigue hacer un agarre profundo, la lactancia no duele. Cuando el bebé mastica, pellizca o trilla el pezón, la toma va a doler. Si duele, el agarre dentro de la boca del bebé no es óptimo.

El bebé mama de la areola y, de esta manera, masajea la glándula mamaria. Con ayuda de la ventosa que hace, extrae la leche. El pezón solo es un punto guía y la zona por donde sale la leche, pero no es de donde debe mamar el bebé.

Si duele, reposicionamos

- No forzar al bebé.
- Si está llorando, calmarlo.
- Toca la boca del bebé con el pezón para iniciar el reflejo de búsqueda.
- Espera a que abra la boca y trae el bebé al pecho rápidamente. No es necesario amagar o tardar en hacerlo. El bebé se acaba desesperando.
- Dirige el pezón al fondo del paladar y apuntando hacia arriba. Utiliza el agarre en C para aplanarlo y poder dirigirlo hacia el fondo y hacia arriba.
- Si cierra mucho la boca, ayúdalo a que lleve su cabecita hacia atrás extendida.

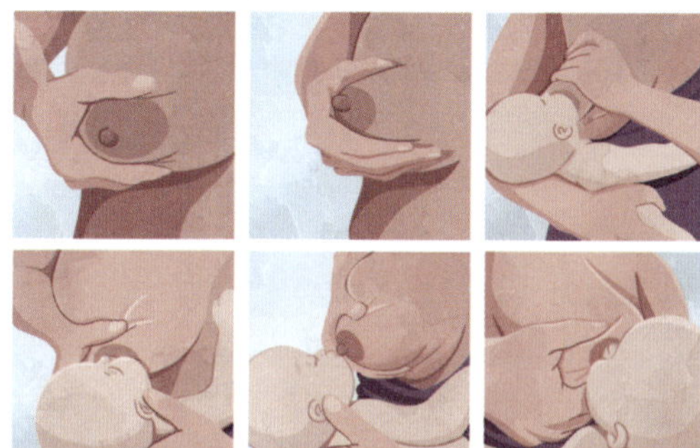

El agarre en C es clave

Utilizar la mano posicionada formando una C nos ayuda a hacer el pecho más plano para nuestro bebé. Reduce su diámetro y favorece un agarre más profundo. Esto es algo que por observación debimos haber aprendido las mujeres desde pequeñas, pero como no lo vemos mucho y no tocamos demasiado nuestro cuerpo, a veces, con nuestro bebé ya en brazos, no somos capaces de ayudarlo a engancharse. Si tenéis oportunidad, por favor, acudid a grupos de lactancia en el embarazo y fijaos cómo lo hacen las demás. Cómo cogen al bebé, cómo hacen el agarre en C. La lactancia para la mujer necesita aprendizaje.

Para realizar el agarre en C:

- Posiciona la mano en forma de C. El pecho es redondo, lo aplanaremos en función de cómo hemos colocado al bebé, de manera que debe entrar aplanado entre la nariz y la barbilla. Imagina que quieres morder una hamburguesa enorme. ¿Cómo la aplanarías? Esto es lo que necesitamos para el bebé.
- Este gesto evita que el bebé pierda el pecho durante la toma. Mantén el agarre en C toda la toma si es necesario, en mamas más grandes o cuando hay problemas de succión.
- Facilita la salida de leche acortando las tomas si comprimes pausadamente.

Os animo a probar el agarre en C antes de tener al bebé para que os familiaricéis con él. Incluso jugar con un muñeco a colocarlo y ver cómo posicionaríais la mano y la compresión. Según la posición del bebé, podéis hacerlo con una mano o con la otra. Identificaréis cómo es más fácil en función de cada posición. Yo lo hago en los talleres de lactancia para que la sensación sea física y no solo teórica. Parece una tontería, pero no lo es, teniendo en cuenta que apenas hemos aprendido a coger a nuestros bebés ni a amamantarlos.

Posiciones para amamantar

Os recomiendo también que juguéis a probarlas con un muñeco (o un peluche). Aunque un bebé se mueve, al menos tendrás la sensación corporal de la posición y la orientación.

Al bebé no le agarraremos la cabeza. La cabecita debe estar libre. En las posiciones que requieren que lo sujetemos, lo haremos por la nuca y entre las escápulas. El bebé debe sentirse sujeto y seguro, pero con la cabeza libre.

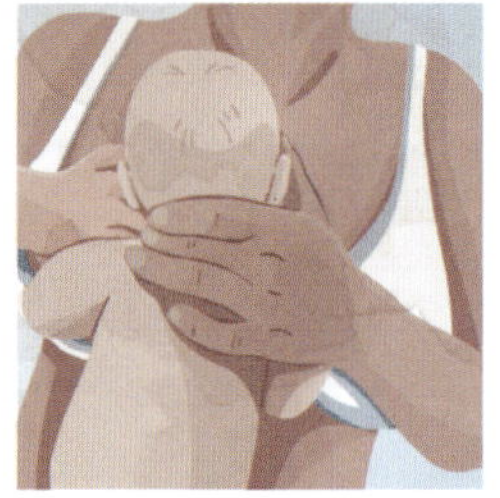
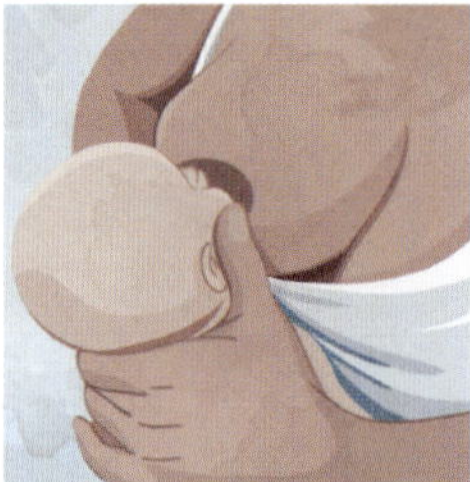

Caballito

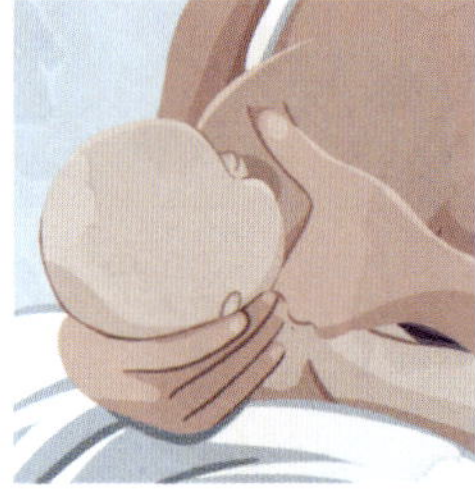

Rugby

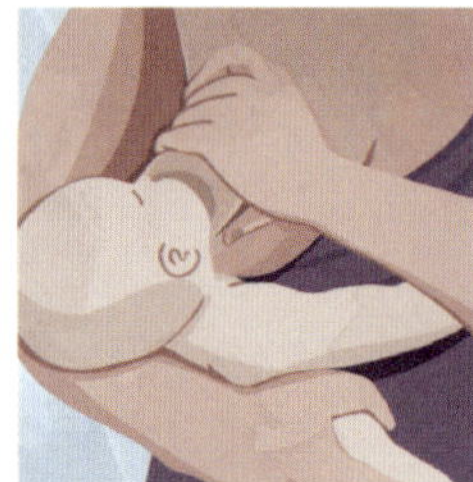

Cuna tradicional

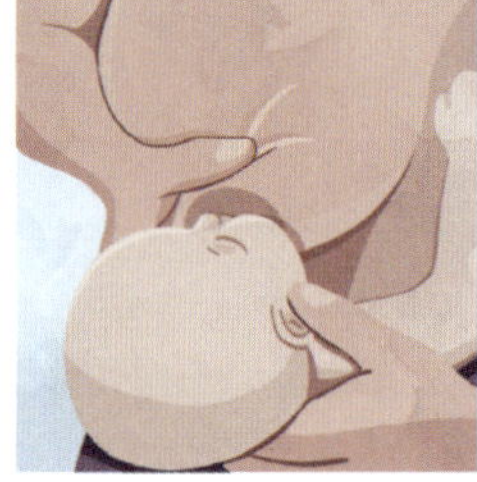
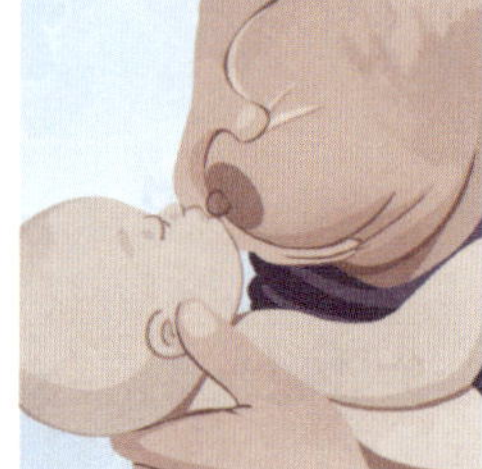

Cuna invertida

En ocasiones, a pesar de trabajar en el agarre y probar diferentes posiciones, la toma seguirá doliendo. Es posible que los profesionales tampoco tengan más herramientas en ese momento para saber qué pasa o cómo ayudaros. Sigamos investigando y avanzando.

Algunas veces, simplemente será cuestión de insistir en ello. Algunos bebés nacen como *apretaditos* por la posición para nacer, y con los días, relajan el cuerpo y empiezan a abrir mejor y más la boca. En este caso, el dolor no suele ser en toda la toma, sino al enganche y es llevadero. Mejora cada día.

Cuando el dolor no mejora

Podría ser que vuestro bebé tenga tensiones físicas y estas le impidan mamar bien. O quizá se deba a una mala posición del bebé durante el embarazo o el parto. Un parto instrumental, un parto que precisa cesárea por mala posición o no descenso, y el uso de maniobras agresivas no indicadas como la de Kristeller pueden causar dolor en el bebé. También una tracción excesiva de la cabeza en el momento del nacimiento.

Tanto la presencia de dolor como la existencia de contracturas pueden impedir al bebé mamar adecuadamente. En este caso, será importante acudir a un fisioterapeuta pediátrico especializado en lactancia lo antes posible. Pedid la cita ya desde el hospital. Por desgracia, no suele haber este tipo de servicio a nivel público.

El otro motivo que podría estar detrás de ese dolor sería la presencia de una anquiloglosia, es decir, una restricción en los movimientos de la lengua. Esto puede ser debido a un frenillo lingual corto o a tensiones musculares en los bebés que anclan la lengua.

Algunos bebés nacen con una tortícolis muy marcada. Será diagnosticada al nacer y en principio abordada. Si no os ofrecen rehabilitación, pedidla o acudid por privado a un fisio especializado. Sin embargo, existen tortícolis sutiles que nadie detecta y que también afectan a la lactancia. Por ello, la revisión con fisioterapia es clave.

Como la mayoría de estas situaciones no pueden resolverse de inmediato tras el parto, además de cuidar la posición, la extensión de la cabeza del bebé y usar el agarre en C, ¿qué hacemos mientras?

- Priorizar las posiciones en las que el bebé puede abrir más la boca, como son caballito, rugby, posición biológica o cuna invertida.
- Extraer calostro y dar alguna toma en diferido si el dolor no es soportable.
- Introducir una pezonera.

Pezoneras

Sin duda, no se debe poner una pezonera sin examinar qué sucede y cuál es la causa para trabajar sobre ella. Pero, bien indicadas, pueden salvar lactancias.

Hasta conseguir ayuda, apoyo, diagnóstico y tratamiento, este sería el momento de usar pezoneras. Las pezoneras son un dispositivo de silicona fina que se coloca sobre el pezón y la areola. Al ser finas, permiten la estimulación táctil sobre la areola y el pezón, una zona altamente inervada. Esto hace posible una estimulación hormonal adecuada.

Las pezoneras antiguas de látex y caucho interferían bastante en la transferencia de leche, y, por ello, durante mucho tiempo ha habido reticencia a utilizarlas. Pero las nuevas, que son de silicona fina, de talla adecuada y bien puestas, no parecen interferir en la transferencia de leche.

En la pezonera, debe entrar el pezón y algo de areola, pues los bebés maman de la areola. Por eso las tallas pequeñas no suelen ser útiles.

¿En qué casos podemos plantear el uso de una pezonera? En los siguientes, pero siempre después de haber trabajado en posición y agarre:

- Pezones planos o invertidos con agarre dificultoso.
- Dolor, grietas y alta sensibilidad.
- Anquiloglosia hasta que se pueda abordar.
- Paladar alto: los bebés con un paladar muy alto necesitan, a veces, pezonera para conseguir desencadenar el estímulo de succión. El paladar alto podría estar relacionado con la presencia de anquiloglosia.
- Bebés con una succión exageradamente fuerte (necesitan fisioterapia).
- Transición de vuelta al pecho si ha habido biberones.
- Hiperproducción de leche en la madre para disminuir el alto flujo de leche.
- Succión débil o masticatoria.

- Si estamos pensando en dejar la lactancia.
- Imposibilidad de conseguir enganche y toma.

Las pezoneras son de ayuda para muchas madres, pues les permiten salvar el bache. Para otras, son un engorro y desean quitarlas cuanto antes, pues las sienten como una barrera. Por ello, su uso solo es mientras se trabaja en la causa.

Retirarlas dependerá de si esa causa ha mejorado y está abordada o no. No hay prisa por quitarlas. Algunas mujeres las necesitarán solo unos días, otras, unas semanas y otras las usan durante toda la lactancia. Si pensamos que es buen momento para probar a empezar a retirarlas, estos serían los pasos que se deberían seguir. El proceso puede llevar unos días. Ante todo, hay que mantener la calma:

- Iniciar la toma con pezonera y retirar a media toma con el bebé más saciado y tranquilo.
- Iniciar la toma sin pezonera, si el bebé está tranquilo.
- Probar en lugares donde estés tranquila como en casa, no en una cafetería. Vuelve a ponerla si no se consigue que el bebé agarre.
- No olvidemos nunca los básicos de la posición y el agarre en C.

Una vez que la lactancia se instaura, no será tan necesario cuidar el agarre y la posición.

La primera toma. El calostro es leche condensada

Y por eso es escaso. Pero suficiente. Nada más nacer, el bebé comenzará poco a poco a mostrar conductas de búsqueda. El reflejo de búsqueda permite al bebé, como un radar, girar la cabeza y abrir la boca ante el contacto o las caricias cerca de la comisura de la boca y las mejillas. El bebé es capaz de llegar al pecho y realizar un agarre espontáneo si está tranquilo y le dejamos hacerlo. Pero también se le puede ayudar si el instinto de la madre le pide acercarlo.

Recordad que aunque el agarre espontáneo, en el que el bebé es capaz de trepar por el abdomen de su madre y cabecear hasta el pecho, es una maravilla, vamos a empezar a hacer lo que nos pida el cuerpo de forma visceral. Si de manera automática os sale acercarlo al pecho y sostenerlo, no dejes de hacerlo. Es importante que la información que recibimos no impida el comportamiento más visceral e instintivo. De aquí en adelante y para toda la crianza. Dejar de anular los sentimientos instintivos y deseos de las madres es primordial si queremos recuperar una crianza más biológica, autónoma y en confianza.

«El bebé me despertó un instinto brutal de protección. Es lo más primario y animal que he sentido jamás».

Patricia

Se produce un volumen de calostro de entre 2 y 20 mililitros por toma. Es suficiente para satisfacer las necesidades del recién nacido que mama con frecuencia y se mantiene en brazos de mamá. El calostro no es un error, sino la intención de la naturaleza: permite la puesta en marcha de la digestión y la transición hacia la alimentación oral del bebé. Lubrica el intestino, lo pone en marcha y facilita la evacuación de meconio y, por consiguiente, evita la ictericia. Tiene menos contenido energético que la leche madura, pero más proteínas y mayor concentración de algunos minerales. Es rico en inmunoglobulinas, lactoferrina y oligosacáridos. Estos elementos protegen a los recién nacidos de patógenos ambientales y favorecen la maduración de su sistema inmune. El calostro es la mejor vacuna que podemos dar al bebé al nacer.

Los bebés nacen con el instinto y los mecanismos para iniciar la lactancia. El estímulo del bebé al pecho y la succión del calostro son claves en la puesta en marcha de la subida de leche. La primera toma sucederá, por tanto, en la primera hora tras nacer. Es importante que sea así para que la prolactina empiece a trabajar.

La primera toma, generalmente, sucede en posición biológica: con la madre recostada y el bebé encima, bocabajo. Su cabecita está alineada con su cuerpo. El brazo de la madre, del mismo lado del pecho que el bebé está buscando, ayuda a dar soporte a la cabeza del bebé.

Abril en su primera toma tras nacer. Parto vaginal, después de cesárea

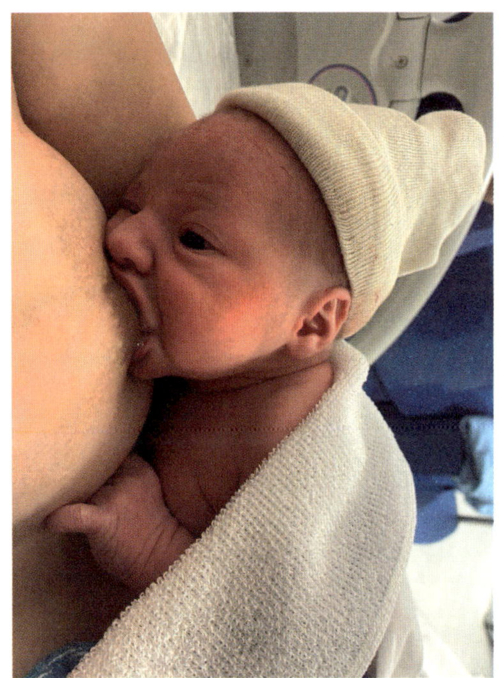

En la primera toma, simplemente dejamos al bebé agarrarse y vemos qué sucede. Si duele, debemos pedir apoyo a la matrona para evaluar y ayudar a recolocar al bebé o hacer un agarre más profundo. Podemos utilizar el agarre en C, para comprimir la areola y que esta entre más al fondo en la boca del bebé.

Dejaremos que acabe la toma. Completar la toma se refiere a esto: el bebé mama durante un buen rato hasta que se va relajando y se queda dormido, y generalmente suelta el pecho por sí mismo. Tras este momento, muchos entran en un sueño profundo. Descansan de todo lo que acaban de hacer: nacer, adaptarse a la vida, conocer a mamá e iniciar la alimentación. Toda una odisea.

Succión-deglución y respiración

Los bebés a término tienen bien coordinadas las funciones de succión, deglución y respiración. La succión extrae la leche del pecho o del biberón. La deglución es la capacidad de tragar el alimento de forma segura desde la boca al esófago. Además, deben coordinarse con la respiración.

El reflejo de succión comienza en la vida fetal en torno a las semanas 16-18. A las 28 semanas, aparece el reflejo de búsqueda. Y entre las semanas 32-34, succión y deglución se coordinan. La coordinación de la succión-deglución con la respiración es fundamental para que el alimento no entre en la vía aérea. Esta coordinación aparece en torno a la semana 36.

Bebé prematuro

Los bebés muy prematuros no podrán alimentarse directamente de pecho:

- Entre las 26 y 28 semanas, consiguen una succión leve ante estímulo. En esta semana comienza a practicar la succión no nutritiva. No hay coordinación entre succión-deglución, por lo que se debe alimentar por sonda nasogástrica.
- Entre las 28 y 30 semanas, la coordinación succión-deglución es muy inmadura, por lo que la alimentación oral sigue siendo poco segura y cansada para ellos.
- Entre las 30 y 33 semanas continúa madurando la coordinación necesaria para poder alimentarse de forma oral. El bebé perfecciona la succión no nutritiva que dará lugar a la nutritiva. De forma individualizada, algunos bebés serán capaces de alimentarse por la boca.
- Entre las semanas 33 y 36, la mayoría de los bebés transicionarán al pecho/biberón. La coordinación succión-deglución respiración puede ser aún inconsistente, pero la mayoría de los bebés lo conseguirán adecuadamente.

Será un camino de espera y paciencia, hasta que el bebé alcance el desarrollo suficiente para poder alimentarse por la boca. En la transición al pecho, los bebés prematuros suelen tener más dificultad para el enganche y es normal que se cansen en las tomas. En prematuros existen estudios que encuentran una mayor transferencia de leche cuando se utilizan pezoneras. Sería una opción más en la transición. En este camino, la figura de la logopeda neonatal en las unidades de neonatos realiza un trabajo indispensable en la valoración y rehabilitación de los bebés, para ayudarlos, junto con su familia, a establecer la alimentación oral segura. Su trabajo es imprescindible.

Donación de leche materna

Mientras las madres de bebés prematuros consiguen extraerse leche para alimentar a sus bebés, en algunos centros existen bancos de leche materna. Otras madres que amamantan donan su leche. Este gesto aumenta la supervivencia de grandes prematuros y contribuye a una mejor recuperación de estos y de bebés con patologías. Para ellos, la leche materna forma parte de su tratamiento médico. La alimentación con leche materna humana donada:

- Disminuye enormemente el riesgo de padecer enterocolitis necrosante neonatal. Es una enfermedad grave para los recién nacidos prematuros. Se produce cuando el tejido del intestino grueso se inflama. Esta inflamación daña y, en ocasiones mata, el tejido del colon del bebé. Constituye una de las causas más importantes de estancias hospitalarias prolongadas. Puede producir la muerte del bebé.
- Se digiere mucho más fácilmente por el bebé, por lo que será posible suspender antes la nutrición intravenosa.
- Facilita que, a largo plazo, los bebés presenten un mejor neurodesarrollo y un menor riesgo de enfermedades cardiovasculares.
- Supone un importante ahorro del gasto sanitario desde un punto de vista económico. El coste económico que supone un banco de leche es muy bajo si se compara con el ahorro conseguido al evitar casos de enterocolitis.

Bea extrayéndose leche para donar al Banco Regional de Leche de Madrid

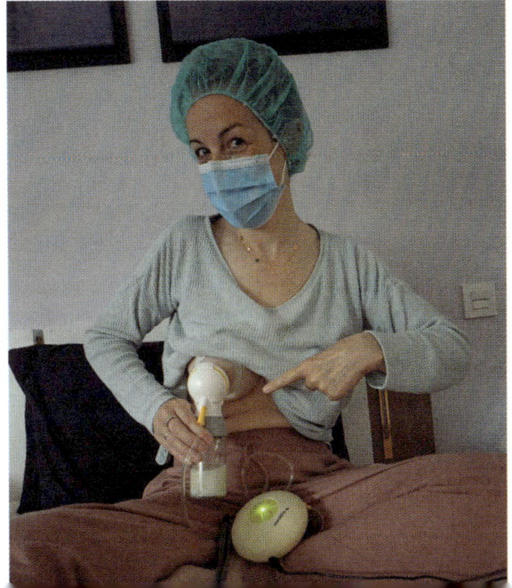

Si queréis profundizar más y saber cómo funciona la donación de leche, echad un vistazo a mi blog:

Los bancos de leche humana dependen de las donantes. A veces hay más leche y otras menos. A mayor cantidad de leche en reservas, más bebés podrán beneficiarse de ella.

Cesárea y primera toma

En caso del bebé nacido por cesárea, cuando estas se humanizan, el inicio de la toma sucederá más o menos igual que en un parto vaginal. Quizá un poquito más tarde porque en quirófano no siempre lo conseguiremos, por incomodidad y poco espacio debido al campo quirúrgico estéril. Pero será importante mantener al bebé piel con piel. Algunos bebés sí se enganchan en quirófano con ayuda de la matrona y la pareja.

Debido al dolor de la herida, la posición biológica puede modificarse con el bebé más horizontal. También podemos probar

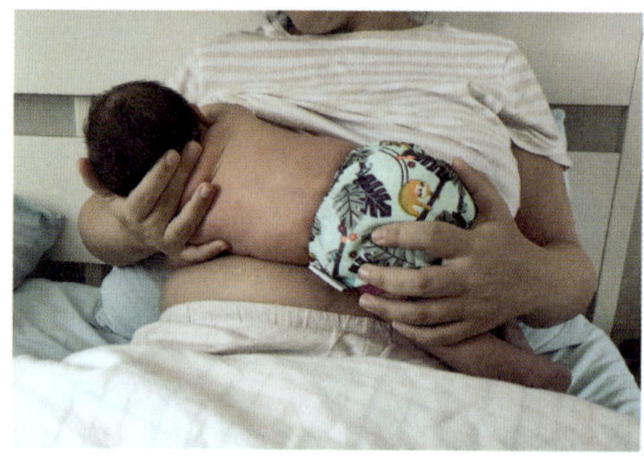

Alba y Claudia

con la posición de rugby o cuna tradicional. Los analgésicos son compatibles con la lactancia. Es importante que la pareja y el personal sanitario echen una mano para colocar al bebé si la madre lo necesita.

Cuando hay separación, el curso que tomen las cosas dependerá del motivo que la ocasione. Si la causa es por necesidad de la madre, o si se prolonga esta separación, sería importante recibir apoyo para iniciar la extracción de calostro. Estimular la prolactina en la primera hora de vida, si fuese posible, es nuestra misión, pues es una ventana fundamental por la carga hormonal. Si no puede ser en la primera hora, en cuanto sea posible. Reunir al bebé con mamá sería una prioridad absoluta.

Si la separación es por el bebé, es importante que la madre pueda acceder al servicio de neonatos. Dependiendo de la situación del bebé, se le podrá poner al pecho o iniciar igualmente la extracción de calostro para comenzar a suplementarle y activar la subida de la leche. Estos servicios a veces dan un apoyo impresionante a las madres para acceder al cuidado de sus bebés (cuidados centrados en la familia), iniciar la extracción de calostro o la lactancia al pecho. Sin embargo, en otros, el apoyo es escaso, se limita el acceso de las familias al servicio y no se cuenta con las familias para la alimentación del bebé. Esto es poner zancadillas a las madres y sus bebés.

> La separación protocolaria en cesáreas debería dejar de suceder. Las palabras no alcanzan para describir el daño innecesario que se hace a las familias. La evidencia sobre su importancia en la lactancia, el apego y el bienestar de mamá y bebé está demostradísima. Y más allá de la evidencia, está la humanidad. Y ese es un derecho inalienable de la mamá y el bebé.

Si el bebé no se engancha

Las causas de que un bebé no se enganche suelen ser las mismas que hemos relacionado con el dolor en la lactancia que no mejora: malas posiciones, inducciones, partos muy largos o instrumentales, por el dolor, las contracturas o asimetrías faciales que pueda haber asociadas.

El llanto irritable que no podemos consolar tras el parto, a pesar de estar piel con piel, un ambiente tranquilo, poco ruido y luces tenues, suele deberse a la presencia de dolor. Los bebés sienten dolor. Es importante valorar al bebé y administrar un analgésico si es necesario, así los bebés dejan de llorar. Se calman y la mayoría conseguirá realizar la toma. Por supuesto no estamos diciendo que siempre que un bebé llora haya que administrarle un analgésico. Hablamos de un llanto irritable, inconsolable y mantenido después de un parto complicado. Podemos comentarlo con los pediatras.

Finalmente, algunos frenillos limitantes impedirán al bebé engancharse al pecho, pues la lengua no puede realizar los movimientos que necesita para hacerlo.

Si el bebé no consigue realizar la toma por alguna de estas causas, intentaremos sacar calostro. La matrona puede enseñarte cómo hacerlo y ayudarte a suplementarle mediante dedo-jeringa o con una cucharita.

Extracción de calostro

Cuando se ha practicado la técnica de manera prenatal, ya la tenemos integrada. Si no es así, que es lo más frecuente, aquí dejo unos pasos sencillos para la extracción, pero os animo a pedir ayuda a las matronas para comenzar a hacerlo. Con apoyo físico siempre será más fácil. Recordad que, sobre todo, se requiere paciencia y constancia. Estar cómodas con la técnica es el primer paso, así que comprender nuestro cuerpo resulta clave.

1. Lavarse las manos.
2. Estimular durante 2 o 3 minutos la mama con calor y masaje. Piensa en tu bebé y mantenlo cerca si es posible. La carga hormonal es importante. Realizar masaje en forma circular, presionando suavemente el pecho en todo su contorno. También masajeando desde la parte más externa, en dirección al pezón. Puede aplicarse calor opcionalmente. Podéis acariciar con las yemas de los dedos el pezón. El olor, o la presencia del bebé, favorece la secreción de oxitocina.
3. Colocar los dedos en forma de C, a unos 3-4 centímetros del pezón. Llevar los dedos hacia atrás, hacia las costillas, para abarcar toda la glándula y, finalmente, comprimir, llevando los dedos hacia el pezón. Repetir el movimiento con suavidad y ritmo. Experimenta diferentes maneras de hacerlo hasta dar con la tuya. Rota los dedos de posición después de un ratito y comprime con la mano en C. No debe producir dolor; si duele, hazlo más suave. Recuerda que comprimimos la mama y la areola, no el pezón.

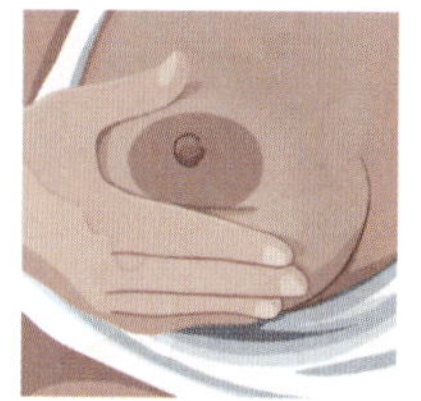
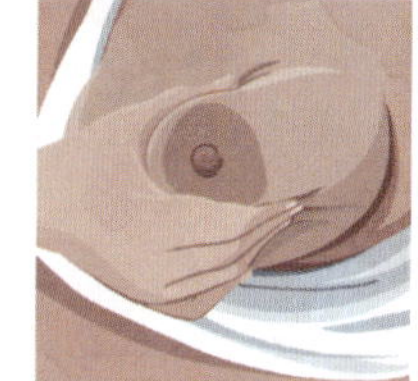
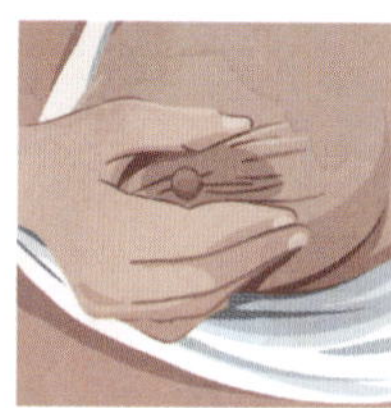

4. Recoger el calostro en una jeringa morada (son de alimentación y uso exclusivo para bebés). Pídesela al personal sanitario del hospital. También sirve una cucharita limpia para dárselo así al bebé.

Es probable que las primeras veces que lo intentes solo salgan unas pocas gotitas. Pero cuanto más frecuentemente lo hagas, mejor aprenderás a extraer el calostro y al aumentar el estímulo, irás recogiendo cada vez más cantidad.

¿Se podría hacer con un sacaleches? Sí. Los hospitales tienen sacaleches con programas para el calostro. Hablad con el personal para que os lo traigan. Aunque no a todas las mujeres les va bien al principio. Como el calostro es una leche muy densa, a veces es más fácil con la extracción manual. Con el sacaleches es menos cansado porque es eléctrico. Es cuestión de probar ambas formas. Igualmente, puede que las primeras veces no salga o que veas solo unas gotitas al principio, que, con constancia, irán a más.

Lactancia artificial

Si nuestra elección es la lactancia artificial, veamos cuál es la mejor manera de hacerlo para nuestro bebé. La lactancia artificial tampoco es tan sencilla como muchas personas creen. Debemos tener en cuenta:

- la elección del biberón y la tetina
- la elección de la leche
- la técnica para darla al bebé
- la preparación de la leche
- el mantenimiento de la leche preparada

El biberón debe intentar imitar en lo posible la lactancia materna. Esto es porque la lactancia materna cumple también funciones de desarrollo oral en el bebé y de regulación, gracias a la succión y el contacto con mamá.

Sabemos que debe ser a demanda del bebé, y no de lo que pone la lata del fabricante. En las latas, las cantidades indicadas según la edad del bebé son estándar para todos. Pero ¿cómo podemos pensar que un bebé de 3 kilos comerá lo mismo que uno de 4, aunque tengan la misma edad?

Para poder dar una lactancia con biberón a demanda, deberemos escoger bien la tetina, el flujo de la misma y la forma en que damos el biberón al bebé. Sabemos que la lactancia materna es un factor de protección de obesidad. Por supuesto, el estilo de vida será determinante en la vida de las personas, pero una de las formas en las que la lactancia protege es porque el bebé come según sus señales internas de hambre y saciedad. Y esto solo lo sabe su sistema nervioso. Con el pecho, no se sabe lo que toman o dejan de tomar, pero no se les fuerza a más.

Respetar las señales de hambre y saciedad en el recién nacido primero y en los niños después nos cuesta mucho culturalmente. Obligamos a los niños a comer y forzamos a los bebés a tomarse el biberón que, según la lata, tiene que tomar. Pensamos que, si no, no estarán bien alimentados. Debemos observar al bebé. Al igual que con el pecho, debemos familiarizarnos y aprender. Poco a poco, seremos capaces de comprender bien sus señales.

Escoger la tetina y el biberón

Las tetinas y los biberones de plástico deben sustituirse aproximadamente cada tres meses o antes si los vemos deteriorados. Si el biberón es de cristal, no es necesario reemplazarlo. Su desventaja es el riesgo de que se rompa si se cae. El plástico debe estar libre de bisfenol A (BPA).

Las tetinas más adecuadas para el biberón son aquellas que imitan lo que haría el bebé en el pecho. El pecho en la boca del bebé se alarga y se expande, rellenando toda la cavidad oral para evitar la entrada de aire. El bebé abre mucho la boca para mamar, y esto es lo que queremos con el biberón: intentar que pueda hacer una succión lo más similar posible al pecho. La forma en la que sale la leche de la tetina no es igual a como lo hace del pecho. En el pecho, el bebé debe masajear con fuerza y succionar. El biberón, generalmente, es más sencillo.

La tetina debe ser:

- Alargada y simétrica. Alargada para que llegue al fondo de la boca como el pecho; simétrica para que rellene la cavidad oral entre la lengua y el paladar. Las formas raras, torcidas a un lado o asimétricas no aportarán esto. Las tetinas que se venden como «igual que el pecho» tienen forma de pecho en reposo. Pero el pecho dentro de la boca del bebé se deforma, rellena toda la boca y se alarga hacia atrás.
- Base ancha para que el bebé abra la boca, como lo haría en el pecho, para potenciar, en la medida de lo posible, el desarrollo oral.
- Su textura debe ser flexible, para adaptarse a la boca del bebé.
- Buscaremos tetinas con bajo flujo. En un recién nacido, serán casi siempre la S y la 0. La leche no debe salir a gran velocidad.

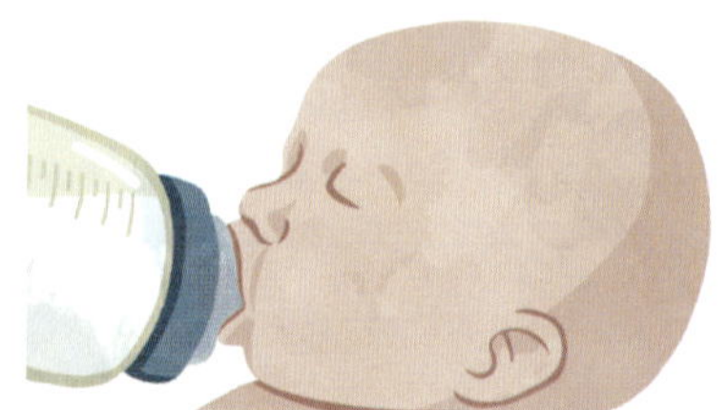

La leche debe salir cuando el bebé hace el movimiento de succión y a un ritmo que pueda controlar con calma. De esta forma, controla el flujo y, con ello, la succión, la deglución y la respiración. No debe verse forzado a engullir porque salga demasiada leche y a demasiada velocidad. De esta forma, cuando se sienta saciado, dejará de succionar activamente. Como lo haría al pecho.

Limpiar biberones

Cuando los biberones son nuevos, se recomienda esterilizarlos antes del primer uso. ¿Es necesario después? En principio, no, pero debemos asegurarnos de limpiarlos bien, pues los restos de comida junto con la humedad pueden favorecer el crecimiento de microorganismos. Podéis esterilizarlos de vez en cuando, o siempre si esto os da más tranquilidad, pero con una buena limpieza sería suficiente. Esto incluye, especialmente, la tetina, el sistema de rosca y el fondo del biberón. Algunos fabricantes consideran apto el lavado de sus biberones en el lavavajillas.

El biberón se lava con un cepillo especial y exclusivo para biberones. Si además incorporan esponja, serán más efectivos. Para la limpieza, también podéis haceros con un jabón específico para biberones sin tóxicos.

Aunque es cierto que en el mercado se mueven muchos artilugios que no sirven para mucho, en caso de lactancia artificial, sí debéis valorar si os va a hacer la vida más fácil contar con un esterilizador de biberones y un escurrebiberones. Todo lo que sea hacernos la vida más fácil en el posparto es una herramienta. Es importante escurrir el biberón para que la humedad no permita el crecimiento de hongos o bacterias.

También debemos pensar en cuántos biberones vamos a tener. Aunque no hacen falta cincuenta, uno o dos pueden quedarse cortos teniendo en cuenta que la lactancia es a demanda y que tenemos que limpiarlos y dejar que se sequen después de la toma.

Preparar un biberón

Existen diferentes maneras de preparar biberones. Actualmente, la más recomendada, sobre todo en bebés menores de 2 meses, es la que esteriliza la leche en polvo. No necesitamos esterilizar el agua potable. Queremos esterilizar los polvos. Esto es porque, aunque sea poco frecuente, en ocasiones aparecen noticias de lotes contaminados con *Salmonella* o *Cronobacter*. Para evitarlo, prepararemos los biberones de la siguiente manera, según nos recomiendan la OMS y la Agencia Española de Seguridad Alimentaria y Nutrición:

- Nos lavamos las manos antes de preparar el biberón. Estamos manipulando alimento.
- Hervimos el agua. Podemos utilizar hervidores eléctricos siempre que veamos salir burbujas. Las bacterias se matan a 70 °C, pero es más fácil ver el agua hervir, retirarla y esperar unos 3-5 minutos.
- Prepararemos la leche siempre siguiendo las indicaciones del fabricante: 30 mililitros de agua por un cacito raso de leche. Se preparan siempre de treinta en treinta mililitros de agua. Nunca alteraremos esta medida, es peligroso para el bebé. Da igual si está estreñido, con diarrea o no coge peso. Esas situaciones deben abordarse, pero la composición de la leche artificial no debe alterarse nunca.
- Añadiremos primero el agua al biberón, en la cantidad que queramos preparar. Y después, los cacitos. Nunca al revés, pues con el polvo en el biberón, ya no podremos calcular bien el agua.
- Mezclaremos bien el agua con la leche. Si hacemos mucha espuma, esperamos a que repose para no meterle todas esas burbujas al bebé en el estómago.

Parece sencillo, pero ahora pensemos en ese bebé que come a demanda. Que en una toma pide 50 mililitros, y en la siguiente se toma 100. Que tiene hambre y llora, pero estamos yendo a preparar el biberón. Por ello, podemos optar por dejar leche preparada para 24 horas. Seguiremos el mismo modo de preparación, pero haciendo una estimación de la cantidad para 24 horas.

Podemos preparar biberones individuales y refrigerarlos, o meter la leche en un termo o una botella limpia, especialmente destinada a ser guardada en la nevera. La leche preparada debe estar en la nevera siempre para evitar que se contamine. La meteremos al fondo, nunca en la puerta. Según el bebé vaya demandando, podemos sacar un biberón y calentarlo, o rellenar un biberón con la botella de la nevera.

Los bebés pueden tomar leche fría, pero lo normal es que la prefieran calentita. Podemos calentar sumergiendo el biberón en un recipiente de agua caliente. La leche que sobra del biberón no debe volver a guardarse. Generalmente, tampoco la leche que ha estado 2 horas o más fuera de la nevera. Pensad en la leche de fórmula como la de brik. Lo que no haríamos con una, tampoco con la otra en lo que se refiere a su conservación y manipulación.

¿Se puede preparar la leche sin hervir el agua?

La respuesta es sí. El agua es potable y el riesgo de que una lata de leche esté contaminada es muy bajo. Aunque es muy recomendable preparar la leche como hemos visto anteriormente. Cuando salimos de casa mucho tiempo o no tenemos leche preparada y el bebé tiene hambre se vuelve complicado.

En este caso, utilizaremos agua limpia a temperatura ambiente y prepararemos el biberón. Cuando salgamos de paseo, debemos llevar un dispensador con leche ya calculada para varias tomas.

También podemos transportar biberones preparados y fríos en neveritas con placas de hielo, pero no deben perder la cadena de frío.

Es importante encontrar la manera que nos haga la vida lo más fácil posible.

Dar el biberón al bebé

La forma más fisiológica de dar el biberón al bebé se conoce como método Kassing. Consiste en colocar al bebé en una posición más bien vertical, de manera que controle el flujo del biberón. Pondremos el biberón algo horizontal, llenando la tetina de leche. En esta posición, observaremos sus gestos: si traga con calma o si engulle porque se ahoga. Sus manitas se irán relajando según se sacie. Y es importante mirarle, hablarle y estar presentes en la alimentación.

Colocaremos al bebé en nuestro regazo, en posición vertical. Su cabecita puede apoyarse en nuestro pecho o en el brazo. Rozaremos con la tetina sus labios para que abra la boca y busque. Permitiremos que el bebé se familiarice con la tetina y poco a poco la introduciremos despacio, hasta que esté cómodo y comience a succionar. Daremos el biberón pendientes del bebé, asegurándonos de que está cómodo y se alimenta de manera relajada. Si hace una pausa, podemos bajar la

Yoana y Adrián

tetina y parar con él. Si le vemos fatigado, también haremos una pausa.

Procuraremos que el biberón se lo den solo mamá y papá, o la otra mamá, es decir, sus cuidadores principales. El bebé no es un juguete al que todo el mundo da de comer, y necesita establecer un vínculo fuerte con una o dos personas, como haría al pecho. Cada familia se organiza como quiere, pero, al principio, sería importante para el bebé que esto sea así.

Un recién nacido puede y debe hacer una toma en 15 o 20 minutos; con el método Kassing, es lo habitual. Con una tetina de flujo alto, el bebé puede tomar el biberón en 3 minutos. Lo que ha hecho es engullir para no ahogarse. Entonces pensamos que quiere más y se le ofrece más, pero de la misma manera. De esta forma, sí es posible sobrealimentar a un bebé. Confía en el bebé. Observa. Os vais a conocer muy bien. Cogerás el truco enseguida y disfrutaréis de alimentarlo con tranquilidad, guiándote por sus propias señales de hambre y saciedad.

Si el bebé se atraganta con el biberón, traga mucho aire o se le sale la leche por las comisuras, debemos revisar varias cosas:

- Cómo se lo estamos dando: poner al bebé más vertical.
- Revisar el flujo de la tetina por si es muy alto.
- Problemas de succión en el bebé: igual que con la lactancia materna, la anquiloglosia también afecta a la toma de biberón y al bienestar del bebé. Se deben abordar estas cuestiones para evitar problemas digestivos en el bebé.

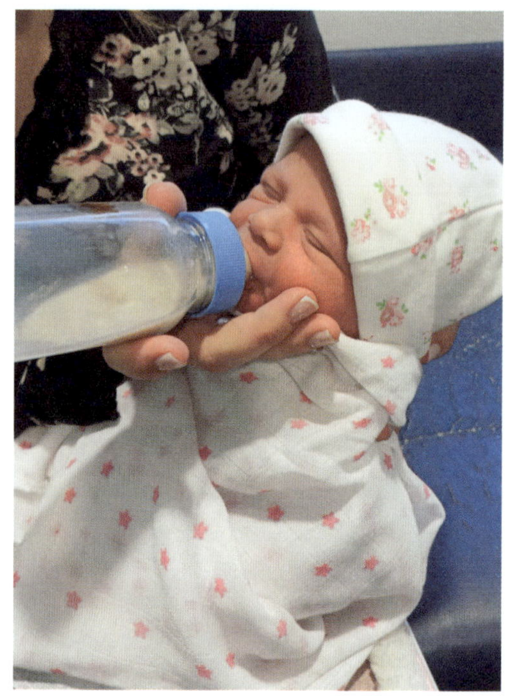

Itziar

Primera toma con biberón

Tras nacer, debemos dejar al bebé en el cuerpo de su madre piel con piel exactamente igual. Dejaremos también que trepe, que se chupe las manitas, que busque, esto es, le damos tiempo a ponerse en marcha. Cuando el bebé comience a mostrar señales de enganche, abra la boquita, cabecee y busque, le ofreceremos la primera toma en biberón, siguiendo las indicaciones del método Kassing.

La leche del hospital ya está constituida y no es necesario manipularla. Se mete directamente en el biberón o la jeringa.

> En los hospitales, los biberones y las tetinas son estándares y desechables. El flujo de las tetinas es alto y la leche cae a gran velocidad y en gran cantidad. No son adecuadas para un recién nacido que va a empezar a comer. Por ello, podríamos pensar en:
>
> - Llevar nuestros biberones al hospital y los utensilios para lavarlos.
> - Ofrecer durante los días de hospitalización la leche con dedo y sonda, conectada a una jeringa o un recipiente. Os lo proporcionarán en el hospital.

Ofreceremos en torno a 10 mililitros las primeras tomas. Recordad que hacen tomas de calostro muy frecuentes en pocas cantidades y vamos a dar tiempo a su sistema digestivo y a los riñones. Si utilizamos tetinas de alto flujo, el bebé comerá más cantidad porque, al no poder gestionar el flujo, engullirá. Si gestiona el flujo, con 10 mililitros tiene suficiente para empezar. Iremos ofreciendo más con las horas, pero respetando las señales de hambre y saciedad del bebé.

Succión nutritiva y succión no nutritiva

Los bebés a término alternan dos tipos de succión:

- La succión nutritiva: es la que utilizan para alimentarse. Es rítmica y profunda, le oímos tragar. Se observan sus mejillas redondeadas y lo vemos alimentarse de forma activa.
- La succión no nutritiva es más rápida y superficial. En toda toma, aparecen momentos de succión no nutritiva, como una pausa en la que el bebé descansa. Pero, sobre todo, es la succión que utilizan al principio y al final de la toma. Al inicio, estimula el pecho. Al final, el bebé está ya relajado y no tiene intención de seguir haciendo una toma activa. Sus manitas se abren en señal de relajación.

La succión no nutritiva es fundamental para los bebés. Los relaja y calma, y regula su sistema nervioso. Además, mejora la digestión: activa el nervio vago a través de la succión en la boca, y el nervio vago, comunicado también con el estómago, favorece la digestión.

En los prematuros, la práctica de la succión no nutritiva es fundamental para conseguir desarrollar la nutritiva y la coordinación succión-deglución-respiración. Por ello, el uso terapéutico de chupetes forma parte de su tratamiento.

En la succión no nutritiva al pecho, el bebé no está utilizando a la madre de chupete, porque el chupete no existe en la base de datos del bebé, y tampoco nacen con él ni crecen en los árboles. El chupete se inventó para imitar la succión no nutritiva que hacen al pecho, pues esta forma parte del complejo neurodesarrollo del bebé. Y es vital. No permitamos que nadie nos diga que el bebé utiliza a la madre de chupete.

Los bebés alimentados con biberón necesitan que les aportemos la succión no nutritiva. Al utilizar biberones con un flujo que puedan controlar, sí realizarán al final algo de succión no nutritiva, pero, como no podemos dejarles la tetina vacía tragando aire, el uso de un chupete sí estaría recomendado. Los bebés de pecho no siempre quieren comer, pero la teta de mamá los calma cuando están nerviosos o intranquilos. Cuando el bebé de biberón no tiene hambre, pero necesita succionar para activar su nervio vago y calmarse, el chupete o el dedo de los padres deben aportarle la oportunidad de hacerlo.

¿Chupete?

La decisión de utilizar o introducir un chupete es de cada familia. Sí, se inventó para sustituir la succión no nutritiva que hace el bebé al pecho de la madre. Eso no quita que a veces pueda ser útil o una herramienta, especialmente en un modelo social de crianza tan solitario, sin ayuda en forma de manos. No corresponde a nadie juzgar si decidimos usarlo o no.

Igualmente, las familias que no lo necesitan no tienen por qué tener la sensación de que se les insiste en que lo hagan. Muchos bebés no han usado chupete nunca y hacen toda la succión no nutritiva en el pecho de su madre.

Pero para otras madres y familias, el chupete es una herramienta, un descanso para comer, para ducharse o para ir en el coche. También para dormir en momentos eternos de pecho. Y está bien.

Sea cual sea vuestra decisión, veamos qué nos dicen las recomendaciones sobre su uso:

- El chupete debe ser lo más pequeño y plano posible. Los chupetes redondos y grandes, tipo cereza, provocan mordidas abiertas, deforman el paladar del bebé y mantienen la lengua baja. Sabemos que la lengua debe reposar en el paladar, de esta forma, favorece su expansión en el bebé en crecimiento, con lo que eso supone para su respiración nasal y el espacio para los dientes.
- Debe ser de material flexible.
- No es necesario cambiar de talla, aunque el bebé vaya creciendo. Cuanto menos ob-

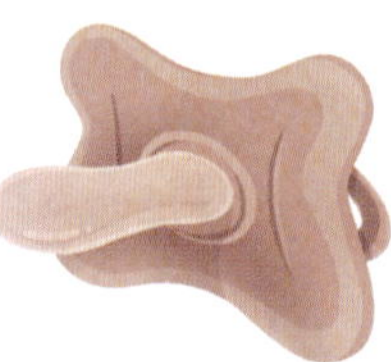

jeto dentro de su boca, mejor. La unión de la tetina con el escudo debe ser fina, para permitir el cierre de la boca.

- Las recomendaciones de odontopediatras con mirada integrativa y preventiva, así como desde la logopedia, recomiendan quitar el chupete al año de vida, para no interferir de más en el desarrollo de la boca y la salida de los dientes.
- Se recomienda un uso moderado y concreto. Por ejemplo, el chupete es útil para dar succión no nutritiva al bebé y que termine de quedarse dormido. Pero se lo quitaríamos cuando está dormido. También es útil para trayectos en coche cuando el bebé lo detesta. El chupete se ha convertido en algo que muchos niños llevan metido en la boca 24 horas al día, durante dos o tres años. Sin duda no nos corresponde juzgarlo, pero debemos saber que, en estos casos, afectará en mayor medida al desarrollo oral del bebé y el niño.
- No se recomienda que lo lleven colgado todo el día, para que su uso sea más concreto.

En caso de lactancia materna, se recomienda no ofrecerlo hasta que esté establecida. Las primeras semanas, es fácil quitar tomas de leche con el chupete sin darnos cuenta porque el bebé se calma.

Podría ser útil en la rehabilitación de la succión de algunos bebés. Para este fin, se utilizan chupetes que se parecen a las tetinas de biberón fisiológicas, las adecuadas, porque ayudan al bebé a ejercitar la succión. Son de base ancha: el bebé abre la boca y moviliza la lengua, como haciendo una toma.

Peculiaridades de la leche materna según las especies

Desde un punto de vista antropológico, la composición de la leche materna también es una adaptación más a las necesidades de la especie.

Así, por ejemplo, si nos fijamos en los conejos, su leche es más densa en proteínas (13 por ciento) y grasas (12 por ciento) que la humana. De esta forma, la madre puede amamantar a sus crías y marcharse a pastar durante muchas horas. Los gazapos permanecen en silencio en la

madriguera, esperando a que vuelva la madre. Su leche les permite aguantar.

En el caso del bebé humano, pero también de otros primates y marsupiales, la leche materna es relativamente baja en proteínas y grasas, por lo que el bebé necesita ser alimentado con mucha frecuencia y a demanda. No se puede quedar solo. La leche humana es de las más bajas en proteínas y grasas de los mamíferos. Se considera de tipo diluida.

Composición de la leche materna

A diferencia del embarazo, ya no hay alimentos prohibidos. Se puede comer absolutamente de todo, excepto ingerir alcohol. Los sabores de los diferentes alimentos cambian el de la leche materna. Algunos alimentos como espárragos, ajo o cebolla pueden darle un toque intenso. Esto prepara a los bebés para aceptar sabores cuando empiezan con alimentación complementaria.

La composición de la leche materna es bastante constante. Solo algunos componentes son variables y dependen de la ingesta de la madre. Así, proteínas, hidratos de carbono, calcio o hierro son constantes. Otros nutrientes, como los ácidos grasos y algunas vitaminas, varían en función de los valores y la nutrición materna. El cuerpo de la madre priorizará al bebé, tirando de las reservas maternas para la leche.

Lactosa en la leche materna

La lactosa es el azúcar de la leche. Se produce en la glándula mamaria y no tiene relación con la lactosa que ingiere la madre por consumir lácteos. La lactosa es el principal hidrato de carbono de la leche de los mamíferos. La leche materna contiene unos 6 gramos por cada 100 mililitros y aporta al bebé en torno al 40 por ciento de energía que necesita.

Oligosacáridos

La leche materna contiene más de doscientos oligosacáridos distintos, que constituyen su tercer componente más abundante. Desempeñan una función inmunitaria:

- Favorecen la maduración de células inmunitarias.
- Ejercen una actividad bactericida y viricida.
- Disminuyen la incidencia de enterocolitis necrotizante en bebés prematuros.
- Favorecen una buena composición de la microbiota intestinal.
- Aumentan la producción de ácidos grasos de cadena corta, en especial, el ácido butírico. Este cuida especialmente la salud del colon.

Proteínas

Es importante que las madres consuman proteína en cantidades suficientes para ellas. En el periodo posparto, la recuperación de tejidos es alta. En la leche materna, la cantidad de proteínas se mantiene constante y es relativamente baja: de 0,8 a 1,0 gramos de proteína por 100 mililitros. Es suficiente para el bebé. Las más abundantes son dos: las proteínas del suero de leche y la caseína. Su proporción es de 80:20 en el calostro y 60:40 en la leche materna madura.

Las proteínas del suero son digestivas, de modo que el estómago se vacía con rapidez. La caseína, sin embargo, se coagula y se digiere más despacio.

Entre las proteínas del suero, la alfalactoalbúmina supone el 25 por ciento de las proteínas de la leche materna. Tiene un papel nutritivo clave en la absorción del hierro, aporta sensación de relajación al bebé y participa en la inmunidad. La lactoferrina también es abundante. Ambas son importantes por su papel en la absorción del hierro.

Hierro

Aunque la madre tome suplementos de hierro, estos no aumentan los niveles de hierro en la leche materna de forma significativa. Por tanto, la madre se suplementará hierro si lo necesita para ella, no por la leche. La leche materna contiene el hierro exacto que debe contener: en cantidades pequeñas, pero con una muy alta biodisponibilidad. Esto quiere decir que su absorción es muy elevada. La leche materna tiene un alto contenido de lactoferrina y esta favorece la absorción de hierro. La lactoferrina cumple también funciones inmunológicas, ya que impide que otros patógenos que necesitan hierro lo puedan utilizar.

Las reservas de hierro del bebé aumentan cuando no pinzamos el cordón umbilical antes de que deje de latir. Esto es aún más vital, si cabe, en bebés prematuros, pero vital para ambos. Es una medida de prevención de anemia que debemos proteger.

Vitaminas y otros minerales

Su proporción en la leche materna varía en función de los valores de la madre. Por ello, debemos priorizar siempre dietas densas en nutrientes. Priorizaremos alimentos con un buen aporte de vitaminas del grupo B: B12, B9, B6, así como de la vitamina A. También alimentos ricos en minerales como yodo, zinc y magnesio. En caso de mujeres ovolactovegetarianas o veganas, el suplemento de B12 es imprescindible para que llegue a través de la leche en cantidades suficientes al bebé.

Se recomienda continuar con suplemento de folato activo (vitamina B9), al menos durante los seis meses de lactancia materna exclusiva. Siempre priorizamos la forma activa (folato, metilfolato, 5-metilfolato) a la sintética (ácido fólico). La vitamina B9 podría tener cierta relación en la prevención de la depresión posparto. Por supuesto, la depresión posparto es una situación compleja y multifactorial.

En cuanto al yodo, las necesidades de yodo en la mujer que amamanta son elevadas, pues además de cubrir sus propias necesidades, debe poder aportar al bebé suficiente a través de la leche para sus hormonas tiroideas. Se recomienda una ingesta diaria de al menos 250 microgramos de yodo. Se aconseja utilizar sal mineral yodada y consumir alimentos como pescado, huevos y lácteos, a diario, para llegar a esos valores. En caso de dietas pobres en yodo, se indicaría mantener el suplemento.

La vitamina D en leche materna sería suficiente si las madres contasen con valores óptimos de la misma. La realidad es que, debido al estilo de vida, gran parte de la población se encuentra en valores deficientes (menos de 20 ng/ml) o insuficiencia (menos de 30 ng/ml). En estas condiciones, la leche materna no contiene suficiente vitamina D para el bebé y, por ello, se le debe suplementar.

Grasas

El perfil graso de la leche materna varía de unas mujeres a otras, en función de los alimentos que consumen. Por tanto, el perfil graso de la leche de las madres cambia en función de la calidad de su alimentación. La grasa de la leche aporta al bebé en torno al 50 por ciento de sus necesidades energéticas: 100 mililitros de leche materna contienen entre 3 y 5 gramos de grasa.

La grasa en la leche materna está constituida en más de un 98 por ciento por triacilgliceroles y ácidos grasos saturados e insaturados. La cantidad en la leche de algunos de ellos depende de que la madre los ingiera. Es el caso del ácido docosahexaenoico o DHA, y el ácido araquidónico, AA. Cumplen funciones vitales en el desarrollo del cerebro del bebé y la retina. Un desarrollo, como ya sabemos, enorme los dos primeros años de vida y, especialmente, el primero. El omega 3 DHA contribuye al desarrollo cognitivo, refuerza el sistema inmunitario y favorece la mielinización de las neuronas del bebé. La mielina es una sustancia compuesta por ácidos grasos esenciales como el DHA, que recubre el cuerpo de las neuronas. Permite que el impulso eléctrico se

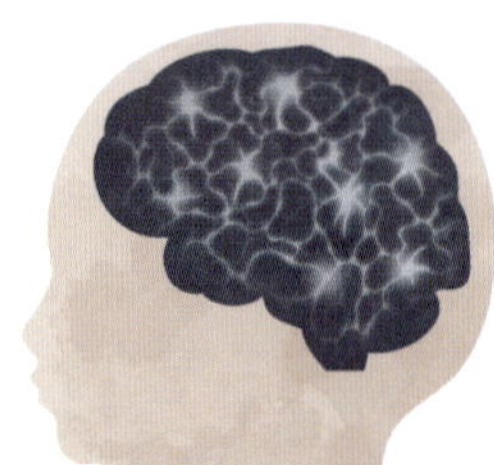

transmita de manera rápida y eficiente a lo largo de las neuronas. El DHA facilitará que se produzcan las infinitas conexiones neuronales que el bebé debe desarrollar para cablear su cerebro.

Son fuentes ricas en DHA el pescado azul, especialmente, y el marisco. En caso de no consumir 2 o 3 raciones a la semana, podríamos plantearnos un suplemento de DHA, de en torno a 1 gramo al día. Sería esencial en dietas veganas y vegetarianas.

De las grasas en leche materna, un 50 por ciento son saturadas. De todas ellas, el ácido palmítico es el más abundante. Representa en torno al 25 por ciento de los ácidos grasos de la leche. Lo hace principalmente como beta-palmitato. En esta forma, cumple la función de facilitar el metabolismo de las grasas, aumenta la absorción de calcio, lo que mejora la densidad ósea y da una mejor consistencia a las heces. También juega un papel importante en el desarrollo de su microbiota intestinal.

Leches artificiales

Composición de las leches artificiales

La composición de la leche artificial está regulada por la Unión Europea. Esto quiere decir que todas deben cumplir con unos mínimos y máximos en la cantidad de los diferentes grupos de nutrientes. Sin embargo, no son todas iguales. Algunas llevan cantidades más óptimas de nutrientes, así como ingredientes interesantes.

Es muy difícil encontrar información sobre leches de fórmula debido al conflicto de intereses económicos. De hecho, los profesionales debemos explicar que la leche materna es el alimento más adecuado para el bebé y que la información que vamos a aportar sobre leche artificial no obedece a ningún interés económico personal con ninguna marca. Por supuesto, es el caso.

¿SABÍAS QUE...? La realidad es que la elección de la leche artificial dependerá de nuestro bolsillo, y además, en especial, de encontrar la que le siente bien a nuestro bebé. Porque no todas las leches sientan bien a todos los bebés. A veces, las familias prueban unas cuantas hasta dar con una que no provoque síntomas digestivos en el bebé. Así que paciencia si no damos con ella a la primera.

La leche tipo 1 es la adecuada para los bebés de 0 meses hasta el año. Las leches tipo 2 se idearon para poder ser publicitadas, ya que las tipo 1 no pueden publicitarse por ley. Las tipo 2 añaden más proteínas, y esto no es conveniente. Las leches de crecimiento o tipo 3 son del todo innecesarias. A partir del año, el bebé come muchas cosas y puede tomar leche de vaca normal o, simplemente, continuar con la tipo 1.

Proteínas

Sería interesante optar por leches de fórmula con un contenido proteico similar al de la leche materna, en torno a 1 gramo por 100 mililitros durante todo el primer año. La mayoría de las marcas contienen entre 1,2-1,7 gramos por 100 mililitros. No es necesario cambiar a leches tipo 2, donde la cantidad de proteínas es aún mayor. Los requerimientos de proteínas disminuyen con la edad, y el exceso supone un riesgo para el desarrollo de obesidad.

La leche de fórmula contiene más caseína que la leche materna. Por ello, es normal que el bebé tarde un poquito más en pedir, pues su digestión es más larga.

Hierro

Las leches de fórmula deben contener al menos 0,7 miligramos de hierro por cada 100 mililitros desde el nacimiento. No todas lo hacen, por lo que muchas marcas son pobres en hierro. A partir de los 6 meses, la necesidad de hierro en los bebés aumenta, así que debemos continuar con una leche tipo 1 que contenga, al menos, esta cantidad de hierro. Si la que le sienta bien a nuestro bebé no lo contiene, podemos hablar con nuestro pediatra y valorar la suplementación de hierro.

Azúcares

Idealmente, la leche artificial imitará el contenido de lactosa de la leche materna, y esto es entre 5 y 7 gramos cada 100 mililitros. La leche artificial no debería superar estos valores, pues supondría un exceso de lactosa para el bebé.

Grasas

La leche artificial debe contener entre 3 y 5 gramos de grasa por cada 100 mililitros, igual que la leche materna. Puesto que esta última contiene beta-palmitato, es interesante buscar leches artificiales con mayor proporción de beta-palmitato que alfa-palmitato. Las leches artificiales deben incluir DHA, por la importancia que tiene a nivel cerebral en el bebé.

La leche de fórmula sigue en evolución, intentando ser más completa, puesto que la leche materna es un tejido vivo con innumerables componentes que ni siquiera se conoce aún qué papel cumplen. Por ello, muchas marcas incluyen cada vez nuevos componentes como probióticos, oligosacáridos, alfa-lactoalbúmina, MFGM y osteopontina láctea. Son proteínas bioactivas que aportan propiedades nutritivas, prebióticas, inmunitarias y cognitivas.

Leches especiales*

Para bebés que presentan diferentes situaciones o patologías y se alimentan con

* Sánchez-Villares Lorenzo y Del Rey Tomás-Biosca, «Lactancia artificial», *Pediatría integral,* vol. XXIV, n.º 2 (2020), pp. 81-89.

leche artificial, existen diferentes opciones de fórmulas. Deben reservarse para estas situaciones e, idealmente, serán pautadas por el pediatra, ya que algunas están financiadas:

- Fórmula para prematuros, cuyo requerimiento calórico es mayor.
- Fórmulas parcialmente hidrolizadas: presentan las proteínas fragmentadas y se recomiendan en bebés con riesgo de alergia a la proteína de leche de vaca (APLV), por antecedentes familiares.
- Fórmulas extensamente hidrolizadas: indicadas para bebés con APLV y en situaciones de malabsorción intestinal. El sabor es fuerte y algunos bebés no las toleran bien hasta que damos con alguna marca concreta. Si la APLV es intensa, podría no ser suficiente.
- Fórmulas elementales: compuestas por aminoácidos en lugar de proteínas fragmentadas. Se indican en APLV que no va bien con fórmula extensamente hidrolizada y situaciones de malabsorción. Son caras y no tienen buen sabor, por lo que a muchos bebés les cuesta acostumbrarse.
- Fórmulas anticólicos: contienen proteínas parcialmente hidrolizadas y menor cantidad de lactosa. Incorporan más B-palmitato y pueden añadir probióticos.
- Fórmula para estreñimiento: mejoran la proporción de B-palmitato, aumentan la lactosa por su efecto laxante y magnesio por el mismo fin. Pueden llegar a provocar diarrea.
- Fórmula para reflujo: contienen espesantes para aumentar la viscosidad de la leche y menos lactosa. Podrían ocasionar estreñimiento. En una tetina de bajo flujo, quizá la leche no salga bien al ser más espesa, por lo que debemos aumentar el flujo.

5.

Las primeras 24 horas

Pruebas al recién nacido

Se debe respetar al menos las dos primeras horas de vida del bebé con su madre, antes de realizar ningún tipo de intervención. De los restos de sangre del bebé en la placenta se enviará una muestra al laboratorio para obtener el grupo sanguíneo del recién nacido.

Profilaxis oftálmica

Consiste en administrar una pomada antibiótica en dosis única en los ojos del bebé. Se realiza de forma rutinaria para prevenir infecciones graves. Actualmente, el agente infeccioso principal es la clamidia. La forma más grave se debe a gonorrea. Ambas son enfermedades de transmisión sexual. Se transmiten al bebé por el canal del parto en caso de estar presentes en la madre. Existen otras bacterias con capacidad de causar conjuntivitis en el recién nacido, pero se consideran, en general, menos graves.

Al no cribarse estas infecciones a todas las mujeres en el embarazo, en España se administra de forma universal. Otros países, como Suecia, Dinamarca, Noruega o Bélgica, optan por la observación del recién nacido. La resistencia a los antibióticos derivado de su uso indiscriminado parece haber empezado a reducir la eficacia de la pomada antibiótica.

La conjuntivitis también podría aparecer por un conducto lagrimal obstruido. En este caso, no suele apreciarse hasta la tercera semana tras el nacimiento. El pediatra realizará el diagnóstico y se tratará con lavados de suero y masajes en la zona del lagrimal.

Aunque la mayoría de las familias optan por administrarla, cuando estamos seguros de la ausencia de gonorrea y clamidia, es perfectamente razonable rechazar la pomada oftálmica tras el nacimiento. En cualquier caso, y aunque el bebé la hubiese recibido, ante la aparición de pus, legañas o el ojo rojo, se debe consultar con el pediatra para establecer un tratamiento rápido y adecuado, en los casos en los que fuese necesario.

Vitamina K

La vitamina K es necesaria en nuestro organismo para una adecuada coagulación de la sangre. Los recién nacidos nacen con déficit de vitamina K. Esto no es un error, sino una necesidad biológica. La vitamina K no traspasa la placenta desde el cuerpo de la madre al bebé, lo que favorece que la sangre del bebé pueda fluir bien entre su cuerpo y la placenta, pues la circulación del bebé en el embarazo es extracorpórea. Es una forma de anticoagulación natural.

Se recomienda la administración de una dosis de vitamina K mediante inyección intramuscular en el muslo del bebé, 2 o 3 horas tras el nacimiento. La recomendación tiene una evidencia alta para prevenir la enfermedad hemorrágica del recién nacido. Esta enfermedad, aunque de baja incidencia, podría causar sangrados graves, principalmente a nivel cutáneo, gastrointestinal y cerebral. La incidencia de la enfermedad, ya sea en forma leve o grave, en los bebés que no reciben la vitamina K es de entre un 0,25-1,7 por cada 100 recién nacidos vivos. Si se administra, disminuye hasta un 0,2 de casos por cada 100.000 recién nacidos vivos. Su eficacia es muy alta. Previene tanto la aparición temprana (primera semana de vida) de la enfermedad hemorrágica, como los casos de aparición más tardía (de 2 a 12 semanas tras el nacimiento).

Debemos procurar administrar la vitamina K mientras el bebé está en brazos de mamá o al pecho. Aunque la inyección del líquido es dolorosa, la mayoría de los bebés se calman enseguida, especialmente en brazos de su madre.

Como alternativa a la administración intramuscular, existe la pauta oral. Consta de tres dosis: al nacimiento, a la semana de vida y a las 4 semanas del nacimiento.

Talla, peso y primera revisión

Generalmente, al bebé no se le pesará ni medirá hasta que no os trasladen a la planta de maternidad. No es algo urgente ni necesario. Además de la talla y el peso, se mide el perímetro cefálico, se le toma la frecuencia cardiaca, las respiraciones por minuto y la temperatura.

A lo largo de sus primeras 24 horas de vida, el bebé será valorado por el pedia-

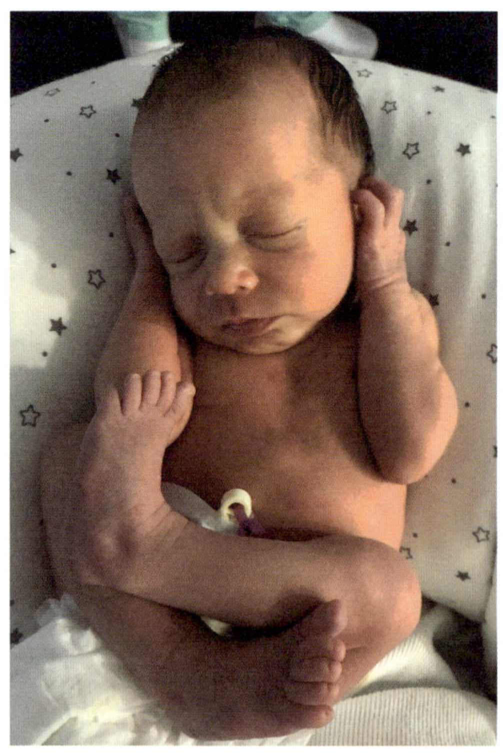

Valeria (posicionada de nalgas durante el embarazo)

tra en la habitación. No se debe trasladar al bebé a otro espacio para su revisión. De hacerse, los padres pueden y deben estar presentes. Se considera una mala práctica clínica llevarse al bebé y hacer cualquier revisión o técnica sin la presencia de sus padres.

Al bebé se le hace una inspección minuciosa general: la cabeza, el aspecto de la piel, las extremidades y su simetría, el tórax, el abdomen, la columna y los genitales. También se revisan los reflejos primitivos que deben estar presentes en los bebés al nacer y se examinan las caderas para valorar displasia o alteraciones, especialmente en bebés de nalgas durante el embarazo.

En caso de detectar cualquier detalle fuera de lo habitual, el pediatra os lo comunicará.

¿SABÍAS QUE...? Los reflejos primitivos son movimientos automáticos e involuntarios, esenciales para la supervivencia al principio y el desarrollo en el tiempo de las habilidades voluntarias del bebé. Los reflejos deben estar presentes a determinadas edades, y también deben extinguirse en momentos determinados. Es propio de un neurodesarrollo normal en el bebé. Cuando desaparece un reflejo es porque se ha adquirido una nueva habilidad voluntaria, y este, por tanto, ya no es necesario.

Los principales reflejos presentes al nacer son:

- **Reflejo de búsqueda:** al acariciar la mejilla o la boca del bebé, girará la cabeza hacia ese lado. Le permite encontrar el pecho y el biberón para alimentarse. Desaparece hacia los 4 meses.
- **Reflejo de succión:** cuando el bebé percibe en su paladar el pezón o la tetina, comenzará a succionar. También lo hará si introducimos un dedo. Pasa de involuntario a voluntario hacia los 4 meses de edad. Los bebés también pueden llevarse la mano a la boca y succionarla.
- **Reflejo de moro:** el bebé abre los brazos y los echará hacia delante como si fuera a dar un abrazo. Es un reflejo de agarrarse ante la sensación de caída. Aparece también cuando el bebé se asusta con ruidos fuertes o ante un movimiento brusco. Desaparece entre los 2 y los 4 meses.
- **Reflejo de prensión palmar:** si le ofrecemos un dedo en la palma de la mano, el bebé cierra su manita alrededor de nuestro dedo. Si intentamos quitarlo, el bebé apretará más fuerte. Tiene mucha fuerza y casi se le podría levantar si con cada mano nos cogen un dedo. Como los monitos que se aferran a sus madres. A otros niños les encanta que los bebés les cojan el dedo en su manita. Si tienen hermanitos les encantará.

Dura hasta aproximadamente los 5 o 6 meses.

- **Reflejo de marcha:** al sostener al bebé por las axilas y en vertical, al rozar los pies sobre una superficie, da la sensación de que quisiese caminar. Desaparece en torno a los 2 meses.

Piel con piel

La realización de piel con piel con el bebé no es algo exclusivo del momento inmediatamente posterior al nacimiento. Podéis mantenerlo todo el tiempo y todos los días que os apetezca o que os sea posible. Ese contacto cercano mantiene al bebé en estado de calma y seguridad, facilita la interacción y el conocerse. Favorece también la lactancia materna, pues el bebé puede buscar y acceder al pecho. En el caso de las madres, refuerza la confianza y el aprendizaje de escucha del instinto. En casos de separación o menor sensación de vinculación con el bebé, es una de las herramientas más útiles y fáciles de poner en práctica. Siempre sin forzar si la madre necesita tiempo.

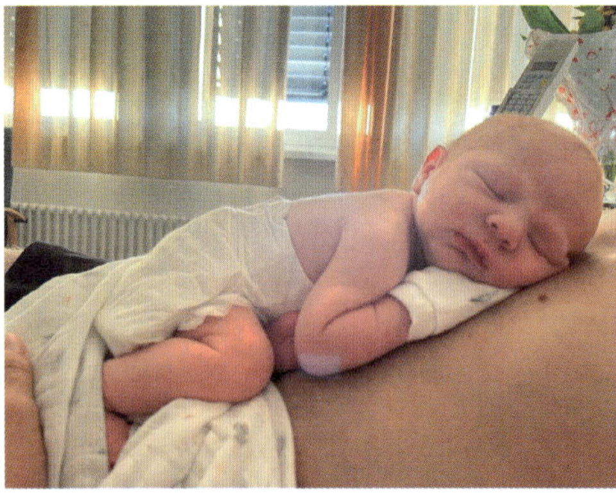

Lucas

A algunas familias les gusta la camiseta o el top de porteo para estas primeras semanas. Mantienen al bebé en piel con piel directo y a ambos cubiertos por fuera. Son muy útiles también para mantener piel con piel con bebés prematuros o ingresados en neonatos. Y es una forma de limitar que los demás cojan al bebé si no queremos que lo hagan, sin tener que justificar demasiado.

«Algo que me hizo mucho daño y que me gustaría que en algún momento nos dejara de pasar a las mujeres fueron las faltas de respeto que recibí por parte de mi familia política. No se me respetó nada el sentimiento tan fuerte que me producía que cogieran a la bebé recién nacida, y es un dolor que no se me olvida, aunque quisiera olvidarlo. No quería que cogieran a mi bebé. Mi suegra decía que yo tenía depresión posparto, pero era la presión de que no me respetaran y de que mi pareja no parase a su madre. Mi pareja y yo hemos ido a terapia y hemos hablado mucho sobre el tema. Hoy en día estamos bien, pero no puedo evitar conectar con ese dolor cuando lo recuerdo, y mi pareja llora de pensarlo».

Patricia

Por supuesto, la pareja puede disfrutarlo. El bebé estará más tranquilo y dormirá mejor. En ese ratito, facilita que la madre pueda dormir una siesta, ducharse, pasar al baño o comer.

¿SABÍAS QUE...? Los sentidos con mayor importancia para el bebé son el tacto, el olfato y el movimiento. La piel del bebé, como la tuya, responde al contacto mediante la secreción de oxitocina, y esto lo ayuda a estar tranquilo. Cuando te siente y te huele, sabe que no le puede pasar nada. Los bebés esperan los brazos porque es el único lugar que les asegura estar cuidados y a salvo. Su cerebro no puede interpretar nada más. Para que todo ese desarrollo neuronal por venir lo haga en calma, sin circuitos de estrés activados más allá de lo normal, el bebé necesita sentirse seguro. Es biología en su máxima expresión.

El sueño del bebé las primeras 24 horas

Tras el parto, los bebés suelen entrar en un sueño profundo —se describe como fisiológico—, e incluso hay bebés que llegan a dormir 6 u 8 horas seguidas, aunque no es lo frecuente. La mayoría de los bebés dormirán unas 2 o 3 horas y estarán nuevamente dispuestos y activos para alimentarse. Es prudente intentar que no pasen más de 3 horas sin que les demos de comer durante el día, y 3 o 4 durante la noche. Tenerlos piel con piel sería clave en este sentido. Es importante individualizar, si existe riesgo de hipoglucemia o no, y tener en cuenta el estado del bebé. Tenerlo cerca, en contacto, favorece la comunicación.

El sueño del bebé es un proceso que, al igual que el resto de sus capacidades, irá madurando y desarrollándose en los meses y años por venir. Los recién nacidos no tienen las mismas fases de sueño que los adultos. Tampoco tienen ritmos circadianos. Efectivamente, no distinguen día y noche. Duermen y comen en ciclos cortos repetidos a lo largo de 24 horas. Su ciclo es ultradiano durante los tres primeros meses al menos.

Quizá la primera noche duerma «bastante bien», en términos de lo que esperamos los adultos. Podéis colechar con el bebé en la cama del hospital sin problema. Subid las barandillas y descansad tranquilamente con el bebé cerca de vosotras. Seguid las recomendaciones de colecho seguro. Si os da más tranquilidad dejarlo en su cuna, pegadla a la cama para que podáis oír, oler y acceder al bebé cuando notéis que os busca.

La cuestión de la glucosa. Las famosas hipoglucemias

Una vez que pinzamos el cordón, el bebé deja de tener acceso a la fuente de glucosa estable que obtiene de su madre. Deberá empezar a regular sus valores en sangre por sí mismo. La mayoría de los bebés no tienen ningún problema en hacerlo, pero algunos podrían presentar algún episodio de bajada de la glucosa, que deberemos manejar en función de cada caso.

Todos los seres humanos debemos tener un valor de glucosa en sangre mínimo para el correcto funcionamiento de nuestro organismo (por supuesto, también máximo cuando tenemos un metabolismo saludable).

Recordad que antes del nacimiento, la elevación de cortisol y catecolaminas prepara el hígado del bebé para esta regulación autónoma de la glucosa. El bebé acumula glucosa en forma de glucógeno en su hígado. Además, especialmente en el tercer trimestre, acumulan energía en forma de grasa en su tejido adiposo subcutáneo. Un bebé de 28 semanas tendría unas reservas grasas de apenas 50 gramos para su peso total de un kilo, mientras que un bebé a término puede llegar a tener unas reservas grasas de 525 gramos para un peso total de tres kilos y medio. Cuando la madre tiene diabetes y esta no está óptimamente manejada, los bebés acumulan grasa en exceso.

De forma fisiológica, a la mayoría de los bebés les baja en mayor o menor grado la glucosa unas horas tras el nacimiento. Es una bajada normal. El hígado se encargará de producir glucosa para mantener valores adecuados. Necesitamos un hígado bien perfundido para que pueda trabajar correctamente: una vez más, la importancia de un pinzamiento fisiológico.

El bebé tiene suficiente alimentándose de calostro los 2-3 primeros días. Pero es importante que haga tomas frecuentes y eficaces: a demanda si pide y a oferta si no lo hace o está muy dormido. Además del calostro, los bebés obtienen energía de la grasa acumulada, que se metaboliza y da lugar a cuerpos cetónicos. Las cetonas son una fuente de energía óptima para el cerebro humano. Aunque la glucosa descienda, la mayoría de los bebés sanos a término no presentarán síntomas de hipoglucemia, pues las cetonas estarán proporcionando energía a sus cerebros. Mientras tanto, el hígado empezará a regular y estabilizar esa glucosa. Es un periodo transicional.

Se calcula que el valor de glucosa en sangre del recién nacido es entre un 10 y un 20 por ciento inferior al de la madre. Esto explica que, en mujeres con diabetes, si la glucosa está elevada o mal controlada, tras nacer, el bebé tenga mayor riesgo de hipoglucemia. Intraútero, recibe altas concentraciones de glucosa de la madre. Su páncreas libera insulina en valores elevados. Al nacer, estos valores elevados pueden provocar una caída demasiado brusca, lo que genera una hipoglucemia.

No está claro que el riesgo de hipoglucemia esté aumentado en caso de bebés considerados grandes para edad gestacional, sin diabetes materna, ni en los pequeños para edad gestacional cuando tienen un tejido graso suficiente (para producir cuerpos cetónicos).

Los bebés con menos tejido graso y más prematuros sí presentan mayor riesgo de hipoglucemia sintomática, por falta de grasas para quemar y porque su hígado tendrá menos reservas de glucógeno. Por tanto, los bebés prematuros, los bebés con crecimiento intrauterino retardado (CIR) y aquellos cuyas madres han tenido diabetes en el embarazo mal controlada o tratada con insulina son los que presentan mayor riesgo de hipoglucemia. Normalmente, se les realizarán controles de glucosa las primeras 12-24 horas tras el nacimiento.

El descenso de la glucosa en las 2 primeras horas de vida se produce en la mayoría de recién nacidos mamíferos. Es algo limitado en el tiempo y asintomático. Hacia las 3 horas de vida, la mayoría habrán remontado a valores por encima de 45 (normales en un recién nacido), incluso sin ingesta. Recordemos que es una transición fisiológica. En torno a las 12-24 horas de vida, la mayoría de los bebés tendrán valores entre 45 y 90 mg/dl de forma estable. Habrán empezado a producir cuerpos cetónicos que nutren el cerebro. El nacimiento y la adaptación tienen un diseño fisiológico robusto. Conocer la normalidad nos ayuda a no patologizar.

No existe un consenso absoluto sobre qué cifras tener en cuenta para considerar hipoglucemia en los recién nacidos. En general, los valores por debajo de 45 se consideran hipoglucemia por prevención. Ahora bien, debemos diferenciar entre hipoglucemias asintomáticas e hipoglucemias sintomáticas. ¡No es necesario medir la glucosa a todos los bebés! Solo se hará en bebés con factores de riesgo o que presenten síntomas. La mayoría de los protocolos tratarán la hipoglucemia cuando esta es inferior a 36 mg/dl o antes si hay síntomas (sudoración, letargo y temblores son los más visibles).

Recordad que son protectores de bajada de glucosa: piel con piel ininterrumpido tras el nacimiento, cuidar la temperatura del bebé, el amamantamiento precoz y lactancia a demanda, así como partos lo más fisiológicos posibles para conservar los circuitos hormonales.

Si precisamos suplementar al bebé para elevar la glucemia, y la madre ha escogido lactancia materna, el calostro debe ser siempre la primera opción de suplementación. Estabilizará la glucemia mejor que la fórmula y reforzará la confianza de la madre en su cuerpo. Pedid apoyo para iniciar extracción de calostro y administrarlo al bebé. En estos casos intentamos evitar suplementos con fórmula porque no estabilizan igual de bien la glucemia (produce picos y bajadas de glucosa), y porque el suplemento aislado podría aumentar el riesgo de alergia a la proteína de leche de vaca (APLV). Sin embargo, en caso de ser imprescindible por síntomas de hipoglucemia si no hemos podido obtener calostro, se administrará fórmula al bebé. Recordad que no siempre es fácil extraer calostro las primeras veces. Requiere constancia y vale la pena seguir trabajando en ello.

Se recomienda extraer calostro de manera prenatal si la mujer lo desea, cuando existen factores de riesgo de hipoglucemia como pueden ser diabetes gestacional, un bebé CIR, cesárea programada, parto gemelar o una inducción temprana (37 semanas de gestación). La técnica de extracción mejora con aprendizaje y práctica. De hecho, lo más beneficioso de la extracción prenatal no es cuánto calostro consigamos extraer y almacenar congelado, sino que la madre se sienta segura y aprenda a extraerse. Recuerda que motivar la oxitocina es importante mediante pensamientos hacia tu bebé, imágenes de recién nacidos o calor y masajes. Es decir, algo que nos aporte placer.

Se recomienda empezar desde la semana 36 y no supone ningún riesgo. Algunas mujeres conseguirán extraer grandes cantidades, y otras, apenas unas gotas. ¡No es indicativo de nada de cara a la lactancia! El calostro extraído se congela en jeringuillas y se lleva al hospital en una nevera portátil con bloques de hielo. Las matronas las guardarán en el congelador y se dejarán a temperatura ambiente si el bebé llega a necesitar el suplemento.

Las hipoglucemias sintomáticas o muy marcadas que no remontan con alimentación requieren administración intravenosa de sueros con glucosa y, por tanto, el ingreso del bebé en la unidad de neonatos. A pesar de ello, se debe procurar el piel con piel con la madre y su presencia sin horarios en la unidad de neonatos.

Micción

Los bebés hacen pipí desde el primer día. Muchos lo hacen encima de mamá en algún momento tras el parto. Esta primera orina es abundante. El bebé viene bien perfundido por el cordón. En las próximas horas empezará a hacer menos si toma calostro, pues recordad que hablamos de leche condensada. Los bebés con biberón irán haciendo pipí con más frecuencia desde el primer día.

Es normal que el bebé de pecho orine muy poquito en las próximas 72 horas. La leche sube entre 36 y 72 horas tras el parto (a veces más tarde si hay separación o un bebé muy cansado que no estimula). También será normal en los primeros 3 días que aparezca una mancha naranja en el pañal. Son uratos y se deben a una orina muy concentrada. Más allá del tercer día, si seguimos viendo estos uratos en el pañal, es prudente consultar para valorar que no hay deshidratación.

Meconio

La primera caca del bebé se llama meconio. Son restos de células y del líquido amniótico que ha tragado en el útero. Es de color negro verdoso y muy pegajoso. Es difícil de limpiar.

Podéis probar a poner unas gotitas de aceite (almendra, caléndula, oliva) en la zona del culete y los genitales para que no se le pegue a la piel y sea más fácil de retirar.

Cuantas más tomas y más efectivas sean estas, más fácil será para el bebé eliminar el meconio pues, cada vez que come se activa el reflejo gastrocólico. Las cacas empezarán a cambiar de color con la subida de la leche a los 3-4 días.

¿Bañar al bebé?

No se recomienda bañar al bebé antes de sus primeras 24 horas de vida. Por un lado, no queremos que se enfríe. Por otro, dejamos que absorba bien los restos de vérnix. Además, permitimos que su piel se impregne de las bacterias de la piel de mamá para que poco a poco se colonice de estas bacterias amigas y familiares. Por otro lado, los bebés no están

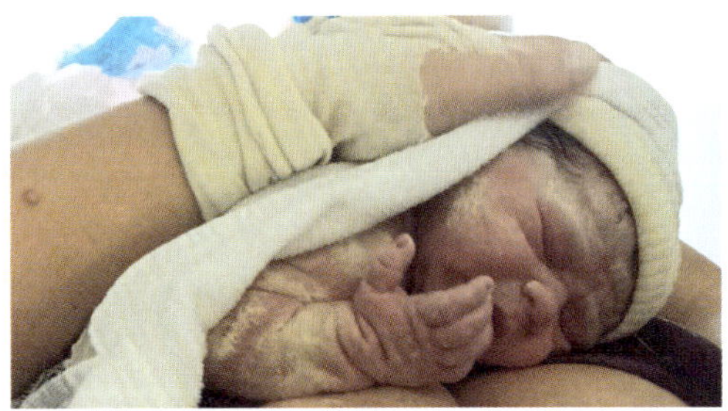

Parto en el agua

realmente sucios y huelen muy bien. Aunque hayan pasado por el canal del parto o nacido por cesárea, pareciese que un gato los ha lamido.

La mayoría de los hospitales ofrecen el baño a partir de las 24 horas de vida, pero es elección vuestra. Esperar unos días más es más que recomendable. Se le puede lavar un poco la zona genital bajo el lavabo, sobre todo porque el meconio es pegajoso. Es importante limpiar bien los pliegues de la ingle y, en las niñas, los de la vulva. Con cuidado, no hay que frotar, pero sí quitar bien los restos de caca.

Si se baña al bebé, se debe secar el contorno del cordón con una gasa, sobre todo por debajo, para que no quede humedad.

Las visitas

¿En el hospital? ¿En casa? ¿A qué ritmo? Ahora que el bebé ya está aquí, debemos organizar las visitas en función de cómo nos sentimos.

Están deseando veros, daros un beso y, por supuesto, conocer al bebé. Pero escoged quién queréis que venga y quién puede esperar. En la pandemia COVID, las habitaciones de maternidad estaban tranquilas. Las parejas, las madres y los bebés se conocían en calma. La mayoría de las madres lo recuerdan como una experiencia maravillosa en ese sentido. Esto a las familias puede que no les siente muy bien, pero debemos hacer visitas cortas y productivas. Productivas es traer comida, por ejemplo.

Recordad que el olfato del bebé está muy desarrollado. Los perfumes les pueden saturar. Muchas veces nos saturan hasta a los adultos. Con el olor a tabaco ocurre lo mismo. Son olores muy fuertes para todos, pero más para un bebé.

Pensad si queréis que cojan al bebé o no. Es absolutamente habitual y normal sentir un instinto feroz y no querer que nadie, o casi nadie, coja a vuestro bebé. ¿Os imagináis cogerle el bebé a una mamá gorila? Nadie en su sano juicio se atrevería. ¿Por qué entonces cogemos los bebés de las madres humanas? Que lo hagan solo si os apetece. Y si no os apetece, pues que no lo cojan. Así de simple.

> «Me habría encantado saber que es normal ese instinto mamífero de protección que desarrollamos. El no querer que nadie los toque o los coja, que nos los devuelvan rápido, que es normal que solo se sientan seguros con mamá y papá».
>
> **Anabel**

Nadie con catarro o similar debe visitaros. Lo que en un adulto es un catarro común de origen desconocido, en un bebé puede derivar en bronquiolitis, tos ferina o gripe, y pueden ser graves. Se deben lavar las manos siempre si vais a permitir que lo cojan.

> «Desde que nació mi bebé, dejé que todo el mundo lo cogiera y besara. Hasta que, con dos meses, le detecté fiebre. Fuimos a urgencias y dio positivo en COVID. Le hicieron más pruebas y nos dejaron ingresados por su edad. Qué dolor tan grande ver cómo a tu bebé, tan pequeño, tan indefenso, le ponen una vía y le hacen todo tipo de pruebas. Lo ves llorar y no puedes hacer nada. En ese momento decidí que nadie iba a besarlo ni a cogerlo hasta nueva orden. Familiares y amigos me llamaron exagerada, me decían: "Te estás pasando, lo sobreproteges, hay que ver con las madres modernas". Yo decido sobre mi bebé. Y sé lo que tengo que hacer».
>
> **Tatiana**

Aunque muchas familias son maravillosas y respetuosas con las decisiones de los demás, otras no lo son tanto y no podrán evitar hacer mil comentarios sobre cómo haces las cosas. Pedir consejo y ayuda es estupendo, pero recibir consejos no pedidos, o que cuestionen constantemente lo que hacemos, acaba cansando y generando ansiedad y rechazo hacia las personas, y con razón.

Si ha habido muchas visitas, y el bebé ha pasado por muchos brazos, esto puede provocar que esté intranquilo y sobreestimulado, o que no encuentre tan bien el olor de su madre, sobre todo si hay perfumes potentes.

> En principio cada miembro de la pareja debería tratar con su familia. Sobre todo, haced piña entre vosotros. Lo hará todo más fácil y llevadero. Poner límites no es fácil, pero, si fuesen necesarios, os harán sentir calma y bienestar.

Bebé intranquilo, irritable o que llora mucho

Algunos bebés están algo intranquilos tras nacer. Otros puede que lloren bastante al roce o al cogerlos, y conseguir alimentarlos podría ser complicado.

Algunos bebés simplemente pueden estar más molestos en general. Todo lo que sienten son sensaciones nuevas. La luz, los ruidos o hacer caca. A algunos bebés la puesta en marcha del sistema digestivo les puede causar un poco de molestia. Con mucha calma y amor, los ayudará estar en brazos, en posiciones recogidas sobre nosotros. La posición fisiológica del bebé son las piernas encogidas (flexionadas) y algo abiertas, como una ranita humana. Suele ser su posición más cómoda. Podemos mecerlos o portearlos.

N. M. C.

CONFÍA MUCHO PERO MUCHO EN TU PRESENCIA, EN TUS BRAZOS Y TUS MANOS. AUNQUE ESTÉ UN POCO INCÓMODO POR EL NACIMIENTO, ES DONDE MEJOR ESTÁ Y DONDE DESEA ESTAR.

Ofreced el pecho con mucha frecuencia, pues suelen quererlo y los calma. Si es biberón, ofrecedlo despacio y que sea el bebé el que decida cuánto tomar. Turnarse con la pareja o la persona que os acompaña para mecerlo también nos ayuda. Y si tenéis dudas, siempre podéis llamar al timbre.

Ahora, si el bebé está irritable, llora mucho, no se calma o no consigue comer, habrá que revisar más. Además de todo lo anterior, es posible que sienta cierto dolor. Lo primero que debemos pensar es cómo ha sido el parto. Administrar paracetamol los va a ayudar, y hay que considerarlo. Si esto no mejora con los días, es importante revisar al bebé más allá. Exploraremos la boca con la matrona o IBCLC, y recurriremos a la fisioterapia pediátrica por si tiene dificultades para comer.

Establecer la alimentación

La lactancia es a demanda. Si bien la mayoría de los bebés mantienen valores de glucosa adecuados gracias a la función del hígado, y tienen ciertas reservas de grasas para producir cuerpos cetónicos y alimentar su cerebro, es importante estar pendientes de su alimentación.

Todos los bebés perderán algo de peso los primeros días. Establecer la alimentación es clave para que el bebé no se deshidrate. Además, cuanto más ingiera, más

Días de vida	5 días de vida (debe dejar de perder peso)	Semana de vida	7-10 días de vida	15 días de vida
Evolución del peso	Pérdida de entre un 7 y un 10 % como máximo. Si es igual o mayor al 10 % debemos valorar qué está pasando.	Ha empezado a ganar peso	Peso del nacimiento recuperado	Límite razonable para haber recuperado el peso del nacimiento

activará el reflejo gastrocólico y hará más caca. Las deposiciones especialmente, pero la orina también, son la forma más rápida de que el bebé elimine la bilirrubina y no se ponga amarillo en exceso.

Se considera fisiológico que un bebé pierda hasta un 7 por ciento de su peso respecto al del nacimiento. Hasta un 10 por ciento podría llegar a considerarse dentro de parámetros normales. Sin embargo, si se llega al 10 por ciento, deberíamos evaluar qué está pasando con la alimentación de forma muy proactiva.

En torno al quinto día tras el nacimiento, el bebé debería dejar de perder peso. Quince días sería un límite adecuado para esperar a que haya recuperado el peso del nacimiento. Si no lo ha hecho, o está lejos de hacerlo, la alimentación debe ser evaluada a fondo por algún profesional con buena formación y conocimientos en lactancia. Es importante valorar el estado del bebé e intervenir de la manera en que este necesite.

Los bebés vagos no existen

Algunos bebés apenas demandan y se pasan el día dormidos. Saltarán las alarmas cuando empiecen a decir: «Qué bueno es» o «Te ha tocado un bebé vago». Bandera roja: los bebés vagos no existen.

La excepción a la lactancia a demanda es cuando el bebé no pide. Los bebés deben realizar entre 8 y 12 tomas diarias como mínimo. Si hace más, mejor. Hablamos de mínimos solamente. No de máximos. Salvo las primeras 24 horas, en que puede hacer alguna menos, 8-12 tomas será un patrón de demanda mínimo, apropiado. La mayoría de los bebés con lactancias bien en curso pueden fácilmente hacer 12-14 tomas, o más. No es necesario contarlas cuando todo va bien, solo cuando hay problemas con la ganancia de peso.

El bebé está pidiendo ayuda: está agotado o es más inmaduro (prematuros tardíos de 35–37 semanas) o quizá tiene la glucosa baja. No tiene energía para comer. Y por eso solo duerme. Y cuanto más duerme, menos come. Es un círculo vicioso. Hay que alimentar al bebé, a oferta, hasta que salga de este estado de somnolencia. Algunas veces también se les llama bellos durmientes. En bebés de biberón es menos frecuente, pero igualmente le ofreceremos la comida a oferta si está muy somnoliento y no la pide.

Lo siguiente que dirán es que le despertéis. Lo intentaremos:

- Piel con piel para que os huela. Procuraremos que no lleve demasiada ropa que le cause sopor.
- Le acercaremos el pecho a la boca, e intentaremos que quede enganchado activamente a él.
- Si no funciona, presionaremos el pecho en la areola y hacia el pezón, con la idea de extraer gotas de calostro y acercárselas a la boca.
- Si conseguimos que agarre, pero apenas succiona, utilizaremos la compresión mamaria para que salga la leche. La utilizaremos durante toda la toma.

La compresión mamaria es una técnica útil en bebés adormilados, prematuros, que no cogen peso o con anquiloglosia. Comprimimos todo el pecho con nuestra mano en forma de C, agarrándolo algo más atrás de la areola, abarcando la máxima glándula posible. La compresión es fija, no bombeamos. Mientras el bebé succiona, mantenemos la compresión fija. Si deja de mamar, soltamos el pecho y volvemos a comprimir. Podemos rotar la compresión de la zona. Y así hasta que deje de surtir efecto.

Si nada de esto funciona, no perdamos mucho el tiempo dándole pellizcos en la espalda, los pies o echándole agua fría. El bebé no tiene fuerzas para comer. Debemos pasar al plan B: comenzar con la extracción manual de calostro.

> Resumiendo:
>
> - Si el bebé duerme mucho y no demanda, no es vago, necesita ayuda.
> - Si el bebé no mama y no saca calostro, la leche tardará más en subir y la producción puede verse comprometida.
> - La medida que debemos adoptar lo antes posible es extraernos calostro, así protegeremos la subida de la leche, a la vez que suplementamos a nuestro bebé. Porque los bebés tienen que comer.
> - Si nuestro deseo es establecer lactancia materna, lo haremos con el método dedo-jeringa para no generar confusión al bebé.

Con los días el bebé recuperará energía y poco a poco será capaz de demandar a un ritmo adecuado. Mientras tanto, lo haremos por él.

Sin duda, es posible que en ocasiones esta situación conlleve la necesidad de suplementos de leche artificial, hasta que el bebé coja fuerzas o hasta que consigamos extraer suficiente calostro. Algunos bebés nos dan más margen y se encuentran bien. Pero otros no permiten ese margen y es imprescindible y fundamental que, por encima de todo, coman.

Método dedo-jeringa

El método dedo-jeringa consiste en introducir nuestro dedo limpio muy suavemente en la boquita del bebé. Una sonda va conectada a la jeringa, y la sonda está en la punta del dedo que hemos introducido.

Primero, estimularemos su reflejo de búsqueda y después ofreceremos la punta del dedo a su paladar, despacito para evitar el reflejo de arcada. Mantendremos al bebé en una posición más o menos vertical, o de lado sobre nuestro brazo. Probad entre dos personas si os apañáis mejor.

El bebé iniciará la succión del dedo, a la vez que recibe el suplemento.

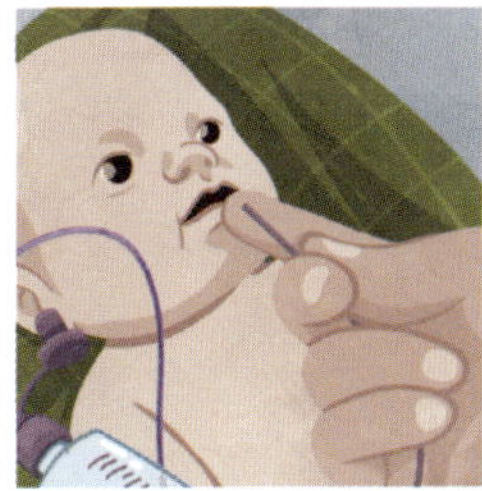

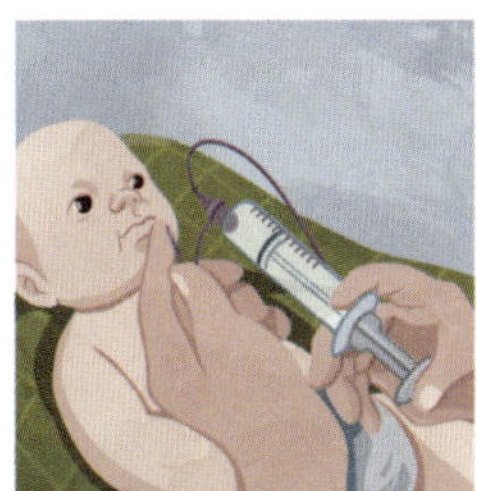

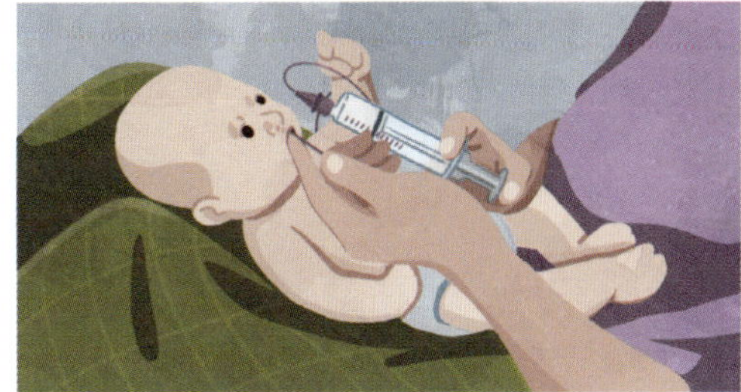

Otra forma de hacerlo sería poniendo al bebé al pecho, con la sonda fijada sobre el pezón, mientras realiza la toma. Sería el método jeringa-pecho.

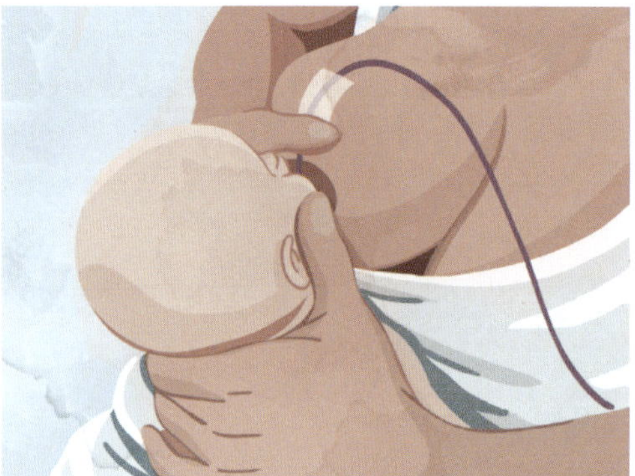

También podríamos suplementar con una cucharita o con un vasito pequeño y blando, como los que se usan para repartir pastillas en los hospitales.

¿SABÍAS QUE...? Si por casualidad tienes una hermana o una amiga de confianza, que amamanta a su bebé, puede donarte leche para suplementar. Entendemos, claro, que ella está sana y alimenta a su bebé sin problema. Es importante que la leche se manipule con las manos limpias y se conserve adecuadamente en frío una vez extraída. En la nevera, al fondo de la misma, dura entre 3 y 5 días. Se calentará la que se vaya a consumir y no se debe volver a guardar una vez calentada. Congelada, a menos de 19 grados, dura 6 meses.

La leche donada de los bancos es solo para prematuros y bebés enfermos, pues las reservas no suelen ser tan grandes como para poder llegar también a bebés a término.

6.

Anquiloglosia

Sintomatología y diagnóstico

Anquiloglosia quiere decir «lengua atada». Una de sus causas es un frenillo lingual corto. Pero una lengua puede estar atada por otras causas, como puede ser una contractura o exceso de tensión en los tejidos que rodean la lengua, la boca y el cuello. El cuerpo humano está interconectado por el tejido fascial. La fascia es un tejido en red que cubre todas las estructuras del cuerpo. Para que os hagáis una idea, conecta la lengua con los dedos de los pies. Y una lengua que no puede realizar todos los movimientos que necesita puede impedir al bebé alimentarse adecuadamente.

Los problemas de alimentación son los primeros en evidenciarse al nacer el bebé, pero una anquiloglosia, a lo largo de la vida de las personas, podría manifestarse en otros problemas de salud.

Algunas veces, no hay una anquiloglosia, sino una lengua con poco tono, poca fuerza. Sería ideal contar con logopedas neonatales especializadas en lactancia y succión para acompañarnos en la rehabilitación.

Seguramente habéis leído y oído algo al respecto. Hasta los medios de comunicación se han hecho eco de los frenillos. Es posible que hayas leído que es una moda. Pero también puede que tengáis en la familia a alguien que no pronuncia bien la «r» y, que además, se queja de roncar y no descansar, respira por la boca y ha llevado ortodoncia varias veces o le quitaron las amígdalas de pequeño.

Los frenillos cortos han existido toda la historia de la humanidad. En tratados de obstetricia, se hace referencia a la frenectomía que realizaban las matronas al nacer los bebés en los hogares. La supervivencia del bebé podía depender de ello, pues no existían leches artificiales adecuadas. La mortalidad infantil por alimentación dificultosa era una realidad.

Con el traslado de los partos de los hogares a los hospitales y con el auge de las leches artificiales, a partir de 1940-1950 la cultura de la lactancia alcanzó mínimos sin precedentes. Y así, el reconocimiento e importancia del frenillo corto se perdió. De todos modos, la lactancia materna no tenía valor, no importaba. La leche artificial se publicitaba como superior y todo se solucionaba con biberón.

En las últimas décadas, el intento de recuperar la lactancia materna, el deseo de más mujeres por amamantar y la información y recuperación a nivel global del problema de la anquiloglosia nos han permitido volver a ponerlo sobre la mesa. No es una moda, sino la comprensión de una situación que, en ocasiones, requiere de un abordaje quirúrgico. La lactancia es un motivo de peso, pero además muchos otros problemas de salud pueden derivar de una lengua atada. Y no olvidemos nunca que los bebés que toman biberón y tienen anquiloglosia también tendrán síntomas y dificultades.

Desde el año 2014, en Brasil, es obligatoria la realización del protocolo de evaluación del frenillo lingual a los recién nacidos en todos los hospitales y maternidades. Y esto es coherente. Igual que se valoran las caderas o los reflejos, es fundamental valorar la función de la lengua por lo que implica para la alimentación del recién nacido.

Vamos a hacer un juego: con la boca cerrada, colocad la lengua detrás de los dientes inferiores. Imaginad que, con hilo, cosemos la punta de la lengua detrás de los dientes y se queda sin movilidad. Ahora, abrid la boca. La lengua debe permanecer baja, con la punta pegada detrás de los dientes. Intentad hablar. Leed en alto cualquier frase del libro. Ahora pensad en comer y tragar con la lengua sin poder moverla de ahí (la tenéis cosida). Intentad beber agua sin levantar la lengua. ¿Qué os parece?

Aunque es un tema controvertido y existe reticencia a darle la importancia que tiene para muchos bebés y niños, afortunadamente, desde diferentes disciplinas a nivel mundial, cada vez contamos con más conocimiento para apoyar la necesidad de valorar y tratar la anquiloglosia en los casos en los que sea necesario. Entre estas disciplinas, se cuentan: lactancia materna, pediatría, matronas, odontopediatría y odontología, otorrinolaringología, maxilofacial, gastroenterología, logopedia, fisioterapia y cirugía.

La presencia de un frenillo lingual es algo anatómico y muchos lo tenemos. El problema se da cuando ese frenillo es corto y rígido, ancla la lengua al suelo de la boca e impide que esta realice bien todas sus funciones.

Existen varias clasificaciones de frenillo. Generalmente, la clasificación se hace por criterios anatómicos o por la sintomatología que causan. No todos se ven. Algunos están delante, y otros, muy atrás y profundos. Hay que saber valorarlos. Es fundamental tener en cuenta no solo la anatomía, sino la sintomatología en el bebé y la madre.

Durante el desarrollo embrionario, la lengua se forma pegada al suelo de la boca. En torno a la semana 8, se separa y, tras esa separación, el frenillo anatómico queda uniendo la lengua a la base de la boca. Si esta separación en etapa embrionaria no es suficiente, existirá la anquiloglosia. Tiene un alto componente hereditario.

En la función de amamantamiento o tomar un biberón, la lengua debe poder salir por delante del labio inferior. También debe poder elevarse bien para crear el sello del pecho o la tetina en la boca sin que entre aire y sin masticar el pezón de la madre. De forma burda, la mitad de la lengua hacia delante envuelve y sella el pecho o la tetina formando una «u», y la mitad posterior de la lengua realiza movimientos de elevación y peristalsis para extraer y tragar la leche. Por ello, tanto el frenillo anterior como el posterior pueden causar dificultades.

En el diagnóstico, debemos tener en cuenta toda la sintomatología de la madre y del bebé. Valoraremos la toma y el agarre, y trabajaremos en ello lo primero de todo. Por supuesto, debemos hacer una valoración exhaustiva, saber cómo fue el parto y considerar si hay otras tensiones corporales o limitaciones que precisen fisioterapia.

Para establecer el tipo de frenillo, analizaremos la boca del bebé, la succión, el paladar y tocaremos bajo la lengua. Después, la elevaremos con los dos dedos índices, para visualizar y palpar el frenillo adecuadamente. Valoraremos su longitud, elasticidad o tensión y dónde se inserta. Por último, comprobaremos la succión, la fuerza de la lengua y los diferentes movimientos linguales. Pasaremos una escala de valoración de anquiloglosia validada, y del conjunto de todo ello se recomendarán diferentes abordajes.

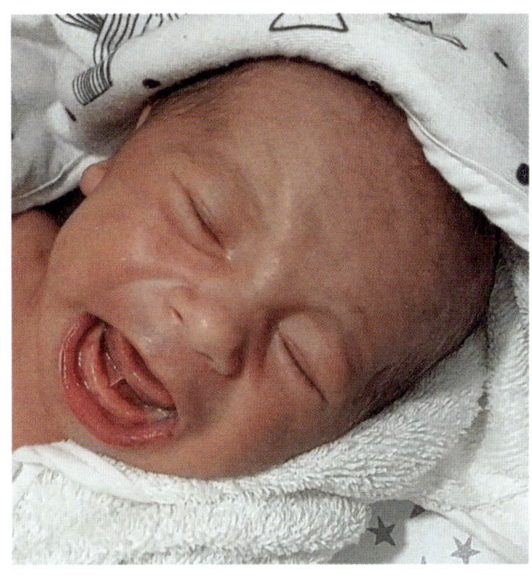

Roi Roque. Anquiloglosia en la lengua

Si el frenillo es claramente limitante, se recomienda su intervención quirúrgica mediante una frenectomía. Si el frenillo es menos limitante, tendremos que analizar la clínica y ayudar a la familia a decidir si intervenir o seguir trabajando con fisioterapia o logopedia miofuncional para ver si es posible que mejore la función de la lengua.

Serían signos de sospecha de anquiloglosia por clínica:

Madre	Bebé (teta y biberón)
Dolor en las tomas imposible de corregir	Paladar alto
	Tortícolis
Grietas complicadas	Lengua en forma de corazón
Sensación de pinchazos como agujas	Boca abierta y lengua abajo
Mastitis de repetición	Labios con edema o ampollas
Perlas de leche y obstrucciones	Lengua blanca que no se limpia
Isquemia en el pezón	Mejillas hundidas al mamar
Baja producción de leche	Gases, reflujo, cólicos, irritabilidad
Hiperproducción de leche	Cacas verdes, APLV
Calambres y mastitis subagudas	Bajo peso / mucho peso

Por tanto, se hará la exploración física y se valorará la presencia de todos los síntomas en conjunto.

Por otro lado, no sabemos y no podemos predecir quién tendrá problemas a largo plazo por anquiloglosia. Algunos frenillos darán muchos problemas y otros menos, porque los niños compensan, se acostumbran a vivir con la limitación en la lengua. Pero lo cierto es que su presencia está relacionada con ciertas alteraciones de la salud.

La lengua debe descansar en el paladar cuando la boca está cerrada. De esta manera, el paladar se ensancha y baja. El ensanchamiento permite que los dien-

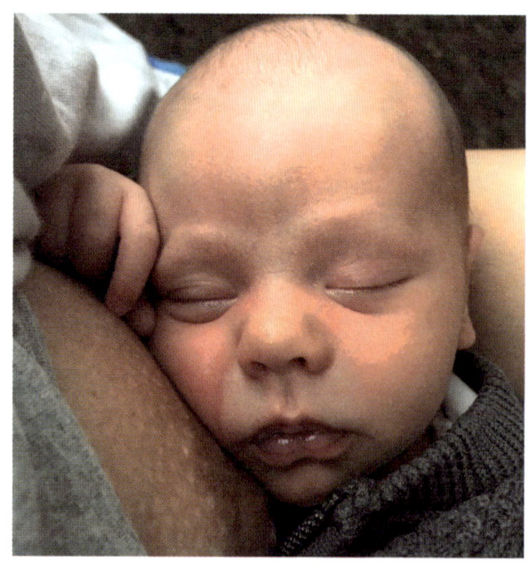

Tomás. Labios donde se aprecia edema

tes quepan cuando comiencen a salir. El paladar, al bajar, permite que los senos nasales se desarrollen bien y el bebé, y después el niño, pueda respirar adecuadamente. Esto es, por la nariz.

Si la lengua permanece abajo, el paladar se desarrolla sin la presión mecánica que necesita. Esto suele darle forma de V en lugar de U. Con ello, no habrá sitio para los dientes, favoreciendo la mala oclusión. El paladar alto quitará espacio a los senos nasales y la vía aérea nasal será más estrecha. En esta situación, el riesgo de que el bebé acabe siendo un respirador oral es mucho más alto que un niño con un paladar bien desarrollado. La respiración oral está directamente relacionada con la inflamación de las amígdalas y las adenoides, la apnea obstructiva del sueño y peor oxigenación.

La inflamación de la vía aérea impide a los niños descansar bien. En edad escolar, está demostrado que a veces se confunden trastornos de déficit de atención e hiperactividad con niños agotados que están irritables por la falta de sueño, lo que genera conductas inquietas. Además, atienden menos en clase porque concentran toda su energía en poder respirar. Su rostro puede ser de tipo facies adenoidea, derivado de la respiración oral: cara alargada y aplanada, nariz estrecha, barbilla retraída, ojeras, paladar estrecho, sonrisa gingival, boca abierta y seca, y dientes torcidos. Desde luego, la respiración oral no se debe siempre a un frenillo corto: existen otras causas que pueden derivar en la respiración oral de las personas, pero la anquiloglosia es uno de los factores predisponentes.

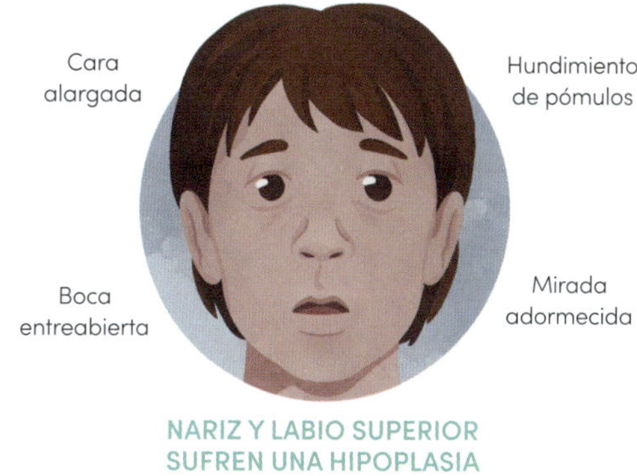

NARIZ Y LABIO SUPERIOR SUFREN UNA HIPOPLASIA

A estos niños, a veces, también se les tacha de malos comedores. La realidad es que les cuesta tragar el bolo alimenticio, porque, para ello, elevamos la lengua, sellando el paladar. Además, como les cuesta tanto respirar, comen muy poquito y muy despacio. Sobreviven día a día.

La lengua anclada al suelo de la boca impide también su autolimpieza. Los bebés tienden a tener la lengua muy blanca porque no la limpian contra el paladar. Por el mismo motivo, cuando salen los dientes, la lengua baja es también un factor de riesgo para desarrollar caries.

En contadas ocasiones, la lengua blanca podría ser cándida oral (muguet), que el pediatra tratará con una pomada antifúngica. En este caso, también estará en las encías y en el interior de las mejillas. No solo en la lengua.

En cuanto al habla, es habitual que se altere la pronunciación de la «r» y la «s». Muchos lo corrigen con logopedia, pero otros no, pues depende de la afectación individual.

No sabemos qué frenillo causará problemas en el futuro. No podemos anticiparnos. Aún hay mucho por investigar. Pero lo que tampoco podemos es hablar de una moda cuando implica problemas de salud variados. Decir que un bebé solamente tiene un poquito de frenillo no es un diagnóstico clínico serio.

«Cuando nació nuestro bebé lloraba todo el rato, quería estar enganchado a la teta día y noche, no dormía nada y nunca le veíamos calmado y tranquilo. Todo el mundo me decía que los bebés son así, que lloran y comen y no duermen... Pero yo sabía que había algo que no iba bien. Finalmente, después de llamar a muchas puertas me dijeron que mi bebé tenía un frenillo sublingual y a consecuencia de ello no mamaba bien... Por eso nunca estaba relajado y no podía dormir. A todas aquellas personas que serán mamás y papás en un futuro próximo: los bebés están profundamente conectados con sus instintos y con la naturaleza. Aunque no puedan hablar, por favor, escuchadlos. Y, por supuesto, escuchaos. Vuestras intuiciones casi siempre son ciertas».

Mar

Si sospecháis que el bebé puede tener frenillo, es vital acudir a profesionales de referencia especializados en anquiloglosia. De lo contario, por experiencia sabemos que las familias dan tumbos de un sitio a otro sin solución. No hay que cortarlos todos precipitadamente, pero tampoco prolongar tratamientos costosos cuando el bebé y la madre no mejoran.

Trabajo multidisciplinar

El abordaje de la anquiloglosia debe ser multidisciplinar. Es importante contar con una IBCLC que valore y haga el seguimiento apropiado de la lactancia. Tanto antes como después de la intervención quirúrgica.

La persona que interviene el frenillo puede ser un médico (general, pediatra, cirujano, maxilofacial, otorrino), una enfermera, una matrona o una odontóloga. Todos ellos tienen competencia legal en cirugía menor. Para la rehabilitación de la lengua es fundamental una logopeda miofuncional pediátrica formada en lactancia y anquiloglosia. Por último, muchos bebés necesitan fisioterapia para tratar alteraciones musculoesqueléticas generalmente presentes en una anquiloglosia.

Si se va a intervenir, es ideal esperar a realizar la intervención tras una sesión de liberación de tejidos con fisioterapia. No siempre será posible, y hay situaciones de mayor urgencia, pero es un escenario inmejorable.

Algunas veces, tras la intervención, la mejoría será inmediata, y la evolución, muy rápida. Pero en otras la evolución será lenta. Esto es porque la forma en que afectan los frenillos a cada lengua es muy diferente. Algunas lenguas no tienen ninguna fuerza y, aunque se liberen, seguirán bajas. Es importante rehabilitarlas como haríamos con cualquier músculo que lleva 9 meses sin poder moverse. La lengua está formada por 17 músculos diferentes. El bebé, durante la gestación, ya entrena y desarrolla la succión. Al gestarse con anquiloglosia, los movimientos están alterados en la lengua y en el cerebro, pues no conoce otros. Debe establecer nuevos circuitos a nivel cerebral y rehabilitar la lengua en sí misma.

¿Quién valora e interviene el frenillo?

Para encontrar profesionales cualificados, pedid referencias a profesionales y familias. El diagnóstico debe ser exhaustivo y los profesionales deben tener formación y experiencia. Solo mirando no se puede valorar un frenillo corto.

Para escoger al profesional, os doy algunas claves:

- Os hace sentir seguros, bien informados y especialmente sin presión a tomar la decisión de intervenir o no. La prisa nunca es buena. No es necesario tomar la decisión enseguida.
- Os pasa para firmar un consentimiento informado.
- Os explica con detalle la valoración.
- Ofrece revisiones de la intervención como parte de su abordaje. Si no hace revisiones, buscad a otro profesional. Qué sentido tiene intervenir el frenillo si nadie lo va a revisar después. Es importante valorar la herida a las 24-48 horas y a la semana aproximadamente. A los 15 días sería ideal, y es importante ver al bebé al mes también.
- Realiza la técnica con anestesia tópica o local.

Hay profesionales que lo hacen sin anestesia, pues no hay consenso en cuanto a su uso, como no lo hay en la rehabilitación. Ahora bien, los bebés sienten dolor, como todo adulto. Si a un adulto no le haríamos una frenectomía sin anestesia, al bebé tampoco. No sabemos si les quita todo el dolor y se acepta que la zona que hay que intervenir está poco inervada, pero la ética nos dice que utilizar anestesia es lo más correcto.

La intervención liberará la lengua, siempre que se haga completa y dejará una herida visible en forma de rombo. Si no hay rombo, la intervención es parcial y la mejoría será muy pequeña o imperceptible.

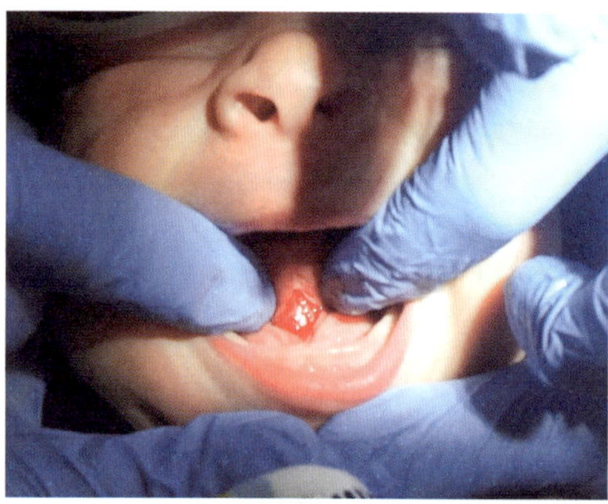

Herida en rombo tras frenectomía

Cuidado de la herida

El tratamiento de la herida corre a cargo de la persona que lo ha intervenido. Sería adecuado recibir recomendaciones en esta línea:

- Algunos bebés pueden requerir paracetamol los 2 o 3 primeros días tras la intervención, si manifiestan señales de dolor o irritabilidad. Muchos bebés no lo precisan. Se calcula en función del peso del bebé.
- Se recomienda aplicar una pomada en la herida a base de ácido hialurónico tres veces al día.
- Aunque no hay consenso profesional sobre qué ejercicios hacer tras la intervención, lo que sabemos, sin lugar a dudas, por experiencia clínica diaria es que resulta preciso hacer un seguimiento de su evolución. Soy totalmente partidaria de la recomendación de ejercicios suaves, breves y poco invasivos sobre la herida y la lengua. La evolución que hemos visto en las consultas es que es mejor cuando se trabaja la herida con ejercicios para evitar que el rombo se cierre en falso, pegado sobre sí mismo.
- En el proceso de cicatrización, aparecerá fibrina sobre el rombo. La herida se ve blanca-amarilla. Es normal y no se debe frotar ni levantar.
- Una vez cicatrizada la herida, en torno a los 10-15 días, se iniciará el masaje sobre

la cicatriz, siempre con delicadeza, para ganar elasticidad en el tejido nuevo.

- De forma individual para cada bebé, se realizarán ejercicios para rehabilitar la función y la fuerza de la lengua. Esto requiere logopedia y fisioterapia, ambas disciplinas especializadas en anquiloglosia.

Es importante entablar una comunicación fluida y cercana con las personas que abordan el frenillo. No os quedéis con dudas en ningún sentido. La decisión de intervenir siempre es vuestra. Es normal tener sentimientos encontrados y no saber qué hacer. También sentirse mal tras intervenirlo. Es nuestro bebé. Pasará un par de días molesto. A veces las tomas empeoran porque la lengua ahora es muy diferente para el bebé. Debemos tener paciencia, pero, sobre todo, apoyo profesional. Si no conseguimos la toma, es mejor que la pareja coja al bebé y lo calme. Podemos suplementar con el dedo si es más fácil. Irá mejorando. Debemos esperar unas 3 semanas para la estabilización.

Sin duda, lo más importante es ponernos en manos de profesionales bien formados, con experiencia a sus espaldas, que revisen la herida y hagan seguimiento, y asegurarnos de que adopten un abordaje multidisciplinar. Podéis meditarlo u optar por no intervenir. Lo importante es contar con información y comprender las opciones que tenéis.

7.

Las segundas 24 horas

El comportamiento del bebé humano

El bebé va camino de cumplir 48 horas de vida. Aún os estáis conociendo. Para la mayoría de las familias comienza a acumularse el cansancio. Dependiendo de cómo ha sido el parto, de si hay heridas físicas y emocionales, todo irá sumando. Las hormonas del embarazo empiezan a caer en picado, con lo cual la labilidad emocional es intensa: de la felicidad a la preocupación, de la tristeza al agotamiento y vuelta a la felicidad. Una montaña rusa de emociones. Y es por ello que la asistencia al parto importa. Aunque algunas complicaciones son inevitables, podemos intentar dar el mejor comienzo posible a cada familia, dentro de la situación individual.

Con cesárea, episiotomías o una recuperación difícil, la madre necesita apoyo físico continuo. Y no debemos olvidar que una mujer que pare por cesárea está comenzando un posparto a la vez que se encuentra convaleciente de una cirugía. En cualquier poscirugía, cuidaríamos de nuestros familiares con exquisitez. Por tanto, a la madre que pare por cesárea la cuidaremos también atendiendo a su estado posquirúrgico. No podemos olvidar esto.

En caso de gemelos, los cuidados se multiplican por dos. Aquí es imprescindible que haya manos disponibles 24 horas para repartir los cuidados de ambos bebés. Cuidar a dos bebés en lugar de uno requiere mucho apoyo físico real y sostén emocional, en doble ración también. Las familias con gemelos no tienen el mismo tiempo para entregar que cuando solo hay un bebé. Esto genera culpa también. Las madres y familias con gemelos sois de otra liga.

Lactancia en tándem de dos dragoncitos

«Ahora que he tenido solo un bebé, me doy cuenta de la pena de no haber podido disfrutar de mis dragones (mellizos). Con disfrutarlos me refiero a echarles crema con tiempo, mirarlos con detenimiento, hablarles sin prisa, tumbarme en la cama con ellos y pasar el tiempo. La crianza de múltiples es extenuante y emocionante a partes iguales, y tiene estos momentos que, ahora que he sido mamá de un solo bebé, disfruto mucho más».

Julia

Te recomiendo buscar apoyo en una asesoría especializada en gemelos. También compartir con otras madres de múltiples. La experiencia nos puede aportar ideas, trucos y recursos. Consulta la web Gemelos al Cuadrado.

Sueño

La segunda noche de vida, los bebés suelen estar algo más inquietos y demandantes que la primera. De hecho, se conoce como «la noche de las vacas locas». La verdad es que lo de vacas no sabemos muy bien de dónde viene. Qué manía con relacionar la lactancia materna humana con las vacas. Como si dar leche fuese exclusivo de estos animales.

> «Me hubiera gustado conocer ese maravilloso instinto que les hace mamar y llorar intensamente de teta en teta durante la segunda noche. Lo pasé muy mal entre el cansancio y la sensación de que Atenea tenía hambre. Cuando salí para pedir un biberón, la enfermera me explicó que era normal, que lo hacen para acelerar la subida de la leche y que estaba perfectamente alimentada con el calostro. Que tuviera paciencia, que era solo una noche. ¡¡¡Y así fue, a la mañana siguiente tenía el pecho lleno de leche!!! Cinco meses después seguimos con lactancia materna exclusiva. Alimentar a mi hija con mi cuerpo es la experiencia más alucinante que he vivido».
>
> **Yaiza**

La cuestión es que el bebé se va dando cuenta de que la comida hay que pedirla y trabajársela. La segunda noche suele ser muy intensa. Por la noche, los picos de prolactina en la madre son mayores que durante el día. Y la prolactina es la hormona que regula la producción de leche. Las tomas nocturnas son importantes en la lactancia, pues sientan las bases para una producción adecuada.

Es normal que el bebé se despierte y pida con frecuencia, o que pase mucho rato al pecho. No tengáis miedo a ofrecer y confiad el uno en el otro. Es interesante ir alternando el pecho que ofrecemos, pues cada uno es una fábrica independiente. Debemos estimular ambos, para contar con las dos fábricas a pleno rendimiento. Es posible amamantar con un solo pecho, pero es más cómodo tener dos. En caso de gemelos, resulta evidente.

Que el bebé pida con frecuencia no significa que no tengáis leche. El comportamiento es el normal para estimular la subida y la producción de leche. Como siempre, habrá que valorar signos de normalidad: que el bebé se puede enganchar y que consigue extraer. Sobre todo, intentad mantener la calma. Y dadle al botón del timbre en caso de dudas.

Los bebés con lactancia artificial, en principio, irán demandando en función del hambre. Pero si está muy dormido, también ofreceremos cada 2 o 3 horas. En estos dos primeros días irás conociendo sus señales de hambre y saciedad. Las cantidades irán progresivamente en aumento, pero poco a poco. Lo que el bebé quiera tomar, siempre que lo posicionemos en vertical y utilicemos esos biberones en los que pueda controlar el flujo.

La sociedad no está acostumbrada a dar el biberón a demanda en función del bebé. De siempre se les daban cantidades estándar y en 5 minutos, bebé muy tumbado y a engullir. Al bebé no le da tiempo a saber si tiene hambre o no. Esta forma de alimentar guiada por el bebé requiere más inversión del adulto, pero vale la pena por el bienestar del bebé. Y nos ayudará a confiar en su hambre y saciedad también, cuando llegue la alimentación complementaria. Es toda una experiencia de conexión, confianza y comunicación no verbal. Lo vais a hacer muy bien.

Llanto

Los bebés lloran siempre por algo. No saben hablar, así que cuando tienen hambre, algo les molesta, les duele, sienten miedo o no os sienten, pues lloran.

Generalmente lloran para comer y para que los cojan en brazos. Ambas acciones son igual de importantes. Al mismo nivel. Ambas nutren al bebé. Una, su cuerpo y sus células, y la otra, su cerebro y su corazón. Son necesidades vitales para el bebé.

Recordad que si siente que está solo, su cerebro interpreta que su vida corre peligro, porque lo mismo le da nacer en un hospital en España que en medio de la selva. El bebé se protege para sobrevivir. Y quien le garantiza la supervivencia es el adulto que lo cuida. Así que, si se calma porque lo cogéis en brazos, es maravilloso. Os estáis entendiendo a la perfección. Os dirán: «Mira qué listo. Llora para que lo cojas». Sí. Pero más que por listo, qué bien hecho y qué bien diseñado. Tenéis un bebé maravillosamente perfecto.

«Tres horas después de que naciese mi bebé, la matrona dejó pasar a mi madre y a mi suegra. No tendríamos la habitación disponible aún en unas horas, por lo que hicieron una excepción y pasaron a conocer al bebé en paritorio. Nada más abrir la puerta, mi suegra soltó: "Ya estamos, todo el día en brazos". Mi bebé acababa de nacer. Aún estaba desnudo, piel con piel, y ya recibimos la primera crítica social a la necesidad de ambos de seguir juntos durante meses».

Paula

Cuando son tan pequeñitos, si el bebé en general está bien, llora para pedir de comer. No tengáis miedo a equivocaros. Es ofrecer y probar. Veréis que surge de forma cada vez más instintiva. Si ya ha comido o no quiere comer, cogedlo en brazos. Revisad el pañal, que la ropa no le aprieta o si alguna etiqueta le pica y le molesta. Quizá simplemente está inquieto y toca calmarlo. A veces tiene un gas atravesado y al cogerlo en vertical lo echa, sin más.

Pérdida de peso

Ya sabéis que es normal que vuestro bebé pierda peso los primeros días. Por ello se hace un seguimiento del peso, para valorar que sigue en porcentajes normales. En los bebés adormilados, hará falta estar muy encima.

Con la lactancia materna, a veces hay tantas variables que tener en cuenta que, si el apoyo que nos dan o la información que manejamos no es suficiente, existe cierta fragilidad en el intento de establecerla, en el sentido de que todo se resuelve con suplementos. Y sí, hay situaciones en las que el suplemento será necesario. El bebé no se puede deshidratar y tiene que comer. Pero muchas veces no es cuestión más que de revisar las tomas, el agarre, la frecuencia o echar una mano con extracción de calostro los primeros días para estimular la subida de leche si hay alguna dificultad. Y esto es lo que suele omitirse, pasando directamente a repartir suplementos.

Recordad que, en el plan de posparto, teníais localizado apoyo para la lactancia. Si hay alguna dificultad, podéis ir llamando ya para concertar cita.

Pedid ayuda a las matronas del hospital. Muchas plantas de maternidad cuentan también con enfermeras y pediatras muy formadas en lactancia, y algunas son IBCLC. Algunos centros incluso tienen consulta de lactancia. No dudéis en hacer uso de esta. Lamentablemente, en algunos centros el acompañamiento a la lactancia materna es muy deficitario. Por ello, necesitamos ir con recursos, aprendizaje y conocimiento.

Ictericia: el bebé se pone amarillo

Los glóbulos rojos en las personas tienen una vida media de 120 días. Los glóbulos rojos del bebé, intraútero, viven entre 70 y

90 días. Cuando mueren los glóbulos rojos, se libera bilirrubina a la sangre. En el hígado, esta bilirrubina libre es conjugada o convertida a una forma en la que puede ser eliminada por heces y orina. Hacer caca es la principal vía de eliminación de la bilirrubina en el bebé. Y para hacer caca, tiene que comer bien y suficiente, pues en cada toma pone en marcha el sistema digestivo.

En el bebé intraútero, la bilirrubina pasa a la madre a través de la bendita placenta. Ahora, el bebé depende de sí mismo para manejar la bilirrubina que resulta del recambio de glóbulos rojos. Esta bilirrubina da el color amarillo a la piel, los ojos y las mucosas del bebé. Aparece primero en la cabeza y va bajando hacia el cuerpo.

Un 60 por ciento de recién nacidos a término tendrá algún grado de ictericia. Se considera fisiológico cuando aparece a partir del segundo día. La ictericia tiene un componente antioxidante. Protege al bebé de infecciones y radicales libres (a veces elevados en el parto). El pico de bilirrubina se da en el tercer día. Después comienza a bajar. Con lactancia materna, se mantiene una leve ictericia durante más tiempo. Es absolutamente fisiológico. En el caso de los prematuros, hasta un 80 por ciento tendrá ictericia, ya que, debido a la mayor inmadurez del hígado, son más vulnerables. No existe absolutamente ninguna indicación para suspender la lactancia, ni siquiera temporalmente. Esta medida se tomaba hace años por ignorancia.

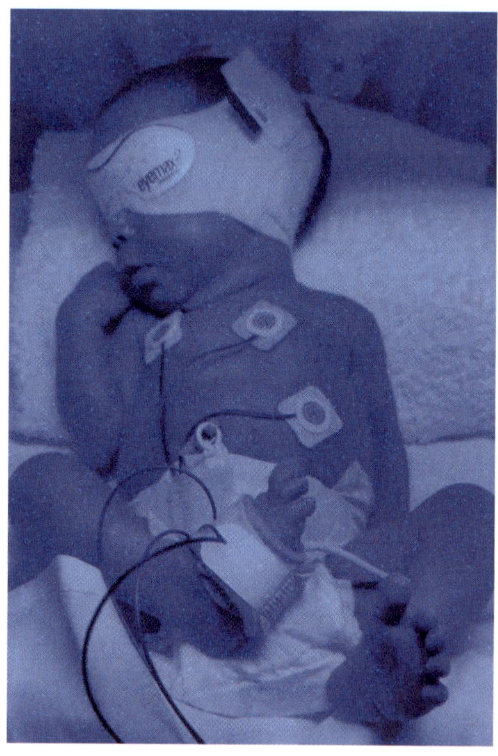

Valeria en fototerapia

La ictericia no sería normal si apareciera de forma precoz, en las primeras 24 horas de vida. En estos casos, pediatría deberá valorar a qué se debe para tomar las medidas oportunas. En general, se debería a isoinmunizaciones: incompatibilidad de RH o de grupo sanguíneo, ABO, entre madre y bebé. Esto hace que el bebé destruya glóbulos rojos de forma masiva. Debido a la inmunoglobulina

Anti-D que se administra a las mujeres cuando su bebé es Rh positivo y ellas Rh negativo, se dan pocas isoinmunizaciones por Rh. Esta ictericia precoz también se podría deber a infecciones o enfermedades hepáticas en el bebé.

La ictericia que aparece a partir del segundo día es la fisiológica. Cuando se eleva por encima de determinadas cifras, se tendrá en cuenta el tipo de alimentación del bebé (con lactancia materna se esperan cifras más elevadas de forma fisiológica), la edad gestacional y las horas de vida para valorar la necesidad de fototerapia. La fototerapia consiste en poner al bebé bajo lámparas de luz que convierten la bilirrubina a la forma en la que puede ser más fácilmente eliminada. Se hace en cunitas, pero no debe impedir el amamantamiento del bebé, que sabemos es fundamental para que se hidrate y haga caca. También hay mantas de luz que facilitan las tomas con el bebé en brazos. En algunos centros se hace con el bebé ingresado en neonatos y en otros, en la habitación de maternidad, opción más fácil para la unidad familiar.

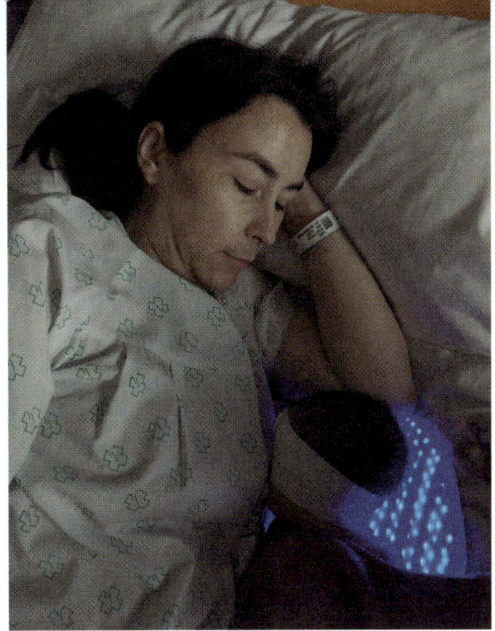

Fototerapia con manta de luz que facilita el amamantamiento

«Se me rompió el corazón cuando vi a mi hijo de 5 días en pañales, con una vía puesta y un antifaz, debajo de 3 lámparas, y el enfermero diciéndome que no le podría dar el pecho debido al valor tan alto de bilirrubina que tenía».

Beatriz

La fototerapia se hace de forma preventiva, en valores muy inferiores a los que serían peligrosos. Unos valores elevados se relacionan con inmadurez hepática, y la falta de la enzima necesaria para convertir la bilirrubina a la forma que el cuerpo puede eliminar. Pero la causa más frecuente es que el bebé no se está alimentando lo bastante.

Los bebés que no están comiendo bien no eliminarán a buen ritmo la bilirrubina. Por eso es frecuente ver bebés con ictericia cuando hay una anquiloglosia, bebés muy dormidos que no demandan o con problemas de agarre. La lactancia materna no es el problema, sino la falta de apoyo y valoración suficiente.

> La ictericia no aumenta por haber hecho un pinzamiento fisiológico. Este es un mito extendido y perpetuado hasta la saciedad por muchos profesionales sanitarios. La creencia se basa en estudios de hace treinta años. Comprendamos que la principal causa de aumento de la bilirrubina en bebés sanos y a término es la ingesta insuficiente. No podemos seguir perpetuando conceptos erróneos.

En cualquier caso, incluso en esos estudios antiguos, la diferencia en la necesidad de fototerapia entre bebés con pinzamiento precoz y tardío no era significativa (menos de un 2 por ciento). Los beneficios del pinzamiento fisiológico son superiores al hecho de necesitar fototerapia. Otro motivo por el que respetar la fisiología del pinzamiento es un hígado bien irrigado, que será más capaz de metabolizar la bilirrubina.

Pero para que no queden dudas, varios estudios mucho más recientes demuestran que no hay mayor necesidad de tratamiento de fototerapia en pinzamientos fisiológicos ni diferencia en niveles de bilirrubina (Hutton, *et al.*, 2007; Rincón, *et al.*, 2013; Rana, *et al.*, 2019). La bilirrubina elevada patológica no tiene nada que ver con el pinzamiento, y no se pueden confundir las cosas ni asustar a las familias. El pinzamiento fisiológico es un derecho del bebé: la sangre en el cordón es suya.

A los bebés de madre con Rh negativo tampoco se les debe pinzar antes el cordón. Los estudios demuestran que los bebés cuyas madres son Rh negativo, en caso de ser ellos positivos, se benefician del pinzamiento fisiológico: la necesidad de tratamiento es menor y el tiempo necesario de fototerapia, en caso de precisarse, también es más corto.

Lactancia materna y grietas

Las grietas se deben a un mal agarre. Recordad que es la fricción lo que las causa. Si el pezón llega al fondo de la boca del bebé, no es masticado ni erosionado. Las grietas se curan cuando corregimos la causa: posición y agarre o problemas de succión.

Es frecuente, aunque no por ello normal, que aparezcan entre el primer y segundo día. Afortunadamente, en cuanto mejoramos el agarre y el bebé abre más la boca, se comienzan a curar. Son muy dolorosas y, si durante la toma no conseguimos un agarre más profundo, puede hacerse insostenible. Además, pueden empeorar si no trabajamos con la causa. Ya sabemos que corregirla a veces es fácil: reposicionar, agarre en C y listo. Pero otras tenemos un bebé con anquiloglosia o tensiones y tardará un tiempo en mejorar. ¿Qué hacemos mientras?

- Corregir la posición en lo posible.
- Enganchar y dar toma manteniendo agarre en C.
- Pedir ayuda y buscar/tratar la causa.
- No alargar las tomas con dolor o irán a más: se puede extraer leche y dar tomas en diferido.
- Plantear pezoneras si no conseguimos un mejor enganche.
- Utilizar las posiciones en rugby, caballito o lateral en la cama.

El bebé tiene que comer, la producción hay que estimularla, pero si el dolor es alto, resulta imposible para la madre. Así que combinaremos estas estrategias hasta conseguir mejorar o solucionar el agarre.

Las grietas se curan porque el agarre mejora. Se cuidan como cualquier herida. Si te raspases la rodilla, ¿qué harías? Mantener la herida limpia y seca. Por tanto, es interesante mantener aireado el pezón, sin sujetador, ropa ligera o sin ropa (por eso no tener visitas a todas horas es algo que considerar). Se puede aplicar aceite de oliva o aceite de vitamina E pura en grietas limpias o pezones irritados. Son aceites cicatrizantes y no hace falta limpiarlos para que el bebé se enganche.

Si las grietas evolucionan porque no hay mejoría en el agarre, pueden llegar a infectarse. Entonces precisarían curas con antiséptico y pomada antibiótica. Por ejemplo, con ácido fusídico. Se recomienda aplicarlo justo al terminar la toma. En ese caso sería muy importante contar ya con el apoyo de alguien que está valorando vuestra lactancia y al bebé.

En lactancias avanzadas, también pueden aparecer grietas por infección bacteriana que habría que tratar con antibiótico.

Cribado de hipoacusia

Es una prueba no invasiva que se hace a todos los bebés antes del alta para estudiar ambos oídos. Se hace con los bebés dormidos o muy tranquilitos y no es dolorosa. La hipoacusia es la alteración sensorial más frecuente en el ser humano. Afecta aproximadamente a 5 de cada 1.000 bebés en diferentes grados. Su detección precoz permite un diagnóstico temprano y, por tanto, la posibilidad de aplicar el tratamiento más conveniente en cada caso.

Cribado metabólico del recién nacido

Se llaman pruebas del talón porque se pincha el talón del bebé para obtener muestras de sangre. Se recogen varias gotitas en un cartoncillo especial. Esta prueba se realiza a todos los bebés en torno a las 42-48 horas tras el nacimiento. Deben haber pasado al menos 24 horas desde que nace e, idealmente, menos de 72.

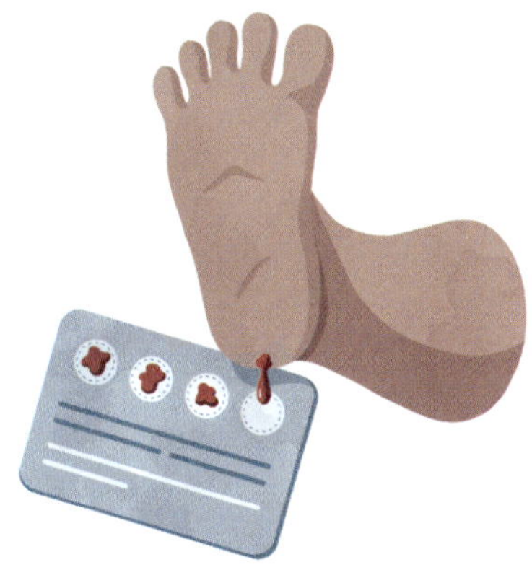

Es un método de detección precoz de enfermedades congénitas. Son enfermedades poco frecuentes, pero al detectarse de forma temprana, el tratamiento llega pronto, con lo que se mejora significativamente la evolución de las mismas y la calidad de vida para el bebé.

Las enfermedades que se analizan varían entre comunidades autónomas, pero hay un mínimo garantizado en todas.

Tras rellenar el cartón, este se envía al laboratorio de metabolopatías correspondiente. Los resultados se recibirán en casa por correo ordinario, a la dirección que hayáis facilitado. Tardan entre 10 y 15 días.

Algunas veces, la muestra puede no haber sido válida o es insuficiente para alguno de los análisis, y se os citará para repetirla. También habrá casos en los que recibiréis la noticia de un resultado alterado. Esto no significa que se padezca la enfermedad. Se os citará para repetir el análisis y realizar otras pruebas para confirmar el diagnóstico.

Para la prueba, es conveniente que el bebé esté en brazos de mamá o de la pareja si ella lo prefiere. Si toman lactancia materna, se debe ofrecer realizar la prueba mientras el bebé está al pecho, para disminuir el dolor. También puede ser con chupete o sacarosa para los bebés de biberón.

Funciona muy bien calentar el talón del bebé con un guante con agua caliente (siempre sin pasarse de calor). Esto hará que sangre mejor y que no haya que estrujarle mucho el piececito. Las lancetas que tenemos para pinchar el talón funcionan bien. Es un pinchazo limpio y, junto con el calor previo, la prueba no dura mucho. Se ordeña el talón hasta conseguir las gotitas de sangre necesarias. Se cubre el talón con una tirita y habremos terminado.

Algunos centros proponen extraer la sangre como una analítica, pues parece ser menos doloroso para el bebé.

El alta a casa

Parece mentira, pero ¡os vais a casa con vuestro bebé! En caso de cesárea, el alta tarda un día más, por la recuperación de la mamá. El alta a casa a veces es un golpe de realidad. No es que los dos primeros días tras el nacimiento no lo fueran, pero ahora empezamos la vida con nuestro bebé y se viene un primer mes intenso, de cansancio por la falta de horas de sueño, pero, ojalá, también lleno de amor y de asombro.

> Tened en cuenta que es importante que a nuestro bebé lo vean en el centro de salud pronto. Hay bebés que irán muy bien con el peso y la lactancia, pero otros irán justitos y es importante revisarlos. Acude siempre dentro de su primera semana de vida, si es posible al cuarto o quinto día, sobre todo, si hay algo que no vaya sobre ruedas.

Si volvéis a casa en coche, recordad que el bebé debe ir ya en su sistema de retención infantil adecuado y a contramarcha.

Sistema de retención infantil (SRI)

Aunque sean trayectos cortos, aunque sea del hospital a casa, los bebés deben ir siempre en su sistema de retención infantil, adecuadamente instalado. Su uso disminuye las muertes en caso de accidente en un 75 por ciento y las lesiones hasta en un 90 por ciento. Además, viajar a contramarcha es hasta cinco veces más seguro que hacerlo a favor de esta.

La normativa más actualizada en cuanto a la homologación de las sillas es la UN-R129, conocida también como i-Size. Clasifica las sillas en función de la estatura y el peso máximo de uso. Asegura el uso de sistemas a contramarcha, al menos hasta los 15 meses de edad del bebé.

La contramarcha se recomienda al menos hasta los 4 años de edad, y se debe mantener todo el tiempo posible, mientras los niños vayan en dispositivos adecuados a su peso y altura. Es importante que prioricemos la contramarcha, pues ha demostrado una seguridad claramente superior para los bebés y los niños. Existen tantos modelos en el mercado que lo más recomendable es acudir a una tienda especializada. Os asesorarán sobre la talla, cuándo cambiarla, las características, la compatibilidad con vuestro vehículo y, sobre todo, cómo instalarla para evitar errores. La instalación se realiza mediante sistemas ISOFIX o el cinturón del coche. El sistema ISOFIX facilita la instalación segura. El cinturón también lo es, siempre que se ancle de forma apropiada.

La plaza trasera central suele ser la más segura, siempre que sea una plaza completa. Ten en cuenta que los sistemas de retención infantil no pueden ir en el asiento del copiloto, salvo que:

- Sea un vehículo sin asientos detrás.
- Si en los asientos traseros ya van tres menores en sus sistemas de retención.
- Habrá que desactivar el airbag siempre.

En cuanto al recién nacido, aunque estemos tentados, no deben viajar nunca en brazos. Es mejor parar todas las veces que sea necesario durante cualquier trayecto o viaje. Se recomienda una posición para el bebé intermedia entre la horizontal y la vertical. Si van demasiado verticales, la vía aérea no está libre. ¡Pero no os agobiéis! Simplemente acudid a tiendas especializadas donde os mostrarán esta posición en el modelo que habéis escogido e instalado en el coche.

Aunque no es lo más recomendable, hay capazos homologados, pero deben reservarse para condiciones médicas especiales, como en caso de bebés prematuros.

Seguimiento del bebé nacido en casa con matronas

Cuando nuestro bebé ha nacido en casa en un parto planificado con matronas, ellas realizarán el seguimiento inmediato.

Tras nacer, las matronas permanecen en el domicilio una media de 3 o 4 horas. Se comprueba la buena adaptación del bebé y el bienestar de la madre. Se administra la vitamina K a las 2 o 3 horas de vida, exactamente igual que en el hospital.

No se irán hasta que el bebé haya realizado su primera toma y la familia se sienta tranquila. Medirán el peso y la talla, y harán una primera valoración del bebé unas horas tras nacer. Lo auscultan, valoran la frecuencia respiratoria y la temperatura. Comprueban los principales reflejos y aconsejan sobre cuidados generales para las próximas horas. También se alertará sobre señales que sean motivo de consulta. El contacto telefónico es constante, 24 horas al día, por lo que, ante la más mínima duda, se puede llamar.

En casa, la ligadura del cordón se puede hacer con pinza o con cordonete estéril, pues es más respetuoso con la piel del bebé y mucho más cómodo para todos, al no ser un objeto grande que se puede enganchar en la ropa o el pañal del bebé.

Se realizará el certificado de nacimiento del bebé y un informe del parto con los datos clínicos del bebé y de la madre.

Las matronas volverán a acudir al domicilio antes de las primeras 24 horas de vida. Pesarán al bebé de nuevo, valoran la alimentación, si está haciendo pipí y caca, y responderán todas las dudas respecto al bienestar de la madre y la familia.

Los equipos de parto en casa recomiendan una valoración con pediatra en la primera semana de vida. Algunas veces se contrata a un pediatra para acudir al domicilio, pero la mayoría de las familias piden cita en su centro de salud o pediatra privado. El informe de parto aportará los datos relativos al nacimiento que necesitan en la consulta. Para los bebés nacidos en casa, se solicitará el cribado auditivo en el hospital que corresponda.

A las 48 horas de vida, se realizará una nueva visita en la que se le harán las pruebas del talón a domicilio. Se comprueba siempre el estado del bebé, la hidratación, la pérdida de peso y si hay ictericia.

Se revisa siempre a la madre también: constantes vitales, el estado del periné y el sangrado. También se da una gran contención y acompañamiento a su estado emocional.

El equipo se encarga de dar apoyo a la lactancia en todos los sentidos, de una manera individualizada y muy cercana. Las siguientes visitas se harán en función de las necesidades de cada familia. Resulta en un cuidado muy individualizado y cercano para todos.

8.

Primera semana de vida del bebé

Reparto de tareas: cuidar a la madre

¿Recordáis que al principio de todo decíamos que las madres son el espacio del bebé? Ahora que el bebé está a este lado del mundo, es más real entender esta dimensión de la exterogestación. Seguramente no alcanzamos a imaginarlo, por mucho que lo leamos. El bebé está unido a su madre como una extensión de su cuerpo. Era verdad: el bebé no camina, no habla y espera que vuestros brazos sean su hogar mientras madura un poquito más. Tras una gestación inicial de 9 meses dentro, le esperan otros tantos meses fuera. Y aunque, por supuesto, es preciso el apoyo, la ayuda, otros brazos que sostengan al bebé, la madre es el mundo para este. Puede resultar abrumador en algunos momentos, pero también hay una sensación visceral nunca antes sentida. De protección, de comunión con el bebé.

«Los bebés son personitas muy inteligentes y conectadas con su instinto, saben lo que necesitan en cada momento e intentan hacérnoslo saber. Básicamente piden cariño, contacto, paciencia, calma, estar sobre todo con mamá. Ojalá cuando nació hubiera tenido a mí pequeña Ana más tiempo encima de mí. Si pudiera volver atrás, solo nos escucharía a ella y a mí, porque si las mamás escuchamos nuestro instinto y desoímos el ruido externo, sabemos, al igual que nuestros bebés, lo que ambos necesitamos. Si fluyes y no luchas contra la naturaleza todo es más fácil y, con el tiempo, cada cosa se va poniendo en su lugar».

Amaia

Silvia y Lucas

Lo voy a decir, aunque parezca el tópico más grande de todos los tiempos: se pasa rápido. No dura para siempre. Nunca vuelven a ser así de pequeños. El recién nacido dura 28 días. Cuando cumpla su primer mes y compares fotos, verás a dos bebés completamente diferentes. Su cara habrá cambiado, su tamaño habrá cambiado y su mirada, también.

Y sí, vienen unos meses y unos primeros años de mucha entrega de energía. Y es cansado. Física y emocionalmente. Hay que reestructurar la vida, los horarios, las prioridades. No creo que volvamos a ser los de antes. A veces pensamos que la etapa de bebé es la más dura, pero cada una traerá nuevas preocupaciones, igual que nuevas alegrías.

Ahora tomas decisiones sobre cómo alimentarlo, cómo cuidarlo, cómo gestionar la vida con el bebé en brazos. Con los meses llegará quizá la incorporación al trabajo, la alimentación complementaria, escoger el calzado adecuado, buscar escuelita y pensar qué hacer con el uso de las pantallas. Esto es un no parar.

El reparto de tareas de la nueva situación parte de que la madre ya está a tiempo completo con el bebé, que le pide su cuerpo. Descargar a la madre es tarea de la pareja, la familia o los amigos cercanos. Esto es el famoso cuidar a la madre para que pueda cuidar al bebé. Si hay otros hijos, unas clases de malabarismo nos podrían venir bien. Trabajar las expectativas para que sean realistas y vivir día a día es vital.

«Durante todo el embarazo tuve una idea recurrente que aparecía cada vez que veía a mi hijo: "¿Cómo iba a poder querer a dos personitas por igual si hasta el momento él era el centro de mi universo?". Recuerdo la tarde que empecé con contracciones. Mi mente se iba despidiendo de cada momento que pasábamos juntos los dos. Sin querer, alguna lágrima se me derramaba porque temía cómo iba a ser después. Y entonces se produce el nacimiento de la nueva integrante de la familia y todo lo que significa a nivel emocional. Yo seguía temiendo el primer encuentro. Cuando mi hijo mayor apareció por la puerta, parecía que no era el mismo, que me lo habían cambiado. Es como si hubiese crecido muchísimo en unas horas. Cuando él cogió en sus brazos a la pequeña y le susurró: "Hola, princesa", me di cuenta de que todo seguía en su lugar. Y entendí que a partir de ahora mi universo tenía dos centros y que ya nada volvería a ser como antes».

Paloma

Muchas cosas de casa se hacen secundarias. Será prioritario tener comida hecha, congelada o una buena compra. El mejor regalo de las visitas es que os traigan el almuerzo.

El reloj social: dadle una vuelta a olvidar los horarios. El reloj es algo inventado por el ser humano, podemos prescindir de él. A qué hora se levanta y se duerme uno, a qué hora se come, lo mismo da. Viviréis el mes de la marmota. Y no pasa nada, porque, en realidad, este es el nuevo momento, a lo que estaremos dedicados los próximos meses.

Si hay que desayunar a las doce del mediodía, lo convertimos en un estupendo *brunch*. Y si se come a las seis de la tarde, en una merienda-almuerzo genuina. Que se duerme poco de noche, pues habrá que dormir de día. Permitirnos esta flexibilidad es clave para que no nos agobie que vayamos a deshoras sociales.

Además, debemos incorporar otras claves de supervivencia como, por ejemplo, el porteo, que no es solo para salir a la calle. El porteo nos ayuda a sobrevivir en casa también. Podremos hacer cosas, y el bebé estará donde necesita estar. Menos estrés y menos sensación de agobio. El porteo permite a muchos bebés dormir plácidamente y da mucho juego a las parejas, los abuelos y los hermanos.

Necesidades básicas del recién nacido: vivo en brazos

Porteo

El bebé no puede evitarlo. No es un bebé malo ni caprichoso. Hacéis bien en cogerlo en brazos cada vez que llora. Es lo normal, lo biológico, lo instintivo y lo que el bebé necesita. De verdad, cuando tenga 15 años, no querrá que lo cojáis en brazos. No lo malacostumbráis: el bebé viene programado para ser llevado. Es lo que le indica el cerebro, se trata del único lugar que asegura su supervivencia. No importa lo que opinen los demás. Ojalá algún día vivamos en una sociedad que no desee que el recién nacido aprenda a estar solo, que no pida brazos o que haya que dejarlo llorar.

Portear consiste en utilizar un portabebés para cargar al bebé. Cargar o llevar al bebé es propio de la especie humana. Para toda especie animal la supervivencia de la descendencia, de sus crías, es una prioridad. Sin esta las especies desaparecerían. El ser humano también.

Debido a la inmadurez de la cría humana y su necesidad de ser llevada en brazos, a lo largo de la prehistoria y de la

Yoana y Adrián

historia, a lo ancho del planeta, siempre existieron dispositivos de porteo. No solo facilitaban el desplazamiento protegiendo al bebé cerca de nuestro cuerpo, sino que permitían, igual que hoy día, tener las manos libres para realizar otras tareas. Cazar y recolectar entonces, ir a la compra, wasapear o pasear ahora.

Además de ser herramienta en ese sentido, también aportan al bebé lo que necesita, de una manera cómoda para nosotros. El bebé percibe su propio cuerpo a través del contacto. Al sentir el cuerpo de mamá o papá junto al suyo sabe que existe. En brazos o porteado nos huele, nos siente, nos oye y se desplaza. Si el bebé no os siente, no sabe que estáis.

Portear es una herramienta más. Para muchas familias facilita las cosas. Para otras quizá no resulta cómodo o se apañan muy bien solo con el carrito. Pero tenerlo en brazos es indispensable. Una vez que le cogemos el punto, es una delicia.

> No existe un límite de tiempo diario, y se puede portear al bebé desde que nace si el portabebés es adecuado a su tamaño, va bien ajustado y bien posicionado.

Luis y Mara

El porteo también nos permite poder estar por otros hijos mientras el bebé da la sensación de no estar. A algunos hermanitos pequeños esto puede ayudarlos a no sentirse desplazados.

En caso de gemelos, es supervivencia poder portear a ambos bebés, idealmente uno cada miembro de la pareja. Si hablamos de una madre sin pareja, la persona que la esté ayudando más de cerca. Por supuesto, existen maneras de que una persona portee a dos bebés para ratitos puntuales. Si alguien espera gemelos, podéis buscar en páginas especializadas en porteo gemelar.

Resulta muy cómodo portear en ciudades donde hay que coger el metro o subir y bajar escaleras. El mundo va tan deprisa, estresado y mirando una pantalla que es frecuente que nadie os ayude a subir y bajar el carrito.

El porteo descarga nuestros brazos y, bien utilizado, cuida nuestra postura. Cuando tenemos a un bebé en brazos, cada uno de nosotros tiende a repetir la misma forma de sostenerlo. Esto puede cargarnos los brazos, las muñecas y la espalda. Por ejemplo, muchas mujeres los llevamos siempre en una misma cadera. Cuando los tenemos en brazos, delante de nuestro cuerpo, solemos tirar la espalda hacia atrás y mantenemos la pelvis en retroversión. De esta manera, soportamos mejor el peso del bebé. Sin embargo, cuando colocamos bien al bebé en un portabebés y nos lo ajustamos de forma correcta, sin siquiera pensarlo, nuestra postura mejora: la espalda está más recta, y la pelvis, más neutra, además de descansar los brazos. Al contrario de lo que pueda parecer, si porteamos bien, la espalda no duele.

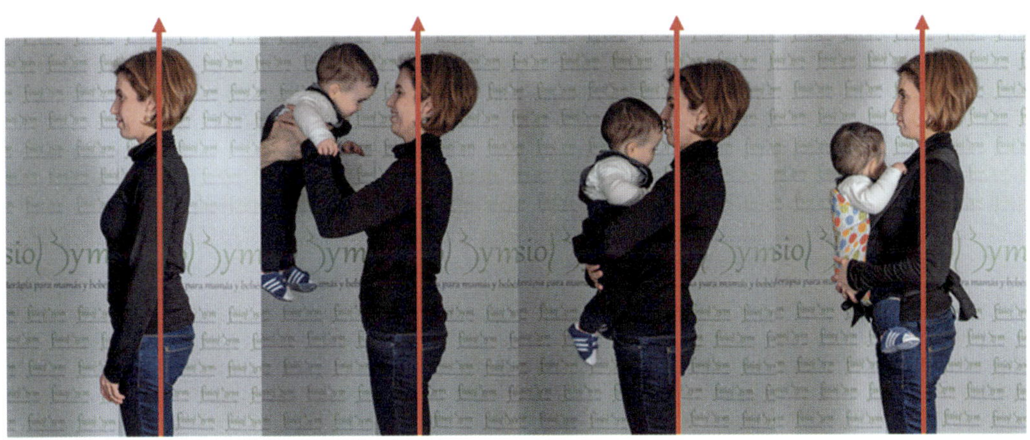

Lorena Gutiérrez. Fisiobym

La postura del bebé porteado

La postura fisiológica de la espalda del bebé recién nacido es en forma de C hasta que vaya creciendo y desarrollando la capacidad de aguantar y controlar su cabecita. Cuando porteamos al bebé, su espalda debe formar esa curvatura en C. Para conseguirlo, las piernas deben estar recogidas, flexionadas. Sus piernas adoptan una forma de M: abiertas, y las rodillas más altas que el culete. Es fundamental mantener la cadera del bebé en esta buena postura. Cuando tiene las piernas flexionadas, la cabeza del fémur estimula el punto de unión con la pelvis, o sea, la articulación de la cadera, lo que favorece el buen desarrollo de esta. Por último, la pelvis está basculada, es decir, el culete se redondea hacia dentro, lo que acompaña la curvatura de la columna.

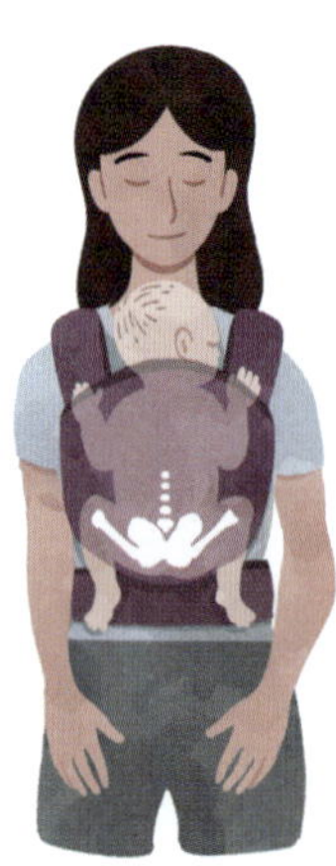

Para completar una buena postura, el portabebés debe dar contención a la cabeza del recién nacido y a su espalda. Si el portabebés no es adecuado, o no lo hemos ajustado bien, y el bebé baila, se tuerce o no va sujeto, el porteo no funciona y nos veremos sujetándolo con la mano.

Su cabecita irá apoyada sobre nosotros. Estará a la distancia de un beso si inclinamos nuestra cabeza. Si está más alto, no veremos por dónde caminamos y no es seguro. Si está más bajo, no está bien sujeto y no será cómodo ni seguro. Por último, sus vías aéreas, es decir, su nariz y su boquita, deben estar siempre visibles para nosotros.

Un portabebés ergonómico mantiene al bebé bien sujeto y ajustado. En caso de recién nacidos, da soporte a la cabeza. Es muy importante que la base sobre la que se sienta el bebé, lo que llamamos el puente, llegue de corva a corva (la parte de detrás de las rodillas). Si no sujeta hasta las corvas, las piernas del bebé no irán en M y su cadera no estará en una posición fisiológica. Este es uno de los principales problemas de algunas mochilas no ergonómicas: no va sujeto de corva a corva. Por ello, el bebé va con las piernas colgando, y esto hace que pierda la curvatura en C.

No se recomienda portear con el bebé mirando hacia delante, aunque sea más grande. Cada quien es libre de deci-

Bebé a la altura de un beso

dir qué hacer. Pero no es recomendable porque, si mira hacia delante, el bebé no adopta una postura adecuada para la espalda y las caderas. Quedará apoyado y colgado de la zona genital. Y, además, no podrá refugiarse del mundo si se siente sobreestimulado.

En bebés de más meses que quieren mirar y ver el mundo, basta con portearlos a la cadera, a la espalda o bajar el portabebés de sus cabecitas para que puedan curiosear. Y cuando lo necesiten, se refugiarán o descansarán hacia dentro.

Acudid a tiendas especializadas en porteo ergonómico. Son tantos los diferentes modelos que existen que quizá sea mejor probarlos antes. Hay mochilas, fulares tejidos, fulares elásticos, bandoleras e híbridos. Es posible que a cada miembro de la pareja le resulte más cómoda una cosa. De ser así, podemos tener dos portabebés diferentes. Además, cada uno debe ajustar el portabebés a su propio tamaño corporal. En el mercado de segunda mano, podemos encontrar modelos de marcas determinadas en muy buen estado y a buen precio.

Las mochilas son prácticas y rápidas de poner. Pero debemos pensar en al menos dos tallas de porteo, una que sea diseñada para un recién nacido y que dure hasta el año aproximadamente, y otra para bebés y niños más grandes. Muchas mochilas ofrecen adaptadores para el recién nacido, pero pocas veces el adaptador cumple bien las funciones de sujetarlo firmemente y en una buena posición. Otras mochilas tienen un puente adaptable, con lo que pueden crecer en talla, pero, aun así, portear con la misma mochila a un recién nacido y a un niño de 2 años es bastante inverosímil.

Los fulares elásticos son una delicia para portear a recién nacidos. El nudo es preanudado y bastante sencillo. Es importante aprender a hacerlo bien y, sobre todo, saber qué tensión darle para que el bebé vaya recogido, bien colocado, y nosotros cómodos y con las manos libres. El preanudado nos da la confianza de hacer el nudo primero y meter al bebé después. Para veranos calurosos no son la mejor opción, aunque los hay de telas más finas que el algodón, como el bambú. También existen híbridos de fular elástico en forma de mochila.

El fular tejido sí es una opción que vale para bebés pequeños y niños más grandes. Son muy versátiles, pero requieren entrenamiento y destreza para aprender a hacer los nudos adecuadamente. De todos modos, el porteo es un mundo que nos absorbe. La variedad de colores, diseños y tejidos es muy atractiva. Cuando nos aficionamos, muchas familias se hacen auténticas expertas en nudos y formas de portear.

Yaiza y Atenea

En las tiendas especializadas de porteo, suelen hacerse talleres para las familias. Os dejarán probar los portabebés y escoger el que más os cuadre a cada uno. También podréis probar los más fresquitos si vamos a portear en verano o en sitios calurosos. En verano, recomendamos poner una muselina entre vuestra piel y el bebé para que paséis menos calor. Siempre podemos acudir ya con el bebé, si no terminamos de apañarnos.

Con cesárea, la madre puede hacer un porteo recostada, con el bebé en piel con piel. Optad por camisetas y tops de porteo. Una vez que os encontréis bien y recuperadas, podréis portear a ratitos para ver cómo os sienta a nivel abdominal y de suelo pélvico. Si no lo tenéis claro o sentís molestias, es mejor esperar y valorar cómo está nuestra faja abdominal y el suelo pélvico en fisioterapia.

Algunos bebés parecen no estar cómodos cuando se intenta portearlos. Debemos valorar varias cosas: probar a meterlos en la mochila o el fular después de haber comido y con el pañal limpio. Algunos bebés protestan al ser metidos en el portabebés, pero en cuanto sienten la postura de ranita y el contacto se relajan y se acaban durmiendo. ¡Mecer al bebé en el portabebés es algo tan sencillo de hacer! Solo tenemos que movernos un poquito rítmicamente.

Con todo, hay bebés que no están cómodos. Se estiran, se arquean y lloran. Si también lo hacen sobre superficies firmes, habría que valorar bien al bebé con fisioterapia. Podéis consultar el capítulo de fisioterapia y bebés. Si el bebé no tolera la postura de ranita, hay algo que tratar en la musculatura y la fascia de este.

«Soy matrona. Tenía grabado a fuego que los bebés necesitan contención, amor y mucha piel. Ante el llanto así lo hice. De lo que no tenía ni idea era de por qué, aun con contacto, mi bebé seguía llorando y llorando. Los pediatras no veían nada raro, pero yo sabía que no era normal. Aunque no sabía qué hacer. Recuerdo con especial emoción cuando llevé a mi bebé por primera vez al fisio, tenía 6 semanas. Hasta entonces pensaba que el llanto era por hambre porque se estancó la ganancia de peso, pero, a pesar de tomar las medidas adecuadas, mi bebé seguía muy irritable. Vivía en mis brazos y normalicé que no aceptara jamás otro lugar porque sé que los bebés necesitan a mamá. Álvaro, el fisio, diagnosticó tensión dural. Esto le impedía mantener la posición fetal relajada y el equilibrio en el sistema nervioso autónomo. Lloré cuando, después de la sesión, se quedó hecha una bolita encima de mí y después en la cama. En ese momento fui consciente de que la pobre vivía con una extensión patológica en su cuerpo y un nerviosismo que no era normal».

María

¿SABÍAS QUE...? Existe la figura de la asesora de porteo. Están formadas ampliamente en todo lo relacionado con el porteo. Pueden ayudaros a escoger un buen portabebés en función de vuestras necesidades. Os enseñarán a usarlo adecuadamente y a mejorar la técnica si no vais del todo cómodos o el bebé no parece estar relajado. Además, están a la última de las novedades del mercado.

Os deseo un porteo muy feliz. Cuando se hacen mayores, se echa mucho de menos la sensación. Aunque, si cerramos los ojos, podremos sentir como real el recuerdo de la sensación del pesito del cuerpecito de nuestros bebés sobre el nuestro.

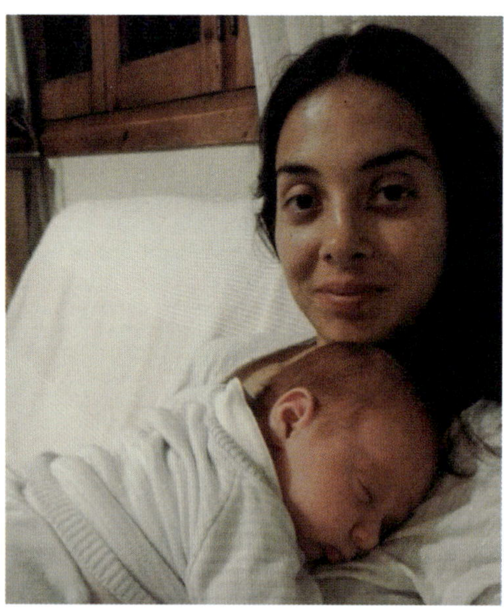

Pesito de un bebé sobre el cuerpo de mamá

Alimentación

El camino hasta establecer la lactancia materna

¿A qué llamamos lactancia materna establecida? Nos referimos a la situación en la que el bebé gana peso adecuadamente, la mamá no tiene dolor y se encuentra bien al dar de mamar, y al bebé se le ve tranquilo y apacible. Además, fluye la comunicación entre ellos. Se ofrece el pecho de forma instintiva, casi como un acto reflejo.

Los tres aspectos son importantes. Un bebé puede coger peso, pero estar inquieto e irritable. Por tanto, algo no termina de ir bien. Puede coger peso, pero la madre siente dolor en todas las tomas. O quizá la madre no tiene dolor, pero el bebé no gana peso. Cuando ocurre una de estas cosas, hay algo que trabajar en la díada madre-bebé.

La lactancia suele establecerse en torno a las 3 semanas de vida del bebé. Cuando ya tenemos experiencia previa, es posible que suceda antes.

La subida de la leche

Entre las 36 y 72 horas tras el nacimiento, casi todas las mujeres notarán la subida de la leche. Se llama así porque el pecho comienza a estar lleno de leche. El calostro, amarillento, va dejando paso a una leche de transición, más blanquecina. Si la subida tarda algún día más, debemos procurar un estímulo y «vaciado» frecuente. A los 15 días hablamos ya de leche madura.

Ingurgitación

Coincidiendo con el alta a casa, y hacia el tercer día de vida, a veces la subida de leche se acompaña de una inflamación de la mama. Esto quiere decir que hay un edema, o sea, líquido en el tejido de la mama, que se suma a la glándula llena de leche. Se conoce como ingurgitación. No se debe confundir con una mastitis, aunque el pecho se ponga duro, caliente, rojo y duela.

La buena noticia es que mejora solo en 2 o 3 días, pero es muy molesto. Sucede en ambas mamas. Puede producir cierto malestar tipo catarro. Para llevarlo mejor:

- Podéis tomar antiinflamatorios.
- Utilizad siempre sujetadores sin aros o dejad el pecho al aire.
- Aplicad frío entre tomas para el edema.
- Amamantad con normalidad: no es necesario vaciarlo de más, pues no queremos hiperproducir. Ofreced al bebé según sus señales de hambre. Si os molesta mucho la congestión, utilizad un colector de leche para aliviar.
- Si el bebé no se engancha, poned en práctica la técnica de presión inversa: con los dedos de las manos, aplicad presión en la zona de la areola para eliminar el líquido y que la areola se ablande.

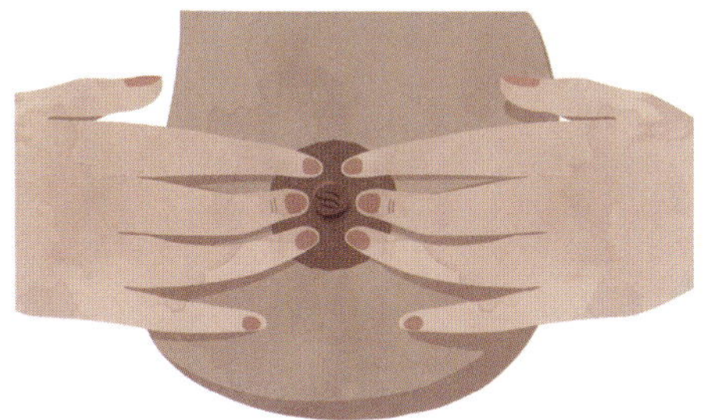

PRESIÓN INVERSA

- Podéis también realizar un masaje drenante: con mucha suavidad, con ambas manos, masajead desde el pezón hacia la axila.

Hidratación del bebé y pipí

Si come, el bebé estará hidratado. Es normal ver uratos hasta el tercer día de vida. Sería ideal que a todos los bebés se les echara un vistazo a los 4 o 5 días tras nacer, pero entre el alta y la cita en el centro de salud, a veces se demora mucho. Es importante que haga pipí a partir del tercer y cuarto día. La orina debe ser clara y el pañal debe estar mojado. Sin embargo, si a partir del tercer o cuarto día de vida no hace pipí, es mejor que lo revisen para asegurar que está bien hidratado.

Si seguimos viendo uratos y estáis con lactancia materna, hay que revisar todo a fondo. Si el bebé está dormido, debemos sacarnos leche y suplementar. Si tiene problemas de succión, es mejor acudir a un buen especialista en lactancia. Desafortunadamente, para saber valorar a fondo la lactancia no vale cualquiera. La lactancia materna es una especialidad en toda regla. Estoy segura de que algún día será un grado universitario.

Los bebés con lactancia artificial y comiendo a demanda no deberían tener problemas con la hidratación y el pipí. Es normal que varíen las cantidades que van comiendo en cada toma. El bebé con biberón a demanda hará muchas tomas de menos cantidad. Las latas hablan de menos tomas, pero cada una tiene más cantidad, y esto no es fisiológico para su pequeño estómago.

¿Sacar los gases?

Hay cosas que curiosamente causan mucha obsesión a nivel social. Los bebés alimentados al pecho que hacen una buena ventosa no tragan aire. No es imprescindible hacerlos eructar ni darles golpes en la espalda. Mantenerlos un poquito en vertical tras la toma es lo habitual y suficiente. Claro que echarán algún gasecillo de vez en cuando. A veces están dormiditos y se remueven, y, al cogerlos, se tirarán el eructo.

Con biberón, es habitual que traguen un poquito más de aire a través de la tetina. Podemos minimizarlo con una buena técnica. Si tras unos minutos en vertical o sobre nuestro hombro no lo echan, no hay que insistir. Quizá lo echen luego. O no. Se les puede dar un masaje suave en la espalda mientras los tenemos sobre nosotros hechos una bolita.

La cuestión es que, si un bebé traga aire, necesitará, por supuesto, que lo mantengamos erguido tras la toma. Pero si esto ocurre, nos indica que hay algo que no está del todo bien.

Cuando el bebé chasquea hay algo que trabajar. El chasqueo es un ruido que hace el bebé al alimentarse. Significa que pierde el vacío, la ventosa al succionar y, por tanto, es posible que trague aire cuando no debería. Si es al pecho, valoraremos el agarre, el reflejo de eyección de la madre (si es muy intenso, el bebé se protege frenando la leche mediante el chasqueo) y la anatomía del bebé. Si es el biberón, revisaremos el flujo de la tetina (¿es demasiado alto?), cómo se lo damos (lo más conveniente es utilizar el método Kassing) y la anatomía del bebé, como la anquiloglosia, que afecta también a la toma de biberón.

Tomas nocturnas

Las tomas nocturnas son necesarias para todos los bebés. Su crecimiento el primer año de vida es muy intenso. La prolactina se eleva más de noche. La mayoría de los bebés realizarán tomas nocturnas al menos durante todo el primer año de vida. Cada uno irá estableciendo su propio patrón. Los brotes de crecimiento aumentarán las tomas en algunas etapas.

LA CRIANZA NOCTURNA ES TODO ESO QUE SUCEDE EN MILES DE HOGARES CUANDO HAY UN BEBÉ DURANTE LA NOCHE MIENTRAS EL RESTO DEL MUNDO DUERME.

¿Dónde duerme el bebé?

Generalmente, tenemos en la cabeza imágenes de bebés en sus cunitas. Duermen «como bebés». A veces incluso se nos representa al bebé durmiendo en la cuna solo y en otra habitación. Así, la realidad nos coge desprevenidos. Aunque, por otro lado, una vez que tenemos al bebé en brazos, estoy segura de que casi nadie sería capaz de llevarlo a dormir lejos a otra habitación. Las madres no podemos evitar comprobar que respiran varias veces a lo largo del día y la noche. ¡Sí, no eres la única!

¿Os imagináis a un cazador-recolector preparando la cueva de al lado para el bebé? Nos habríamos extinguido. Habrían sido devorados todos los bebés y no estaríamos aquí.

Durante el día, los bebés duermen en brazos y con el porteo. Algunos sí duermen en cunitas, aunque la mayoría aguantan más tiempo si están acompañados. Por eso, muchas cunitas pequeñas se trasladan por la casa a lo largo del día.

Por la noche, los bebés deben dormir en la habitación de los adultos, al menos, hasta los 12 meses de edad, y es normal que lo hagan durante varios años. Así se reduce el riesgo de muerte súbita del lactante. Aunque la idea disguste a algunas personas, lo normal en la especie humana es dormir acompañados. Para un bebé y un niño, mucho más. En las cuevas, los niños de 3 años tampoco estaban seguros durmiendo solos en la estancia contigua.

En cada casa, haremos lo que necesita nuestra familia y de acuerdo con nuestras circunstancias, pero que el bebé necesita dormir pegado a nosotros es una necesidad biológica. Puede dormir en una cunita al lado de nuestra cama. O en una cuna colecho. O en nuestra propia cama. Dormir cerca del bebé facilita su alimentación, llorará menos y la responsividad de los padres se establece con fuerza.

Las cunitas de los bebés deben estar despejadas. Los peluches son nidos de polvo. Para arropar al bebé, es importante hacerlo en función de la temperatura. Si es verano y hace mucho calor, el bebé, igual que tú, no necesita mantas. Si hace 25 °C por la noche, no lo arropemos ni le pongamos pijamas largos. Puede dormir solo con el pañal o con el body. Es una cuestión de sentido común.

Con calefacción o aire acondicionado, cambiarán las necesidades. En general, es muy cómodo utilizar un saco-pijama de dormir. Los hay de todas las texturas para todas las estaciones, con mangas y sin mangas. Con estos saquitos, no debemos preocuparnos de que el bebé se quede bajo la manta o se destape. Si ya tiene un saquito acorde al tiempo, no le pongamos más mantas. El aire acondicionado se puede usar, siempre que no sea a temperaturas muy bajas y que, obviamente, la salida del aire frío no caiga sobre el bebé. También podemos utilizar ventiladores para el calor.

El bebé no debe utilizar almohada, pues esta le cerraría la vía aérea. Debe tener la cabeza despejada y el colchón debe ser firme, tanto el de la cuna como el de nuestra cama.

Si duerme en su propia cuna, ponedla muy cerca, pegada a vuestra cama para que pueda oleros. El bebé se despertará cuando tenga hambre o necesite contacto. Podremos cogerlo y darle la toma en nuestra propia cama. Que nos vamos a despertar muchas veces por la noche es una realidad, de modo que debemos ponérnoslo lo más fácil posible.

Si el bebé toma biberón, podemos dejarlo preparado en la nevera y solo habrá que calentarlo. Otra opción es tener un termo con agua al lado de la cama y un dispensador con la leche ya medida. Si toma pecho, en función de cómo nos vayamos apañando con el agarre, podremos dárselo de lado en la cama sin mucho movimiento o con la ayuda de cojines o almohadas, en caso de necesitar otras posiciones. Dar el pecho en la cama tumbadas es la mejor medida para descansar. Es una posición que hay que dominar lo antes posible.

Cuanto menos perdamos la horizontalidad por la noche, mejor descansaremos. En una mesita auxiliar, podemos tener a mano:

- Un cambiador de tela o empapador, pañales y toallitas.
- Una bolsa para meter los pañales de la noche.
- Las pezoneras, si la lactancia necesita este apoyo.
- Una muselina de algodón para limpiar, si hay regurgitaciones de leche.
- Si necesitáis luz, escoged una auxiliar muy baja y siempre en tono rojo o naranja. La luz blanca en cualquier tonalidad le dice a nuestro cerebro que es de día y puede dificultarnos volver a coger el sueño.

Ana y Tomás

Colecho

Dormir con nuestro bebé o colechar es una opción normal. Algunas familias lo deciden de antemano. Otras prefieren no hacerlo por miedo a hacerle daño al bebé. La realidad es que tarde o temprano acabamos haciendo colecho, pues responde a una cuestión de supervivencia. Por ello, es mejor anticiparlo para hacerlo con seguridad. A la mayoría de las familias tener al bebé en su cunita colecho, o en nuestra propia cama, les permite dormir mejor por la tranquilidad que nos da tocar, sentir y oír a nuestro bebé.

Para colechar debemos cumplir una serie de medidas de seguridad. En especial si es en nuestra propia cama. De ser así, si hay dos adultos en la cama, ambos deben estar de acuerdo, pues los dos son responsables del bebé durante la noche. A tener en cuenta:

- No se debería hacer colecho con el bebé en un sofá o sillón. El riesgo de caída o asfixia aumenta.
- El bebé no debe dormir con nosotros si se ha consumido alcohol o drogas, y tampoco medicamentos que causen somnolencia.
- El bebé no debería compartir cama con adultos fumadores. En ese caso, es mejor que lo haga en su propia cuna o cuna colecho al lado de la persona no fumadora. No se debe fumar en la habitación donde duerme el bebé. No se debería fumar en casa. La persona que fuma debe ducharse y lavarse el pelo antes de meterse en la cama y utilizar un pijama con el que no se haya fumado, ya que las partículas de nicotina se adhieren al pelo y la ropa. Aunque esto genera escepticismo, las personas que fuman exhalan grandes cantidades de monóxido de carbono. Este gas causa somnolencia y es tóxico. Para el bebé, lo es aún más. Por ello, aunque no se fume en casa, no se recomienda el colecho en la misma cama con una persona que fuma.
- No se recomienda el colecho en la misma cama con bebés prematuros. En cunita colecho sí.
- Si sentimos cansancio extremo, también es mejor que el bebé duerma en una cunita colecho o cuna al lado de nuestra cama.
- Para evitar el riesgo de caída, la cama puede estar pegada a la pared, tener nuestro colchón en el suelo o que el bebé duerma en medio.

La Asociación Española de Pediatría, en general, no recomienda que un bebé de menos de 3 meses duerma en la misma cama que sus padres. Sin embargo, estudios hechos en el Reino Unido demostraron que, cuando se cumplen las medidas de seguridad anteriores, no aumenta el riesgo de muerte súbita para el bebé.

Un bebé recién nacido o de pocos meses no debería dormir en la misma cama con otros niños. Los niños no tienen la capacidad de saber que hay un bebé pequeño durmiendo cerca.

A muchas familias les da tranquilidad empezar utilizando una cunita colecho. Esto permite tener al bebé al alcance de nuestra mano, pero ubicado en un espacio propio. Aun así, habrá momentos en los que nos quedaremos dormidos, y, por ello, la cama debe estar habilitada para dar seguridad al bebé. El bebé está mejor fuera de nuestras mantas, con su saquito si es invierno o hace frío.

Irene y Deva

Muchas madres que por la noche amamantan de lado en la cama naturalmente adoptan la posición de seguridad que mantiene al bebé en un espacio protegido entre su brazo y su cuerpo.

Las cunas colecho deben anclarse bien a la cama y quedar a la misma altura para que no haya riesgo de que el bebé se meta en ningún hueco.

Riesgo de muerte súbita del lactante

¿Qué es exactamente? El síndrome de la muerte súbita del lactante, lo verás también como SMSL, se describe como «la muerte súbita de un lactante de menos de 1 año, cuya causa permanece inexplicada después de una minuciosa investigación del caso que incluya autopsia completa, examen del lugar de fallecimiento y revisión de la historia clínica». El riesgo parece ser mayor entre los 2 y los 3 meses de edad, y también sucede más en invierno. Hasta los 6 meses cuidaremos especialmente todas las medidas de prevención. La incidencia es baja, en países como Estados Unidos, el Reino Unido o Alemania, se sitúa entre un 0,3 y 0,4 por mil. En países como Japón, la tasa es del 0,1-0,2 por mil. En Japón, el colecho sigue siendo una norma social. Las causas de la muerte súbita son complejas, diferentes en cada caso y generalmente multifactoriales.

En nuestras manos está seguir aquellas recomendaciones que sabemos que disminuyen el riesgo. La principal, la más conocida y la que más drásticamente ha conseguido disminuir el riesgo de muerte súbita desde la década de 1990 es que los bebés duerman bocarriba. Se llama también decúbito supino. La posición de lado no tiene riesgo en sí misma, pero se evita por si el bebé pudiese girarse bocabajo.

La posición bocabajo no es aconsejable hasta que los propios bebés tienen la capacidad de girarse y adoptarla ellos mismos durante el sueño. Suele ser hacia los 6 meses. Llegará un día en que el bebé amanezca bocabajo porque él mismo se ha colocado así. Y no pasa nada.

El bebé puede dormir bocabajo cuando está encima de nosotros. Es el auténtico y original *tummy time*, tripita bocabajo. Así, el bebé está bien. Os siente y siente vuestra respiración. En la posición de ranita humana, los bebés descansan mejor que bocarriba. Pero deben dormir bocarriba siempre que están solos, pues es la medida de seguridad número uno.

Bebita durmiendo sobre papá

El resto de las medidas de prevención del SMSL son similares a las del colecho seguro:

- Lactancia materna: está demostrado como un factor de protección fuerte, con evidencia grado A. La lactancia materna nocturna mantiene al bebé en contacto con la madre. Las tomas y la succión no nutritiva son protectoras. El bebé se acompasa a la respiración de la madre, con menor riesgo de apnea.
- Se desaconseja encarecidamente el tabaco en los adultos que conviven con el bebé o que los adultos fumadores compartan la cama con el bebé. Igualmente, si se consume alcohol, drogas o fármacos que causen somnolencia. El tabaco es un factor de riesgo desde el embarazo para la muerte súbita.
- El bebé debe dormir en la habitación de los adultos, el lugar más seguro. Se deben cumplir las normas de colecho seguro.
- Superficie firme para dormir: deben evitarse los colchones blandos, peluches, almohadones y cojines, objetos, colgantes al cuello y cualquier otro objeto que pueda provocar asfixia durante el sueño. Esto incluye cintas o cordones en la cuna. En principio, este es el motivo por el que no se recomiendan los nidos. Sobre todo porque suelen ser aparatosos, altos y gruesos. Pero es cierto que hay nidos muy bajitos, finos, sin ningún tipo de cintas, que dan sensación al bebé de estar recogido, como un pequeño rulo en contacto. También se puede valorar un moisés.
- Evitar el sobrecalentamiento y el arropamiento excesivo. Si hace calor, hace calor para todos. Cuidado especialmente si el bebé tiene fiebre.

- Chupete: su uso ha demostrado ser un factor preventivo en el SMSL al ser un estimulante de succión. Con lactancia materna, no es necesario pues la succión frecuente al pecho es protectora.

> Ante el poco frecuente caso de un bebé con vómitos repentinos y fuertes, diarrea, fiebre, cambio de color o dificultad respiratoria, que pueden ser indicativos de una muerte súbita, acudiremos siempre al servicio de urgencias más cercano. Aunque no podemos vivir en el miedo ni con obsesión, es importante actuar. También es muy recomendable, para la población en general, tener conocimientos de reanimación y realizar algún curso de primeros auxilios.

Adaptarnos a los tiempos del bebé

Aunque el bebé ha nacido hace apenas unos días, da la sensación de que lleva aquí toda la vida. Ahora es más sencillo comprender por qué decimos que, al principio, somos nosotros los que nos adaptamos al ritmo del bebé. Sin pretensiones de horarios, sin expectativas de qué conseguiremos cada día. El mundo se ha parado para nosotros.

Existen muchos memes en redes sociales que hacen guasa con la frase «duerme cuando el bebé duerma». Esto sería ideal. Dormir de un tirón por la noche es algo que ahora queda muy lejos. Por eso las siestas diurnas son importantes para la salud física y mental de los adultos.

La realidad es que cuando el bebé duerme, muchas mujeres aprovechan para hacer otras cosas. Duerme cuando el bebé duerme viene a decir que prioricéis. Reflexionad sobre qué cosas pueden esperar. La madre es la principal cuidadora del bebé. Entonces podemos y debemos proteger su descanso. Al menos una siesta diurna es importante. Hacerlo junto al bebé puede favorecer que la siesta del bebé dure más.

También puede que las noches se nos estén dando mejor de lo que esperábamos. Tenemos energía y físicamente nos encontramos bien. A veces parece que anticipamos una tragedia y la realidad es que algunas madres, a pesar de los despertares, no están descansando tan mal.

Los hermanitos no suelen tener realmente problemas con el bebé que ha llegado. Lo que les genera miedo o incertidumbre es encontrar su sitio en la nueva organización. Mamá ahora tiene siempre al bebé encima, entonces se pregunta si hay espacio para él también. Entre todos debemos mostrarle que hay amor y sitio para todos, aunque al principio el bebé demande tanto tiempo.

Nuestra vida se vuelve muy lenta. ¿Por qué no? Sin horarios. Ratito a ratito. Ya vendrán más adelante otros ritmos.

De pañales

La importancia de las deposiciones

Cuando hablábamos de la hidratación del bebé, decíamos que si hace pipí significa que está hidratado. Las deposiciones nos dirán que come suficiente. Lo habitual es que un recién nacido haga caca todos los días.

La sociedad va de unos extremos a otros. Una cosa es que un bebé de 3 o 4 semanas no haga caca todos los días y sea normal. Y otra que un recién nacido no haga caca en una semana y no le demos importancia.

Al nacer, cada vez que comen, el intestino del bebé se activa mediante el reflejo gastrocólico. El esfínter del ano está relajado y por ello pueden hacer caca con cada toma. Defecan con facilidad debido a la activación de los movimientos del intestino y el esfínter relajado.

Sin embargo, hacia las 3 o 4 semanas de vida, el intestino se vuelve más eficiente en la absorción de nutrientes y el esfínter del ano cobra mayor tono. Por ello, muchos bebés dejan de hacer caca a diario. No nos preocupa, pues son bebés que han recuperado el peso del nacimiento y ahora están creciendo adecuadamente. También hacen pipí en abundancia.

En un bebé que acaba de nacer, no deberíamos normalizar que esté varios días sin hacer caca, especialmente si aún está perdiendo peso. Salvo excepciones, suele ser una señal de que no está comiendo lo suficiente. Debemos valorar de forma individualizada, pero al menos observando esta situación.

La caca del bebé pasa del negro verdoso del meconio a un verde claro hacia el tercer y cuarto día. Hacia el quinto día, debería coger un tono amarillo mostaza. Esto también es señal de que se está alimentando lo suficiente.

Si es lactancia materna, el color suele ser amarillo dorado y las heces son blandas, con algo de moco y grumitos. Si la alimentación es con leche artificial, las heces pueden variar de un amarillo más claro hacia un verde pálido.

Al bebé lo pesarán en el centro de salud. No es necesario que bajemos a pesarlo a la farmacia o que nos compremos una báscula para casa. En casa nos fijaremos en el pipí que debemos apreciar claramente al tercer y cuarto día. Y también en que haga caca con frecuencia.

Esto nos indica que se está alimentando lo suficiente. Un bebé de una semana, que sigue perdiendo peso y que solo hizo caca los dos primeros días, es un bebé que necesita que valoremos su alimentación con urgencia. No debemos normalizarlo.

Cambio de pañal

Es importante cambiar el pañal en cuanto detectamos que tiene caca, ya que la piel se irrita si la dejamos mucho tiempo en contacto con las heces. Los pañales aguantan bastante bien el pipí, por lo que el cambio depende de cómo lo notemos de cargado.

En casa podemos usar el lavabo y simplemente agua para limpiar al bebé. El linimento a modo de limpieza sería una alternativa a las toallitas. Funciona bien para cuidar e hidratar la piel de la zona del pañal. Es un producto natural que combina aceite de oliva, agua de cal y, a veces, cera de abeja. El uso de toallitas es cómodo, pero sería interesante utilizar las que son 99 por ciento agua. Las hay en casi todas las marcas. Conocidas y menos conocidas. Cada vez tomamos más conciencia sobre la cantidad de tóxicos que nos rodean. Por ello, es interesante escoger productos lo más naturales posibles para la familia. Las toallitas normales contienen una lista de ingredientes interminable y pueden ser muy irritativas para la piel del bebé.

Pomadas

El uso de la pomada para el culete causa muchas dudas. En general, no sería necesario ponerla de forma preventiva, puesto que la piel de cualquier parte del cuerpo necesita poder respirar. Aplicaremos una pomada cuando el culete se enrojece o aparece dermatitis del pañal. Pueden llegar a producirse heridas, por el contacto de orina y heces principalmente. El exceso de humedad debilita la barrera de la piel.

Podemos utilizar linimento para limpiar el culito irritado. Priorizaremos las pomadas con mayor cantidad de zinc, por su efecto antiinflamatorio. Las pomadas hacen barrera entre la piel y la humedad. Otras opciones para una irritación persistente son las pomadas de pasta al agua o cremas como Cicalfate, con una alta capacidad reparadora.

Cuando es más que un leve enrojecimiento, si supura, aparecen granitos y heridas, hablamos de dermatitis del pañal. De no mejorar con cambio frecuente de pañal, aireación de la piel y la pomada que utilicemos, consultaremos con la pediatra. A veces hay sobreinfección con cándida y podría precisar puntualmente una pomada antifúngica o con corticoides. Debemos intentar airear la zona del pañal. Si estamos en casa, podemos dejar al bebé sin pañal, sobre una toalla o empapador. Dejaremos de utilizar toallitas y usaremos solo agua o linimento para limpiar.

> «Para mí fue muy frustrante la dermatitis del pañal. Era mi segundo bebé, con lo cual pensaba que me sabía todas las fórmulas mágicas para curar todos los males. Mi bebé empezó con dermatitis del pañal nada más salir del hospital. Probé con pasta al agua, pomada antifúngica y cambios de pañales a todas horas, pero cada vez estaba peor. No sabía qué más hacer, y en las múltiples visitas al pediatra no me daban una solución que funcionara. Estaba desesperada. Investigué y encontré una pomada a base de dimeticona, tiomersal y óxido de zinc. En 4 días se le había curado completamente después de haber tenido el culito en carne viva durante dos semanas».
>
> **Danisa**

Algunos pañales contienen fragancias, productos químicos o gomas muy apretadas que no permiten la transpiración. Esto podría contribuir a la dermatitis e incluso causar alergia en la piel. Podéis probar a cambiar de marca de pañales, buscar pañales ecológicos o dejar al bebé sin pañal el tiempo que sea posible. También existen toallitas reutilizables y lavables de tela para el bebé.

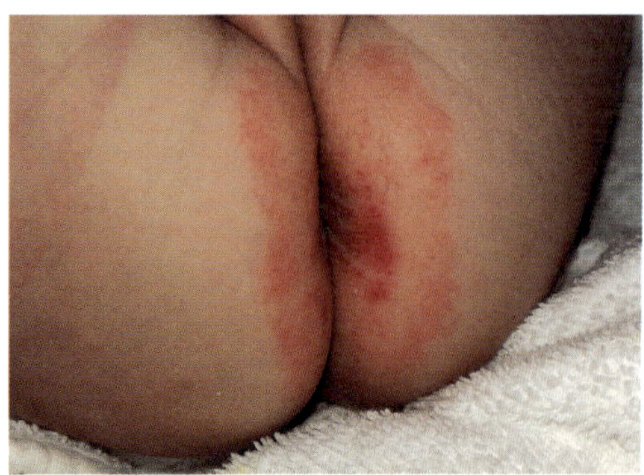

Dermatitis del pañal

Pañales desechables

Ordinarios

Actualmente, la oferta de pañales es infinita. Los supermercados y las grandes superficies cuentan con sus propias marcas blancas de pañales a precios muy competitivos. La mayoría son finos y muy absorbentes, con resultados que no tienen mucho que envidiar a marcas conocidas, que también ofrecen un producto de alta calidad. Depende de nuestro bolsillo y lo que busquemos. Si una marca os va bien, ya lo tenéis.

Ecológicos

Existe cada vez más oferta de pañales ecológicos de venta online a precios bastante asequibles. Estos pañales están hechos de celulosa sin blanquear, con lo que se minimiza la posibilidad de irritar la piel, incluso las más sensibles. No dañan el medio ambiente, están libres de tóxicos químicos y el acabado es suave. Algunos modelos casi no utilizan plásticos. Son prácticos, pues se envía a domicilio la cantidad necesaria para todo el mes.

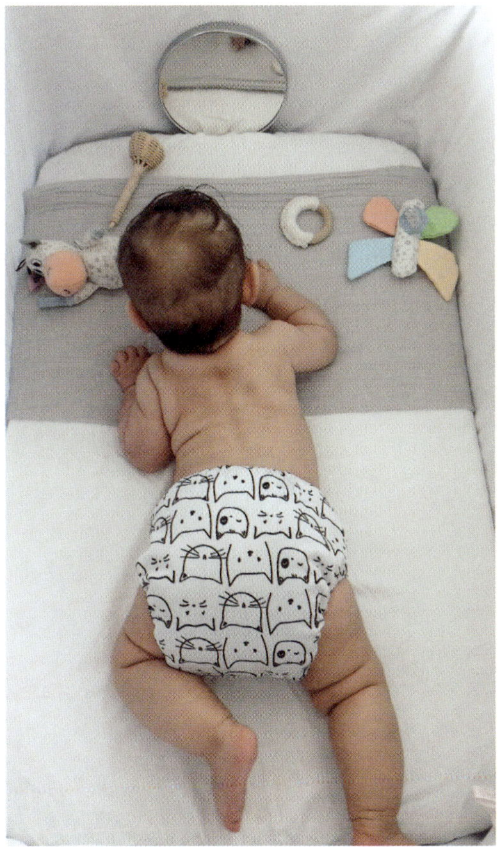

Bebé con pañal de tela descubriéndose en el espejo

Pañales de tela

Algunas familias optan por el mundo de los pañales de tela. Los motivos son variados:

- Ecología: menos pañales desechables a la basura durante la etapa de uso de cada bebé.
- Evitar el uso de plásticos y tóxicos sobre la piel del bebé. Los pañales de tela utilizan materiales naturales como algodón, bambú y cáñamo.
- A nivel económico, empezar requiere una inversión, pero, al ser reutilizables, a largo plazo se amortiza.

Los pañales de tela pueden ser de varios tipos, pero el concepto es el de un relleno de tejidos naturales dentro de un cobertor plástico. El relleno es lo que está en contacto con la piel del bebé. Puede ir unido o separado al cobertor, que es impermeable para que no salga nada del pañal. Si va separado, se cambia el relleno con cada cambio de pañal y el cobertor se puede reutilizar. Sin van pegados, se cambia el pañal entero.

Para lavarlos, se enjuagan con agua si son deposiciones y se acumulan hasta tener varios para meter a la lavadora. Se tienden y se secan, y listos de nuevo para usar.

Existen muchos blogs y webs especializadas en pañales de tela.

Higiene natural o comunicación de eliminación

Por si se os despierta el lado más curioso y, a la vez, fisiológico, no en todas las culturas del planeta se utilizan pañales. En nuestra cabeza seguramente cuesta verlo, pero es el día a día en otras sociedades: bebés sin pañales. En Occidente, algunas familias optan por explorar esta opción. Algunas lo hacen desde que el bebé nace, y otras con bebés más grandes.

Consiste en aprender a identificar el comportamiento del bebé cuando va a hacer pipí o caca, igual que sabemos identificar cuándo tiene hambre o sueño. También se aprenden los horarios y hábitos del bebé. No es un entrenamiento para que el bebé elimine cuando nosotros queremos, sino un método de comunicación, de manera que, cuando el bebé va a hacer pipí o caca, el adulto es capaz de identificarlo y anticiparse. Se le ofrecen posiciones fisiológicas y un orinal, baño o lavabo para hacerlo, sostenido por el adulto.

Algunas familias combinan el uso del pañal con higiene natural. Otras lo hacen a tiempo completo. En cualquier caso, es una opción interesante y coherente, aunque quizá compleja en un estilo de vida acelerado y exigente. Existen recursos online, especialmente en inglés, para profundizar.

El baño

Alguna vez, en encuestas en redes sociales, muchísimas familias compartían que el primer baño lo dieron entre la segunda y tercera semana de vida de su bebé. Lo cierto es que el recién nacido no necesita bañarse todos los días. Hasta los 2-3 meses, puede ser cada 2 o 3 días. Toda piel sufre cambios con el baño, pero en el caso del recién nacido, su piel es más delicada y fina que la de los niños mayores y los adultos. Por ello, no se debe abusar y se ha de ser muy sobrio con el uso del jabón. A partir de los 3 meses, su piel será algo más gruesa y fuerte.

Mientras lavemos la zona genital a diario, el baño del bebé será en cada casa como mejor os vaya. Algunos bebés disfrutan del baño y, por tanto, se convierte en un ratito de placer para todos. Sin embargo, otros no están muy a gusto.

Por ahora los bebés no se mueven de su sitio ni cogen cosas con las manos. Apenas sudan y no se ensucian. Podríamos bañarlos solo con agua o con una gotita de un jabón suave especial para bebés, sobre todo en zonas con restos de leche y en la del pañal.

El jabón suave para bebés debería tener un pH de 5,5 y debe ser sin detergentes (se llaman Syndet). Es importante usarlos para evitar que el producto erosione la capa de grasa protectora de la delicada piel del bebé. La cosmética natural nos permite minimizar la exposición a tóxicos. Algunas marcas pueden ser caras, pero otras resultan bastante asequibles, y lo bueno es que el producto dura muchos meses, teniendo en cuenta que no necesitamos más que una gotita.

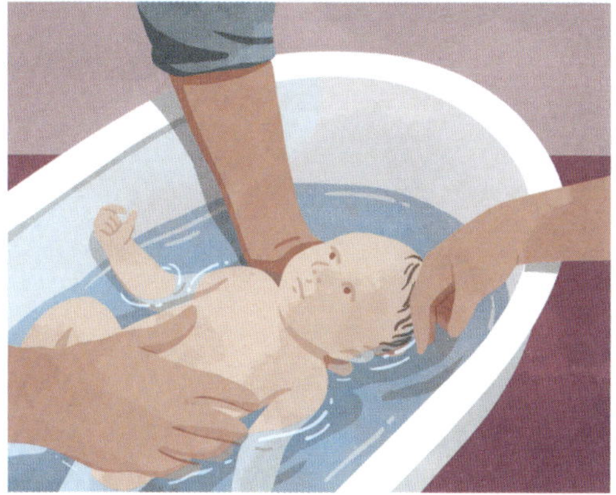

Por lo general, no se recomiendan las esponjas para no arrastrar la capa protectora de la piel. También porque por la humedad son nichos de hongos y bacterias. Con tu mano es suficiente para asearlo.

No se debe retraer el prepucio de los niños. Solo lavar bien la zona. El prepucio irá bajando con el tiempo. Forzarlo puede causar microlesiones. Necesita tiempo. Si a los 2 años aún no se retrae bien, vuestro pediatra pautará una pomada. En las niñas lavaremos bien los pliegues de la vulva.

Existen mil opciones de baño en el mercado. Podemos bañar a nuestro bebé en el lavabo limpio o escoger una bañerita de bebé con una hamaca de tela o toalla. La podemos meter en la ducha o en nuestra bañera. También hay bañeras plegables y otras con patas. Algunas son un poco trasto, pero si vuestro baño es grande, quizá os resulte cómodo. Cuando son un poco más mayores, en torno a los 6 meses, o cuando ya se sientan, pasan a la bañera de casa. En cuanto a los cubos anticólicos, vale cualquier cubito limpio donde meter al bebé en vertical y en posición recogida.

El baño puede ser una experiencia relajante para todos. Tened siempre todo a mano para no desatender nunca al bebé durante el baño.

Cuidados del cordón umbilical

A lo largo de los tiempos, la cura del cordón umbilical se ha realizado de muchas formas diferentes. También ha recibido todo tipo de antisépticos. El trocito de cordón con la pinza o el cordonete es el resto de la gelatina de Wharton y los vasos sanguíneos que salían del cuerpo del bebé. Cuanto más tardío es el pinzamiento al nacer, más colapsado o vacío queda el cordón. Esto contribuye a que este resto de tejido se seque antes y mejor, hasta desprenderse. La cicatrización da lugar al ombligo, el lugar de unión de todo bebé con su mamá.

A día de hoy, sabemos que el cordón tiene suficiente con estar limpio (agua y jabón) y seco. No necesita antisépticos. Por ello, es bueno mantenerlo por fuera del pañal, evitando en lo posible la humedad. No es necesario esperar a que se caiga para bañar al bebé. Suele desprenderse entre el día 5 y 10 tras el nacimiento. No se debe utilizar alcohol ni antisépticos con yodo en los bebés. El alcohol quema la piel y el yodo puede alterar su tiroides.

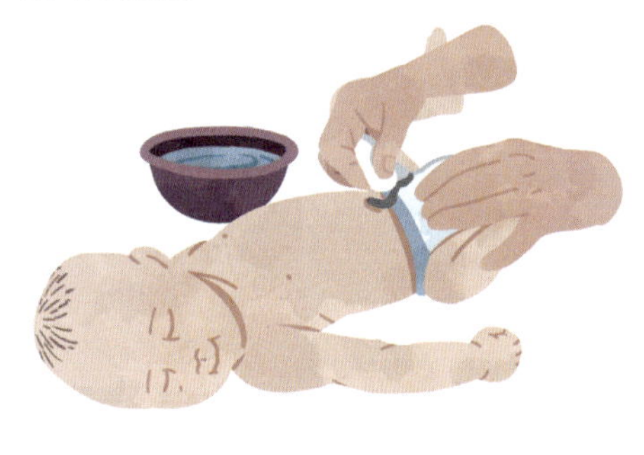

Si en algún momento presenta un aspecto húmedo o con baba, se debe limpiar bien todo el contorno con una gasa y agua y jabón, especialmente por debajo, pues es la zona menos aireada. Por último, debemos secar bien.

Si huele, supura mucho o la piel de alrededor se pone roja, consultad siempre por si se hubiese infectado. No es probable, pero es mejor salir de dudas. Suele curarse entonces con clorhexidina como antiséptico y en contadas ocasiones puede que sea necesaria una pomada antibiótica. Con una higiene adecuada, es poco probable que se infecte.

Una vez que se cae el cordón, puede sangrar muy levemente, como cuando nos levantamos una costra.

Cuidados de la piel

Ya hemos comentado que la piel del bebé es más delgada que la de los niños mayores o adultos. Sus capas son más finas y el estrato córneo, que es el responsable de la función de barrera y protección de la piel, también está menos desarrollado. Los productos que aplicamos en su cuerpo se absorben más fácilmente. Existen infinitos tipos de hidratantes en el mercado. Dada la alta absorción de su piel, el principio para escoger sería optar por productos que no contengan sustancias tóxicas y una lista de ingredientes infinita. Escoged productos sin parabenos, sin colorantes, sin perfumes e hipoalergénicos.

Los aceites naturales son una buena opción de hidratación y, en general, con bajo riesgo de producir alergias. Las cremas hidratantes de cosmética natural serían otra buena solución si preferimos una textura menos grasa.

Hacia la semana de vida, la mayoría de los recién nacidos mostrarán una descamación llamativa en casi todo el cuerpo, especialmente en los pies y las manos. No os preocupéis, es normal, es como si mudaran la piel. Se recomienda aplicar la hidratación tras el baño, pues tiene, así, mayor eficacia.

Esta condición predispone a la deshidratación de la piel. Produce picor intenso, deshidratación, sequedad y eccema. El cuadro podría producir irritabilidad en el bebé y afectar también al sueño.

Su principal tratamiento tópico es una buena hidratación diaria. Debemos evitar la exposición a productos irritantes y utilizar siempre ropa holgada de tejidos naturales. En casos graves, el pediatra podría pautar una crema con corticoides. Su tratamiento nutricional es un buen aporte de vitamina D. Múltiples estudios encontraron que la suplementación con

Un masajito para el bebé

La hidratación de la piel es una oportunidad ideal para masajear al cuerpo del bebé, incluidos los pies. Si está tranquilo y la temperatura ambiente es agradable, calentamos el producto hidratante en las manos y lo aplicamos con un masaje breve sin mucha presión sobre su cuerpo. Podemos empezar por donde más nos apetezca o más le guste al bebé. Podemos masajear con ambas manos un bracito, subiendo desde las manos hasta los hombros y vuelta a bajar. Podemos masajear su tronco con suavidad, con ambas manos abiertas, como queriendo alisar las páginas de un libro abierto, desde el esternón hacia fuera. En la barriguita, con nuestra mano, masajeamos dibujando un arcoíris de izquierda a derecha. También podemos masajear sus piernas y sus pies. Si aguanta bocabajo, podemos ponerlo sobre nuestras piernas y masajear suavemente su espalda. Puede ser un masaje corto, de apenas 2 o 3 minutos, o lo que el bebé tolere. Es inevitable hablar al bebé mientras le hidratamos y damos un masaje, en ese tono de voz que nos sale con ellos de forma inesperada. Nuestra voz capta su atención, el bebé sabe que nos dirigimos a él. En muchas culturas a lo largo y ancho del planeta las madres masajean el cuerpecito del bebé tras el baño.

Dermatitis atópica

La piel atópica es una que tiene tendencia a la inflamación, como consecuencia de la debilidad de su barrera protectora o de un sistema inmune inmaduro o debilitado.

vitamina D ayuda a mejorar la dermatitis atópica, y que a mayores niveles de vitamina D en los niños, menor gravedad (Gaeun, K. *et al.*, 2016; Hidayati, A. N., *et al.*, 2022; Shen, C., *et al.*, 2024). La suplementación universal recomendada en los bebés es de 400 UI diarias de vitamina D3. Pero bajo la supervisión y acompañamiento de un profesional cualificado, esta dosis podría aumentarse a 600-1000 UI diarias en función del peso del bebé, hasta la mejoría del cuadro. Es importante encontrar profesionales formados y no suplementar dosis mayores por nuestra cuenta.

Los valores bajos de vitamina D en los bebés se deben a los valores bajos de las madres durante el embarazo. También a la recomendación de esconder a los bebés y niños del sol. Idealmente, deberíamos abordar en las mujeres embarazadas el déficit de vitamina D, intentando remontar y manteniendo los niveles de las madres durante el embarazo, entre al menos 40 y 60 ng/ml de vitamina D. Especialmente en el tercer trimestre. La vitamina D se considera un inmunomodulador esencial. Es decir, con capacidad de mejorar la respuesta inmune.

Algunos casos de dermatitis atópica y de eccema podrían estar relacionados también con alergias alimentarias no mediadas por IgE o con alteraciones de la microbiota del bebé. No debemos pasar por alto la posibilidad de que sea el caso, en especial si es intenso, crónico y no mejora.

Erupciones benignas de la piel

Son frecuentes y totalmente benignas. Las más habituales son:

- Quistes de milium: aparecen como pequeños puntitos de color blanco-amarillento como perlitas, sobre todo, en la nariz. Desaparecen espontáneamente en las primeras semanas de vida. A veces, pueden aparecer en la boca y se conocen como perlas de Epstein.

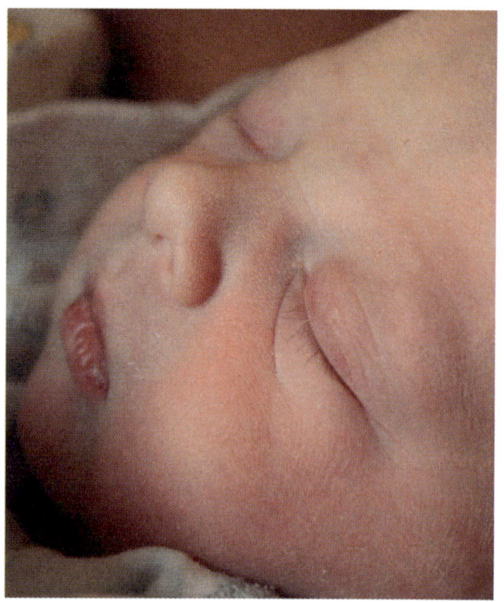

Milium en la nariz de Santi

- Acné neonatal: aparecen granitos de color rojo y blanco, con aspecto inflamatorio, sobre todo en mejillas, nariz y frente. De aparecer, suele hacerlo en torno a las 2 semanas de vida y se resuelve unas semanas después. No deja cicatrices y se va solo.

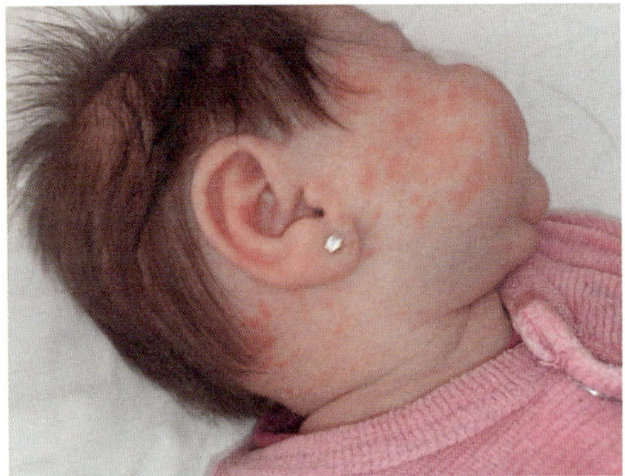

Acné neonatal

- Eritema tóxico del recién nacido: es una erupción en todo el cuerpo, en forma de granitos diminutos, rojizos, con un centro blanco, que van y vienen. No precisa tratamiento a pesar de su nombre. Aparece en cerca del 50 por ciento de los bebés recién nacidos, tan pronto como el tercer o cuarto día de vida. Se resuelve solo.
- Sudamina: tiene aspecto de sarpullido. Se debe a la obstrucción de los conductos de las glándulas sudoríparas. Son típicas en la cara, el cuello, el pecho y la espalda. Suele darse por exceso de abrigo en el bebé. Debemos evitar productos obstructivos en la piel como el talco. En caso de aparecer, debemos retirar el exceso de ropa y permitir que la piel transpire.

Costra láctea

La costra láctea es una dermatitis seborreica que aparece en algunos bebés a lo largo del primer mes de vida. Su origen se puede deber a la presencia de hormonas maternas que aumentan la producción de grasa en el cuero cabelludo especialmente. La otra causa es la proliferación de la levadura *Malassezia*, que aprovecha la producción aumentada de grasa. Esta levadura forma parte de la microbiota de la piel.

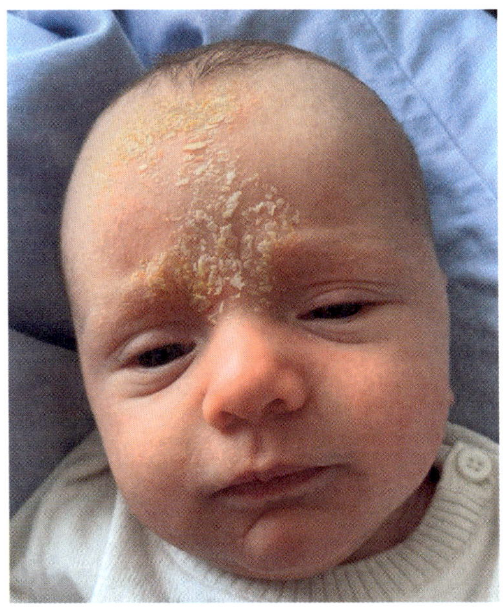

Costra láctea

En cualquier caso, la costra láctea se considera benigna. Cuando es leve, la mayoría de las familias deciden no intervenir. Se resuelve y desaparece por sí misma a lo largo de las semanas. Sin embargo, en ocasiones, la costra es llamativa y llega a extenderse por la frente, entre las cejas o detrás de las orejas del bebé. El tratamiento más eficaz es el uso de champús especiales que actúan sobre el crecimiento excesivo de la levadura.

Vestir al bebé

> La recomendación principal es escoger ropita de tejidos naturales y evitar los sintéticos. Son más respetuosos con la piel y transpiran mejor.

En general, tendemos a sobreabrigar a los bebés. Leemos tanto lo de que no regulan su temperatura que, a veces, no sabemos cómo acertar. Sin embargo, precisamente porque no regulan bien, el exceso de abrigo puede conllevar un golpe de calor.

Usemos el sentido común. Si hace calor, hace calor para todos. Las manitas y los pies del bebé pueden estar frescos, pero nos fiaremos del calor en su tórax y su espalda.

Los bebés sudan por la cabecita y la espalda sobre todo. Como apenas se mueven, no se airean. Debemos utilizar prendas de tejidos transpirables naturales y evitar ropa ajustada para que corra el aire por su cuerpecito. Por eso, en verano no debemos crear burbujas de calor en los carritos con muselinas o prendas similares. Es peligroso. Aunque debemos tener cuidado con que no les dé un sol fuerte, el aire debe correr en el interior.

Ante la duda de si hace fresco, se suele decir que pongamos al bebé una prenda más de la que llevamos nosotros. Escoged la ropa en función de la estación y el tiempo. El body es cómodo porque sujeta el pañal en su sitio. En cuanto a los piecitos, cuidado con los peleles que puedan apretarles los deditos y encarnar las uñas. Escoged prendas con las que el pie quede libre, holgado, o mejor al aire, y añadid calcetines si el tiempo lo requiere. Si el bebé va porteado, el pelele no debe tirar de los dedos y los pies.

> El bebé debe ir siempre descalzo o con calcetines si hace frío. No deberíamos ponerle zapatos hasta que empiece a caminar por la calle. Confinan, aprietan y deforman los pies. Los pies de los bebés deben poder desarrollarse libres. Además, los pies son una fuente de información muy grande para los bebés. Tienen una sensibilidad enorme y el contacto de

los pies con las superficies o nuestro cuerpo los ayuda a percibir su posición corporal y el movimiento. Esto favorece el desarrollo de conexiones neuronales que sientan las bases para alcanzar todos los hitos que tienen por delante, como el volteo, el gateo o la marcha.

De paseo

A los bebés les sienta muy bien salir de paseo, como a cualquier ser humano. Pueden salir a la calle desde el primer día. Podemos llevarlos en su carrito, porteados o en brazos. En brazos puede ser cansado si va a ser mucho rato.

La elección del carrito es una de las más estudiadas por las familias cuando va a llegar un bebé. Es imposible recomendar un tipo de carrito, pues depende del uso que le vayamos a dar y de nuestro presupuesto. Algunos carritos son verdaderos armatostes que no caben bien en los portales y los ascensores, tampoco plegados en nuestro coche. Es importante valorar estos aspectos.

Pensad por dónde os vais a mover y si necesitáis ruedas todoterreno o no, cuánto ocupa al plegarse y cuánto pesa. Hacia los 6 meses, una silla de paseo ligera es más cómoda que un carrito enorme. Si además tiramos de porteo, igual no es imprescindible invertir mucho dinero en un carrito grande.

Portear al bebé será cómodo a ratos, y en otros momentos puede que el carrito sea mejor opción. Si el bebé está durmiendo, el carrito puede aislarle más del ruido y las luces. Por ejemplo, si vamos a salir a comer o a tomar algo.

Lo ideal es llevar siempre el portabebés, aunque hayamos salido con el carrito de paseo. En general, con bebés tan pequeñitos, evitad sitios aglomerados como centros comerciales. Es bastante estresante. Aprovechad los ratitos en los que conseguimos salir de casa para que os dé el aire y un poco de luz natural.

Los seres humanos necesitamos salir cada día para airearnos, despejarnos y respirar. Los bebés también. Si tenéis cerca un parque o espacios naturales con árboles, está demostrado que la conexión con la naturaleza reduce el estrés y la ansiedad y mejora el estado de ánimo de todos.

Luz del sol y vitamina D

Habrás leído que al bebé no le debe dar el sol hasta los 6 meses. Después, con precaución y con protección solar. Pero vamos a ahondar en esta afirmación y a darle un poco de sentido común.

La piel del bebé es más fina y no produce melanina como la de un adulto para protegerse de los rayos del sol. Por tanto, sí, es muy sensible a quemarse si se expone al sol sin prudencia.

Nunca pondremos a un recién nacido o a un bebé a tostarse al sol. Ahora bien, que reciba unos rayitos de un sol suave al pasear temprano o por la tarde en primavera, en otoño o en invierno, lejos de ser malo, es imprescindible para toda vida humana. Está claro que no lo expondremos al sol del verano del sur de España, ni en las horas centrales del día. Hablamos de un sol suave, unos rayitos de luz natural, con mucho sentido común.

No se recomienda aplicar cremas solares antes de los 6 meses en los bebés por el riesgo de toxicidad. Por tanto priorizaremos protegerlos del sol intenso bajo la sombra. En caso de necesitar aplicar crema solar, a partir de los 6 meses, lo haremos con filtros minerales y no químicos. En cualquier caso, el uso de crema solar no debe sustituir el cuidado de las horas, el momento del día y el tiempo que un bebé de 6 meses está bajo el sol. Podemos minimizar o evitar el uso de cremas resguardándonos en la sombra o utilizando ropa y gorra si se prolonga el tiempo bajo el sol como medida más natural.

Los filtros químicos contienen sustancias cancerígenas, además de sustancias de sobra probadas como disruptores en-

Santi al solecito de noviembre

docrinos. Y no hace falta decir que estos se están cargando los océanos.

Los filtros de barrera mineral o físicos son productos a base de óxido de zinc que actúan como barrera sin penetrar en la piel. Aun así, debemos buscar marcas que no contengan nanopartículas, pues estas sí pueden atravesar la piel y desconocemos sus efectos en nuestro organismo. Muchas marcas de filtro mineral, además, no dañan el mar y sus seres vivos. Es responsabilidad de todos.

Otra ventaja del filtro físico es que las cremas no necesitan aplicarse con antelación porque su efecto protector comienza en cuanto lo aplicamos. Por ello, podemos disfrutar de un ratito de sol sin filtros para poder sintetizar la vitamina D. Una vez pasados estos minutos, nos pondremos el filtro mineral. La crema solar sobre la piel impide que podamos producir vitamina D.

Valores bajos de vitamina D facilitan la quemadura solar. De manera que es el pez que se muerde la cola. Apenas vemos el sol a lo largo del año, pero al llegar el verano nos exponemos sin control en el momento más fuerte. Nuestra piel no está preparada para este sol después de llevar nueve meses tapada. Deberíamos recibir algo de sol a lo largo de todo el año. Por ello hablamos siempre de una exposición gradual y controlada, y de aprovechar las mañanas y las tardes cuando baja la intensidad del sol. Especialmente en bebés y niños.

Los bebés y los niños necesitan juego al aire libre y una exposición segura al sol para poder producir vitamina D y melatonina. Entonces, no pondremos al bebé bajo un sol fuerte, aunque, como hemos dicho, sí debería recibir luz natural en horas suaves y en intervalos de tiempo breves, en los que el sol no queme. También le pueden dar unos rayitos de sol entre los árboles o calentarnos juntos al sol en invierno.

Recapitulando: no debemos correr el más mínimo riesgo de que el bebé se queme o se deshidrate, pero necesita algo de sol. Todos necesitamos luz natural para gozar de salud. Debemos actuar con lógica y actuar en condiciones en función de la hora y época del año.

Vitamina D

La leche materna contiene vitamina D en función de los niveles de la madre. Gran parte de la población vive con valores deficientes (inferiores a 20 ng/ml) o insuficientes (inferiores a 30 ng/ml). En este escenario, una gran proporción de mujeres no aportan al bebé suficiente vitamina D a través de su leche. Por ello, se recomienda suplementar a los recién nacidos y hasta los 12 meses con al menos 400 UI de vitamina D, en forma de D3 o colecalciferol. En principio, también a los bebés alimentados con fórmula, salvo que tomen un litro al día de fórmula enriquecida.

La vitamina D la pautará el pediatra en las primeras revisiones. Sería conveniente suplementar de forma adecuada, muy especialmente a los bebés cuyas madres tienen valores bajos de vitamina D.

¿SABÍAS QUE...? Existe un repunte de raquitismo por deficiencia de vitamina D en Europa y Norteamérica, principalmente en niños de piel oscura, con lactancia materna exclusiva durante 3-6 meses de edad (por el déficit en la madre, no por la leche materna en sí misma), neonatos prematuros e hijos de madres con deficiencia de vitamina D. Y en este último caso, entran muchos bebés. Pasamos cada vez menos tiempo en exteriores, nos escondemos cada vez más del sol y utilizamos protección solar en todo momento. La humanidad vive con la vitamina D por los suelos y lo peor es la normalización que hemos hecho de ello, especialmente los profesionales sanitarios.

Deberíamos valorar analíticamente la vitamina D en niños ante los siguientes síntomas:

- Calambres y debilidad muscular
- Retraso del desarrollo psicomotor, el crecimiento y la dentición
- Alteraciones en el esmalte y la erupción de los dientes
- Deformidades craneales y de los huesos
- Mayor tendencia a padecer infecciones
- Dermatitis atópica
- Alergias

Es importante que comprendamos que muchos bebés nacen con la vitamina D baja porque, durante la gestación, la madre también la ha tenido baja. Por tanto, los valores bajos de vitamina D en las madres durante la gestación se relacionan en el bebé con mayor facilidad para hacer caries en los dientes, un esmalte dental alterado, propensión a infecciones respiratorias como bronquiolitis y mayor riesgo de desarrollar asma, dermatitis atópica y alergias.

Tenemos mucho que avanzar en este tema. Necesitamos cuidar el embarazo, analizar la vitamina D, tomar el sol, suplementar y mantener niveles por encima de 40 ng/ml en las mujeres embarazadas. Estamos perdiendo una gran oportunidad de mejorar la salud de madres y bebés al no estandarizar la revisión de la vitamina D durante el embarazo y en el estado preconcepcional.

Al año de vida, aunque el bebé ingiriese alimentos ricos en vitamina D, solo obtendrá un 10 por ciento de la cantidad necesaria a través de los alimentos, tal como ocurre en niños y adultos. Los niños necesitan jugar y corretear al aire libre cada día. Debemos exponernos con seguridad a la luz del sol sin cremas un ratito diariamente. Está claro que hemos de tener cuidado con las quemaduras, las horas y la exposición, pero una exposición sensata y paulatina es necesaria para los niños y para todas las personas. La guía más reciente de la Sociedad Endocrina (organización médica internacional profesional) de 2024 plantea continuar con la suplementación empírica, es decir, sin analíticas, en niños de entre 1 y 18 años, debido al repunte de raquitismo y también por su papel de prevención en las enfermedades respiratorias, alérgicas y autoinmunes. Pero quizá debamos plantearnos también que muchos niños no pasan suficiente tiempo al aire libre y que se nos recomienda escondernos del sol.

¿SABÍAS QUE...? Una publicación del 2016 propone la suplementación de la madre con 6.400 UI diarias de vitamina D3 durante la lactancia, como alternativa para asegurar los valores suficientes en leche materna al lactante. En estos casos, no sería necesario suplementar al bebé («La suplementación materna de vitamina D evita su deficiencia en el lactante», *Evidencias en pediatría*, 2016).

Algunas marcas de vitamina D3 parecen causar molestias digestivas a los bebés. Muchas familias describen irritabilidad y llanto. Es posible que esté relacionado con la calidad del aceite de base o excipiente del producto. Muchas marcas lo hacen con aceite de oliva refinado. Las familias confirman que, cuando no le dan las gotas a su bebé, desaparece el cuadro. En estos casos, podríamos adoptar varias estrategias:

- Cambiar de marca y continuar con la suplementación. Existen productos de mejor calidad en casas de suplementación. Solo debemos tener claro que compramos vitamina en forma de D3, o colecalciferol, y que la dosis para recién nacidos es de 400 UI. Por tanto, debemos comprobar cuántas UI hay en cada gota del producto que hayamos comprado. Puede variar en función de cada marca. Esto suele venir perfectamente indicado en los envases. En general, si el excipiente solo lleva aceite de oliva virgen o aceite MCT, no debería sentar mal al sistema digestivo del bebé.
- Si el bebé toma leche materna, se puede comprobar mediante analítica de 25-hidroxi vitamina D a partir de los valores en la madre. No existe consenso sobre la cifra adecuada para no suplementar ni a madre ni a bebé. En general serían valores por encima de 60 ng/ml de forma mantenida. Si los valores están por debajo, que es lo más habitual, se iniciaría la suplementación con 6.400 UI diarias a la madre hasta al menos el

primer año de vida si continúa con lactancia materna, como alternativa a la suplementación del bebé. La toxicidad de la vitamina D se considera que está en valores mayores de 200 ng/ml.

Durante el embarazo, se debería medir la vitamina D en cada trimestre a la madre. De no ser posible o de negarse la analítica, se debe suplementar con, al menos, 4.000 UI diarias de vitamina D3 a todas las embarazadas, para minimizar los riesgos por su déficit en el embarazo y en el bebé. Sin embargo, muchas mujeres tendrán valores tan bajos que necesitarán suplementarse con mayores dosis de forma individualizada y en consulta con profesionales formados.

Si queréis saber más sobre este tema, recomiendo el libro *VitaminaDos* de la nutricionista María Hernández Bascuñana.

Además de la vitamina D, la luz del sol nos permite producir serotonina, una hormona indispensable para regular nuestro estado de ánimo y bienestar. Por la noche, la serotonina dará lugar a la melatonina. Es conocida sobre todo por ser la hormona que nos ayuda a dormir y, por tanto, a establecer ritmos de sueño de noche y vigilia de día. Pero más allá de eso, cumple también funciones antioxidantes y antiinflamatorias. Por tanto, la suplementación con vitamina D es un parche cada vez más necesario, pero la luz del sol sigue siendo insustituible ante cualquier fármaco o suplemento.

Motivos para acudir a urgencias

En esta primera semana en casa con vuestro bebé, habréis acudido a consultas con la matrona y el pediatra para hacer seguimiento. Aun así, si en cualquier momento se dan situaciones fuera de lo común, sería recomendable acudir por urgencias en caso de:

- Síntomas de deshidratación: uratos en el pañal al cuarto o quinto día de vida y ausencia de orina, bebé decaído.
- Fiebre: abrigar demasiado a un bebé puede provocar que les suba la temperatura, por lo que le quitaremos ropa si lo tenemos muy abrigado. En caso de continuar con fiebre, acudiremos de forma inmediata para valoración. Se considera fiebre la temperatura mayor o igual a 37,5 °C.
- Vómitos en escopetazo: un bebé pequeñito se puede deshidratar rápidamente y debemos valorar qué sucede.

9.

Segunda semana de vida

Parece que nos vamos haciendo cada vez más a nuestro bebé. Hay sueño, cansancio y seguramente, si es nuestro primer bebé, también algo de incertidumbre. Ya lo hemos dicho, toca abrazar la vida lenta, focalizarnos en que es época de crianza y que tenemos un bebé recién nacido que nos absorbe, pero que es una etapa muy pasajera y que no volverá.

Muchas madres viven con miedo a no cuidar lo bastante bien al bebé. También a que le pueda pasar algo. Hasta ahora, seguramente nunca antes habíamos sentido con tanta intensidad esta sensación de temor. ¡No estáis locas! Esto forma parte del instinto de protección y del apego. Gracias a ello, la especie humana sigue adelante.

Problemas de lactancia

Mastitis

Las personas convivimos en nuestro organismo con billones de bacterias que conforman nuestra microbiota. Estas bacterias contienen sus propios genes y superan en cantidad a nuestro propio genoma. La microbiota realiza numerosas funciones en nuestro cuerpo, de manera que nuestras células no han tenido que evolucionar para cumplir ellas mismas con esas funciones. Necesitamos, por tanto, una microbiota sana.

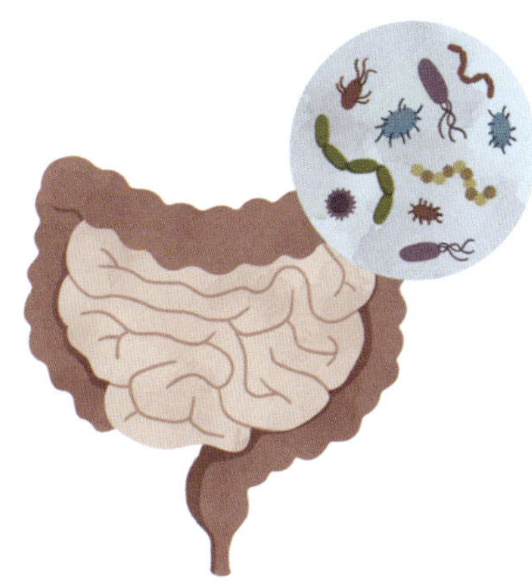

MICROBIOTA INTESTINAL

La leche materna es clave en el desarrollo de la microbiota intestinal de los bebés, ya que aporta bacterias beneficiosas a su organismo. Estas bacterias forman parte de la microbiota de la glándula mamaria en periodo de lactancia. La microbiota de la mama es única para cada mujer. Las diferentes cepas de bacterias están presentes en cantidades pequeñas y muy controladas. Cuando las colonias de bacterias se multiplican por diversos motivos, puede aparecer la mastitis, una disbiosis de la microbiota en la glándula mamaria. Aunque pueden aparecer en cualquier momento, son más frecuentes en los primeros tres meses de lactancia.

Mastitis aguda clásica

Comienza con la inflamación u obstrucción de una zona en la mama y se extiende al tejido de alrededor. De no resolverse, resultará en una mastitis inflamatoria, con síntomas locales de enrojecimiento, calor, edema y dolor. Puede cursar o no con infección. En lactancia, se asocia con situaciones de hiperproducción de leche y disbiosis de la microbiota. El uso de antibióticos al final del embarazo o durante el parto es un factor de riesgo. En algunas ocasiones, la hiperproducción de leche, con un reflejo de eyección de esta, muy potente, puede estar relacionado con problemas de succión en el bebé o anquiloglosia. De no tratarse adecuadamente, puede resultar en mastitis de repetición, una detrás de otra.

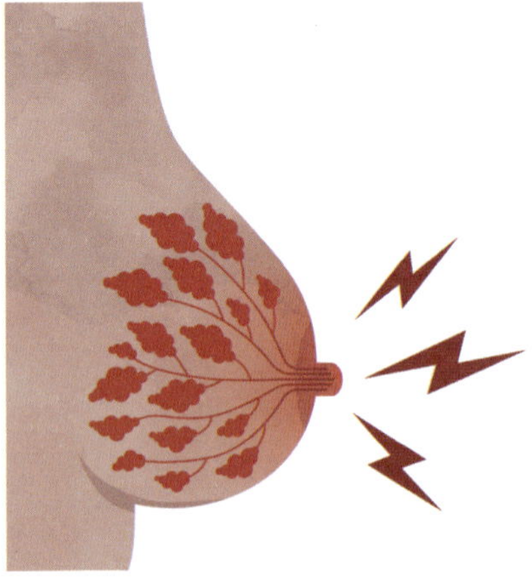

Ante la sospecha o diagnóstico de mastitis aguda, se puede amamantar con normalidad al bebé, sin riesgo alguno. Cuando aparecen los primeros síntomas, conviene iniciar medidas básicas que consisten en:

- Amamantar con normalidad. No es necesario aumentar las tomas ni extraer con sacaleches.
- Tomar antiinflamatorios y aplicar frío local. La mastitis, al ser una inflamación en los conductos, hace que la leche salga con mayor dificultad, y esto puede conllevar que el bebé se pelee con el pecho. Se puede aplicar calor exclusivamente antes de la toma. Los antiinflamatorios tipo ibuprofeno deben formar parte del tratamiento para combatir la inflamación.
- Descansar (si es que eso es posible).

La mastitis aguda suele deberse a una bacteria llamada estafilococo áureo, una bacteria con una gran capacidad de producir toxinas. Estas toxinas se expanden desde la mama a todo el cuerpo materno y son las que producen fiebre y malestar general tipo gripe.

Si los síntomas no desaparecen en 24 horas, o empeoran en las primeras 12 horas, se recomienda iniciar antibióticos, que deberán pautarse adecuadamente. Si en 48 horas con antibiótico no hay mejoría, debería realizarse un cultivo de leche para recetar un antibiótico específico. La resistencia a antibióticos hace que cada vez sea menos sencillo resolver bien una mastitis. Es importante que el cultivo se realice con antibiograma y que el laboratorio mida todas las colonias de bacterias. Muchas veces, consideran que las bacterias, como el *Staphylococcus epidermidis*, son parte de la piel de la mama, pero son bacterias que también causan mastitis si crecen más de lo normal. Los cultivos deberían poder realizarse en urgencias hospitalarias o en el centro de salud. La matrona debería saber abordarlo.

Consultad www.e-lactancia.org siempre que tengáis dudas sobre medicamentos y su compatibilidad con la lactancia materna. Es una web con fiabilidad total y de referencia mundial.

Consultad la guía PRIOAM de mastitis para conocer los antibióticos recomendados en caso de padecerla y comentadlo con el profesional que paute el antibiótico. Es importante que se paute el adecuado, pues de no ser así, la mastitis no se resolvería correctamente y podría complicarse en un absceso.

Mastitis subaguda

Al no presentar síntomas tipo gripe, estas mastitis están altamente infradiagnosticadas e infravaloradas, pero son las más frecuentes. Se producen por el desequilibrio de las bacterias presentes en la glándula mamaria. Las bacterias generan una película, biofilm, que se adhiere a los conductos de la leche, los obstruyen y dificultan la salida de esta. Cuando la leche sale por el conducto obstruido, se producen los síntomas típicos de estas mastitis:

- Dolor punzante, como agujas
- Pinchazos durante o tras las tomas
- Sensación de quemazón
- Perlas de leche y obstrucciones de repetición. Las perlas son una obstrucción en la salida del conducto en el pezón. Se obstruye la salida y, por ello, se observa una perla de leche. Las obstrucciones son bultos más o menos dolorosos, pequeños y muy localizados.

Estas mastitis requieren que valoremos la lactancia a fondo: las tomas, el agarre, la succión y la anatomía oral del bebé. Buscamos problemas de agarre, hiperproducción, anquiloglosia o contracturas que impidan al bebé mamar bien. Su tratamiento incluye:

- Toma de antiinflamatorios en dosis bajas (400 mg) al menos durante 7-10 días,

2 o 3 veces al día. Aunque mejoren los síntomas, mantendremos el tratamiento de 7 a 10 días para evitar recidivas.
- Probióticos: esta recomendación tiene cierta polémica y no todo el mundo está de acuerdo. Lo cierto es que buscamos restablecer el equilibrio de la microbiota para eliminar la película bacteriana. Se recomienda, especialmente, la cepa *Lactobacillus salivarius*. Son tratamientos caros y de ahí la polémica, por el negocio que suponen, pero a la vez ayudan a reestablecer el equilibrio bacteriano. Es preciso buscar productos que garanticen 10^9 UCF (diez a la novena potencia unidades formadoras de colonias). Sería recomendable tomarlos 3 veces al día en la fase de más sintomatología e ir reduciendo. Se requiere entre 7 y 10 días para notar una mejoría.

En caso de no mejorar, es preciso realizar un cultivo de leche, especialmente para buscar y tratar la *Staphylococcus epidermidis*. De ser necesario, se debe pautar un antibiótico basado en el cultivo de leche. El hecho de que no haya fiebre se debe a que las bacterias que producen la mastitis subaguda no generan toxinas como en la mastitis aguda. Pero los síntomas y el malestar de una mastitis subaguda deben ser tratados. Si no encontráis apoyo o conocimiento suficiente, cambiad de profesional o acudid a uno especializado en lactancia. La mastitis subaguda es muy dolorosa y limitante para las mujeres.

Las mastitis requieren muchas veces un trabajo multidisciplinar. Es importante que los profesionales de la salud estemos actualizados para no desahuciar o agravar por desconocimiento los cuadros clínicos.

Eccemas en la areola y el pezón

Se deben, principalmente, a la disbiosis bacteriana. Aunque suelen pautarse corticoides, sería más adecuado realizar un exudado, o muestra de la erupción, pues suelen deberse a una infección bacteriana de estafilococo áureo. En este caso lo más correcto sería una pomada antibiótica. También existen pomadas con antibiótico y corticoides. Si se descarta una infección por bacterias, y es simplemente un eccema, podría ser útil el corticoide y la hidratación con Cicalfate.

Inhibir la lactancia materna

Si en cualquier momento la madre deseara dejar la lactancia, las pastillas para inhibir la producción de leche ya no funcionan una vez iniciada. Por ello, haremos una inhibición fisiológica y progresiva:

- Utilizar un sujetador de algodón sin aros ni costuras que recoja bien el pecho para aliviar las molestias del pecho lleno.

- Será necesario extraer leche del pecho, lo justo para aliviar la tensión del llenado y evitar la ingurgitación. Conllevará unos días o incluso semanas. Es importante hacerlo o podría producirse un cuadro de mastitis.
- Extraer las mínimas veces al día posible y lo mínimo posible, hasta que no exista necesidad de aliviar.

Consultad siempre con la matrona en caso de dolor o dificultad con el manejo del proceso de inhibición de la lactancia. La leche que saquéis podéis dársela al bebé en combinación con la leche de fórmula.

10.

El dolor en los bebés

Antecedentes históricos

Os voy a compartir una triste historia. Hasta finales de la década de los ochenta, se seguían realizando cirugías en bebés sin anestesia. Conocer la historia nos ayuda a saber de dónde venimos y en qué punto estamos. Nadie, a día de hoy, podría siquiera cuestionar que un bebé pueda sentir dolor. Sin embargo, se perpetúan actuaciones que continúan infravalorando el dolor en el bebé.

Los bebés no solo sienten dolor, sino que, a mayor prematuridad, mayor es la respuesta dolorosa, precisamente porque la inmadurez de su sistema nervioso impide poner en marcha mecanismos metabólicos y hormonales de defensa. También sabemos que experiencias dolorosas repetidas o intensas resultan en respuestas exageradas al dolor cuando son mayores. Es decir, que eso de que no se acuerdan no solo no es cierto, sino que predispone su sistema nervioso a sentir un dolor aún mayor ante estímulos nocivos.

La idea de que los bebés no sienten dolor es, básicamente, de ayer, no de la Edad Media. Hasta casi mediados del siglo XIX, no existían apenas métodos de anestesia para nadie. El dolor se consideraba parte de la recuperación de la enfermedad. En torno a 1840-1850, sabemos que se utilizaba éter en cirugía infantil. Sin embargo, se hacía para inmovilizar al bebé, no porque se tuviera en cuenta su dolor. Por ello, se afirmaba que «envolver firmemente al bebé en una sábana sustituye la necesidad de éter».

Charles Darwin, en la segunda mitad del siglo XIX, contribuyó a la idea de que los niños no sentían dolor. Los definía como «iguales a los animales, salvajes o seres primitivos». Consideraba su expresión emocional como una simple respuesta refleja. Esta idea caló y se aceptó que los bebés no sienten dolor. En esta creencia, se justifica el inicio de la experimentación con bebés de todas las edades, incluidos prematuros. La experimentación consiste en el uso de agujas con las que se les pincha en diferentes partes del cuerpo y se describen las reacciones físicas.

A principios del siglo XX, la psicología conductista de John B. Watson refuerza aún más la idea de que la expresión dolorosa del bebé no es más que una mera respuesta refleja a un estímulo. A la experimentación con agujas, se añadió entonces el uso de electroshock.

En contraposición, aparecen excepciones, como las del pediatra alemán Albrecht Peiper. En la década de los años veinte, afirmaba que «El adulto se reserva para sí el derecho a la protección del dolor en intervenciones quirúrgicas. Por su sensibilidad al dolor, los recién nacidos tienen el mismo derecho, pero están indefensos y sus derechos son vulnerados». Sus publicaciones no tuvieron trascendencia.

La teoría conductista fue perdiendo valor y se fue sustituyendo por la idea de la inmadurez, basada sobre todo en el trabajo de la psicóloga Myrtle McGraw. Entre numerosos experimentos, destacan los que hizo sobre dolor. En uno de ellos, 75 niños, desde recién nacidos a 4 años de edad, recibieron pinchazos en la cabeza, el tronco y las piernas. Concluyó que los niños no pueden localizar el dolor cutáneo debido a su inmadurez cerebral. Afirmaba que la corteza cerebral del bebé no era madura y, por tanto, no podían sentir dolor, o al menos no de forma intensa. Basándose en sus conclusiones, Lisa Swafford y David Allan, anestesiólogos, manifestaron en 1968: «Los pacientes pediátricos rara vez necesitan medicación para aliviar el dolor posquirúrgico. Toleran bien las molestias».

Y así, hasta finales de la década de los ochenta, se continuó practicando cirugías en recién nacidos sin anestesia. Desde cierre de paladares hendidos hasta cirugías cardiacas o extirpación de amígdalas. En 1985, el caso de Jeffrey Lawson, un prematuro operado de cirugía cardiaca sin anestesia, puso en marcha el activismo de las familias. Jeffrey murió 5 semanas después de la cirugía. Solo entonces su madre descubrió que la cirugía se había ejecutado sin anestesia. Se realizaba con relajantes musculares que inmovilizaban al bebé, pero no tenían ningún efecto sobre el dolor. Hoy sabemos que el dolor en un bebé prematuro dispara la tensión arterial, aumenta la presión en la cabeza y desencadena una cascada de hormonas del estrés y gasto metabólico que pueden conducirlo a la muerte, independientemente de que una cirugía pueda complicarse en un prematuro. En los ochenta, que es ayer, se puede leer todavía en libros de texto de medicina: «No está demostrado que los prematuros puedan sentir dolor».

En 1987, se edita al fin un estudio sobre el dolor en neonatos. Anand y Hickey publican «Pain and its effects in the human neonate and fetus» [Dolor y su efecto en el neonato y feto humanos], donde dejan claro, sin lugar a dudas, que los neonatos sienten dolor e instan urgentemente a los profesionales a tratarlos con humanidad. También ese año, la Academia Estadounidense de Pediatría declara que es viable utilizar anestesia y analgesia de forma segura en prematuros y recién nacidos.

Desde entonces, el manejo del dolor en los bebés ha tenido una evolución lenta. Ya no se opera sin anestesia y existen escalas de valoración del dolor. Están perfectamente descritas las medidas no farmacológicas y las farmacológicas para manejar el dolor en bebés de todas las edades. La neonatología sabe de la importancia de paliar, detectar, tratar y prevenir el dolor, y las consecuencias que una cirugía tiene en la salud del bebé y la importancia de la recuperación de los procesos de enfermedad. El dolor en los recién nacidos:

- altera la frecuencia cardiaca y respiratoria, y disminuye la oxigenación.
- aumenta la presión en la cabeza y altera la tensión arterial.
- puede producir náuseas y vómitos.
- aumenta la producción de cortisol y adrenalina, lo que supone un gasto metabólico elevado.
- mantiene el sistema nervioso del bebé en alerta, y puede llegar a cronificarse.

Pero en el día a día, no todos los servicios trabajan igual, no todos los profesionales son conscientes del manejo del dolor y las consecuencias del estrés. En bebés aparentemente sanos, pero con cuadros de cólico, se infravalora el dolor. Continuamos normalizando, infradiagnosticando e infratratando el dolor en los bebés. La Asociación Internacional para el Estudio del Dolor (IASP, por sus siglas en inglés) define el mismo como «una experiencia sensorial y emocional desagradable, asociada a un daño tisular real o potencial o descrita en términos de tal daño».

Dolor también es todo aquello que una persona dice que siente como tal, cada vez que manifiesta que lo siente. El dolor es una experiencia individual. Solo la persona puede decir si duele o no, y cuánto. En el caso de los bebés, no pueden manifestar el dolor con palabras, pero sí a través del comportamiento. Existen numerosas escalas para valorar su dolor. Sin embargo, con solo observar, atender e intentar consolar a un bebé, ya sabemos que siente malestar o un dolor más severo. Las escalas nos ayudan sobre todo a aplicar medidas analgésicas apropiadas, pero no perdamos la humanidad, la conexión y, sobre todo, el sentido común.

Mientras interactuamos con nuestro bebé, conectamos. La mayoría de las veces respondemos intuitiva y automáticamente. Somos capaces de darle lo que necesita la mayor parte del tiempo. Por ello, cuando mediante nuestra respuesta habitual no logramos consolar el llanto o calmar su inquietud, qué duda cabe de que el bebé experimenta dolor, sea del origen que sea.

Señales de dolor

Por lo general, nuestro bebé debería mostrar una expresión facial relajada. Sus piernas se encuentran flexionadas, recogidas. Sus movimientos son tranquilos y suaves. La mayor parte del tiempo es un bebé tranquilo.

En algunas ocasiones, por supuesto, habrá malestar. Puede que haga muecas y tenga el ceño fruncido. Sus movimientos son de inquietud y tensión. En lugar de estar tranquilo, se retuerce. Suele responder bien a ser cogido en brazos o porteado, se tranquiliza con el contacto y la voz.

Si el bebé llora, cogerlo en brazos, ofrecerle alimento, cambiar el pañal, quitarle capas de ropa o simplemente cantarle y mecerlo consigue cubrir las necesidades básicas y habituales: saciar el hambre, sentirse seguro en brazos, vencer la incomodidad de una ropa que pica, un gas atravesado o acompañar su entrada en el sueño. Es así en bebés sin dolor, que hacen las cosas normales de un bebé con bienestar. Lo primero es siempre responder al bebé.

Los bebés necesitan corregularse con su madre, su padre o la persona que le aporta cuidados. Necesita que le ayuden a cubrir sus necesidades físicas, pero también emocionales. La sensación de seguridad es todo para el bebé. ¿Quién no desea sentirse seguro cada día, física y emocionalmente? El bebé solo se siente seguro gracias al contacto continuo. Según la teoría polivagal del científico Stephen W. Porges, el bebé consigue regular su estado emocional y nervioso gracias al cuidado y el contacto. Y cuando el bebé se encuentra bien, esto hace que la madre o la persona que lo cuida se sienta también en paz y, por tanto, regulada. Cuando no conseguimos que el bebé encuentre bienestar, ninguna de las dos partes tiene el sistema nervioso regulado y en equilibrio. Se mantiene el estrés y el estado de alerta en la familia.

Cuando el bebé mantiene una mandíbula tensa, se arquea hacia atrás, de forma rígida o mediante espasmos, sus piernas se agitan y permanecen estiradas en tensión o se estiran y flexionan, el llanto es inconsolable y no conseguimos de ninguna manera calmar o reducir la agitación y la irritabilidad que presenta, estamos ante un bebé con dolor.

Cólicos del lactante

En nuestra sociedad, se utiliza el término «cólico del lactante» como una etiqueta cajón de sastre para situaciones diferentes, con causas muy variadas, de llanto prolongado. Se acepta describir el cólico como episodios frecuentes de llanto inconsolable, con varias horas de duración e irritabilidad. Es importante la descripción del llanto como inconsolable.

ESCALA FLACC*

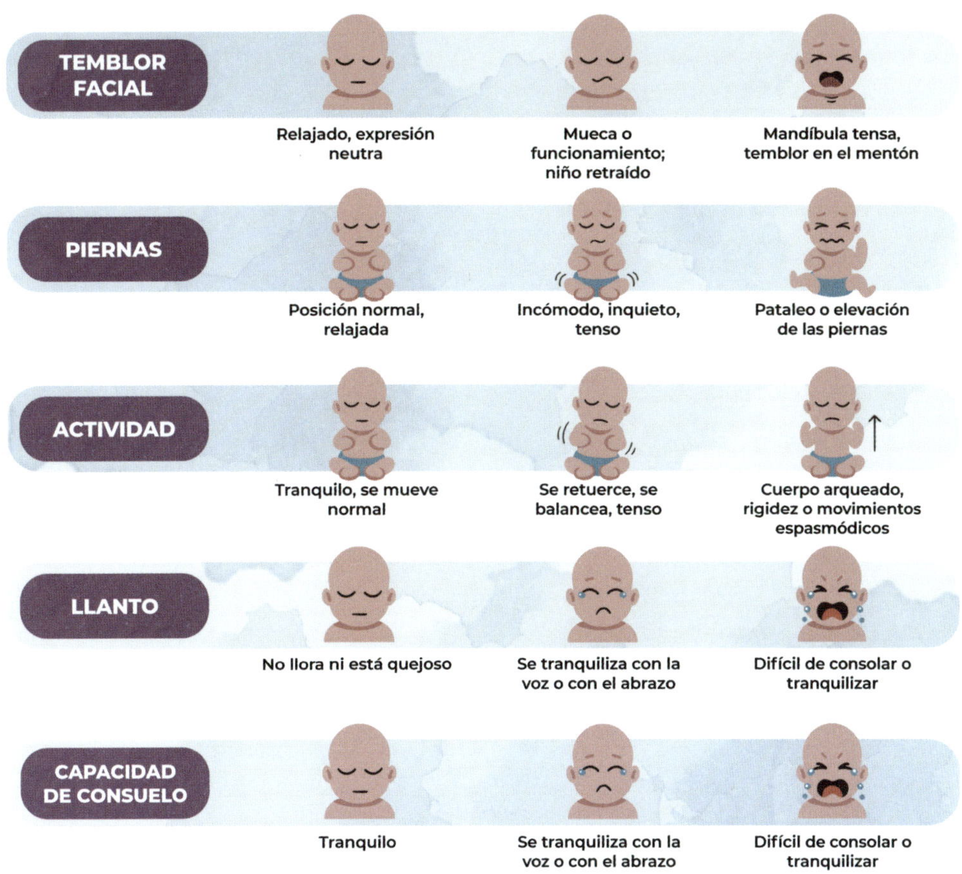

*Escala FLACC. Es un ejemplo de escala para valorar el dolor en bebés. Según la puntuación: 0 = no dolor; 1-3 = dolor leve; 4-6 = dolor moderado; 6-8 = dolor intenso y 9-10 = dolor elevado.

La responsividad al lactante puede evitar que entre en un bucle de llanto y estrés. Cualquier bebé puede tener un mal día, una mala tarde, una mala digestión puntual o sentirse sobreestimulado por los acontecimientos de la jornada. Muchos bebés están algo nerviosos a última hora del día (se conoce, de hecho, como la hora bruja).

Pero cuando es más que eso, cuando el llanto no hay forma de consolarlo y los episodios son largos y frecuentes, estamos ante otro escenario. Debemos buscar el origen del malestar, o sea, qué le está ocasionando dolor en última instancia al bebé. Debemos valorar a nuestro bebé desde un equipo multidisciplinar: pediatría, fisioterapia pediátrica y experta en lactancia. Esto en primera instancia. Luego, según cada caso, podremos necesitar de una logopeda, nutricionista infantil, gastroenterólogo pediatra, alergólogo, otorrino, etcétera. Es preciso descartar:

- Enfermedad común: catarros, otitis.
- Problemas con la lactancia de índole diversa: mal agarre, anquiloglosia, dificultad en la succión o hambre. Y es que un mal agarre, por contractura o por anquiloglosia, puede resultar en que el bebé se canse sin que haya comido lo suficiente y, por tanto, tenga hambre. También puede que no le estemos dando de comer lo suficiente si estamos poniendo horarios.
- Succión ineficaz: puede conllevar que el bebé trague aire (en el pecho o con biberón) y esto distienda su estómago y genere dolor. Este exceso de aire podría ocasionar reflujo gastroesofágico.
- Enfermedad por reflujo gastroesofágico.
- Dificultades en la succión pueden conllevar que el bebé obtenga una leche con mucha lactosa y menos grasa que irrita el intestino.
- Alergias, como APLV (alergia a la proteína de leche de vaca).
- Dolor físico: partos difíciles y contracturas en general.
- Si el llanto intenso es algo puntual, pero no conseguís calmar al bebé con nada, no dudéis en quitarle toda la ropa, por si una etiqueta le picara o un pelo o un hilo le estuviera apretando los deditos de los pies. Realizaremos una observación de todo su cuerpecito por si hay algo que se nos escapa.

En el pasado reciente, se esperaba que un cólico durase 3 semanas, 3 días por semana al menos, durante 3 horas al día, para clasificarlo como tal. Pero ante un bebé que llora inconsolablemente de forma habitual, no tenemos que esperar. Debemos abordar el dolor cuanto antes.

Los cuadros de llanto inconsolable suelen aparecer entre la segunda y tercera semana de vida. De no abordarlo, puede durar hasta los 4 meses, aproximadamente. Tras el diagnóstico de cólico del lactante, la solución de muchos profesionales es que no se puede hacer nada. Solo esperar. Así que el diagnóstico no sirve para nada. El dolor del bebé queda así nuevamente ignorado, y las familias, abandonadas.

No todo es inmadurez digestiva

Algunos bebés lloran porque sienten dolor musculoesquelético. Entonces, lo primero será revisar al bebé a nivel físico. Por un lado, lo hará el pediatra para descartar una enfermedad; por otro, será fundamental una valoración desde la fisioterapia pediátrica.

Sin embargo, una causa mecánica como, por ejemplo, una mala succión, puede ser el origen de problemas como gases, reflujo o exceso de lactosa. Por tanto, aunque los síntomas digestivos causan el dolor, el origen está en la succión.

En algunos bebés, puede que sí nos encontremos ante un cólico digestivo, esto es, un intestino inflamado. ¿Qué lo causa? No es fácil dar con ello. Tanto el dolor musculoesquelético como el que puede causar un reflujo estresan al bebé. El estrés mantenido afecta a la motilidad gastrointestinal, a la microbiota y aumenta la liberación de citoquinas proinflamatorias.

Otra causa de estrés puede ser un pinzamiento precoz del cordón. Como ya sabemos, ello supone pérdida de volumen de sangre para el bebé y esto es una situación estresante. Para el organismo del bebé es como haber sufrido una hemorragia.

Por todo ello, debemos siempre valorar a fondo a cada bebé, acompañar a cada familia desde equipos multidisciplinares y no justificarlo todo en la inmadurez del sistema digestivo del bebé.

11.

Fisioterapia pediátrica

La fisioterapia pediátrica no está presente en el sistema público para la mayoría de los bebés. Y es una pena, pues igual que un pediatra valora al bebé en cuanto a su salud general, la fisioterapia es la especialidad sanitaria capaz de detectar de forma precoz, valorar y tratar las alteraciones musculoesqueléticas y de desarrollo motor. También son profesionales de referencia en el tratamiento de síntomas digestivos, dolor, enfermedades respiratorias o retraso psicomotor. El perfil que buscamos es el de un fisioterapeuta pediátrico, que trabaje con terapia manual u osteopatía. La fisioterapia trabaja sobre el sistema musculoesquelético, la fascia y el sistema nervioso.

En general, la revisión con fisioterapia es recomendable para todos los bebés tras el nacimiento entre la segunda y la tercera semana, pero antes también, si fuese preciso. Para muchos solo es preventiva; para otros supondrá su salvación.

En el ser humano, la salud no está compartimentada. Una mala posición en el embarazo o en el parto puede afectar al bienestar del bebé tras el nacimiento, a su capacidad de alimentarse o de descansar bien. Por ejemplo, el bebé de nalgas se beneficia de una revisión profunda de la cadera y la cabecita, y eso incluye toda su columna vertebral. En los embarazos gemelares, el espacio más reducido también puede ejercer mayor presión sobre las estructuras anatómicas de los bebés.

En cuanto al proceso de parto, en especial cuando el nacimiento ha sido largo o extremadamente rápido, así como en malas posiciones, es importante la revisión con fisioterapia. La mala posición en el parto incluye cabecitas deflexionadas, choque con la pelvis por esa deflexión y cabecitas torcidas (asinclitismos). Aunque, en apariencia, no apreciemos nada en

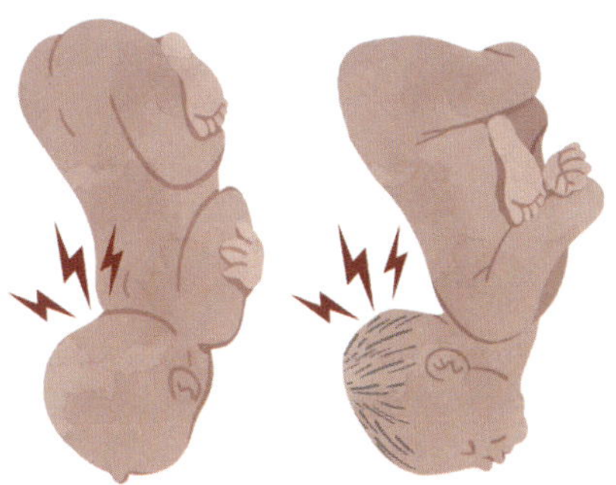

Bebé con la cabecita deflexionada durante el parto. Son posiciones que pueden generar dolor y tensión en el cuerpo del bebé

muchos bebés al nacer, esas posiciones mantenidas durante horas pueden provocar dolor y, por tanto, irritabilidad las primeras semanas e incluso meses de vida. También pueden generarse tortícolis leves, que no se detectan. Las severas, en cambio, sí suelen detectarse.

Si el parto ha sido instrumental, una cesárea tras muchas horas de parto o si las personas que asistieron traccionaron de la cabeza del bebé con fuerza, es posible que haya tensión o microlesiones en los tejidos y los nervios. Habría que revisarlo. En muchos bebés, estas situaciones podrían generar tensión desde la zona cervical hasta la parte baja de la espalda. Se suele definir como tensión dural. También puede ocasionar tensión la presencia de anquiloglosia por frenillo corto.

Nuestro sistema nervioso central, es decir, el cerebro y la médula espinal, se encuentra recubierto y protegido por las meninges. Las meninges son tres membranas cuya capa más externa se llama duramadre y se extiende desde el cráneo hacia las vértebras cervicales y termina en el sacro. En los bebés, esta membrana es menos elástica. La tensión dural aparece cuando esta está irritada o en tensión. Todo esto debe valorarlo la fisioterapia pediátrica especializada para poder tratarlo.

Entre los síntomas de la tensión dural, podríamos ver:

SISTEMA NERVIOSO CENTRAL

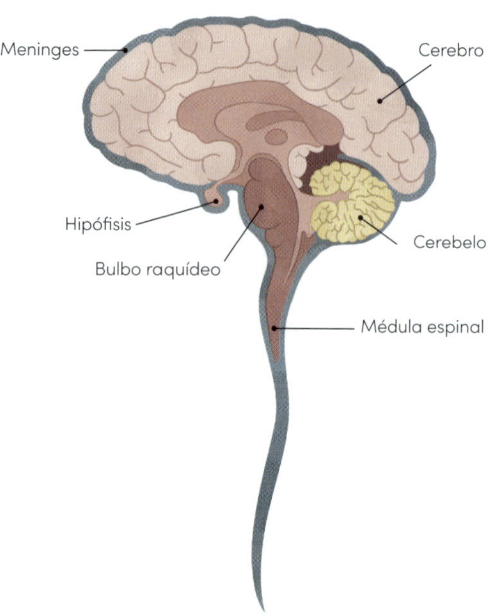

- Llanto y comportamiento irritable.
- Arqueo hacia atrás. ¿Recordáis que la posición natural del bebé es recogido, flexionado y hecho una bolita, cual ranita humana? Estos bebés no pueden hacerlo por la tensión. Además, no se les puede apoyar en superficies planas bocarriba y suelen pelearse con el porteo. El arqueo hacia atrás también es síntoma de reflujo.
- Por todo lo anterior, son bebés que no duermen suficiente ni bien. Una cosa es que el bebé humano necesite contacto y cercanía para dormir, y otra que no duerma apenas.
- Puede costarles engancharse al pecho y se pelean en las tomas. Debemos va-

lorar a fondo la presencia de anquiloglosia por frenillo corto o por tensión. Pueden tener la boca muy apretada y cerrada, o masticar en lugar de succionar. Puede que al mamar la movilización de la zona les genere dolor.

- Algunos recién nacidos parecen mantener el peso de la cabeza desde que nacen, y esto hace que todo el mundo admire su fuerza en el cuello. Sin embargo, esto no sería normal pasadas las primeras 24 horas. Podría deberse a la tensión, que mantiene la cabeza hacia atrás.

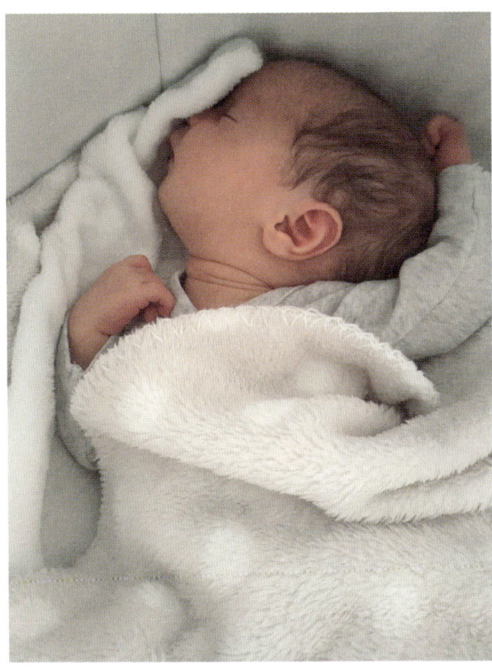

Maddi estuvo colocada con la cabecita extendida durante el parto. Al nacer, seguía conservando esta postura

Tortícolis y plagiocefalia

Tortícolis quiere decir «cuello torcido». El bebé mantiene la cabeza inclinada hacia un lado, hacia delante o hacia atrás, y es el resultado de una alteración en la musculatura cervical. Se habla de tortícolis congénita cuando el bebé nace con ella. Se debe a malas posiciones en el embarazo y en el parto o a partos complicados. Algunos profesionales especializados consideran que, cuando hay una tortícolis, se debe valorar también si hay o no anquiloglosia en el bebé, pues en ocasiones pueden ir asociadas.

El bebé tenderá a mantener la cabeza siempre en la misma postura, sin apenas girarla hacia otras posiciones. Por ello a veces maman muy bien de un pecho, pero del otro no, ya que la tortícolis lo impide. En ese caso, deberemos adaptar la postura de amamantamiento en el lado que no pueden mamar bien. La tortícolis, por tanto, es un factor de riesgo importante para desarrollar plagiocefalia, es decir, el aplanamiento de la cabeza en uno de los lados. La braquicefalia es el aplanamiento de toda la cabeza en la zona posterior. Se debe a un exceso de presión en esa misma zona, por posiciones acostadas mantenidas, pero inicialmente, están relacionadas con esas tortícolis que fuerzan la cabeza del bebé a mantener siempre la misma posición. Por supuesto, el pediatra también debe valorar que no se deba a la poco frecuente situación de cierre precoz de los huesos de la cabeza.

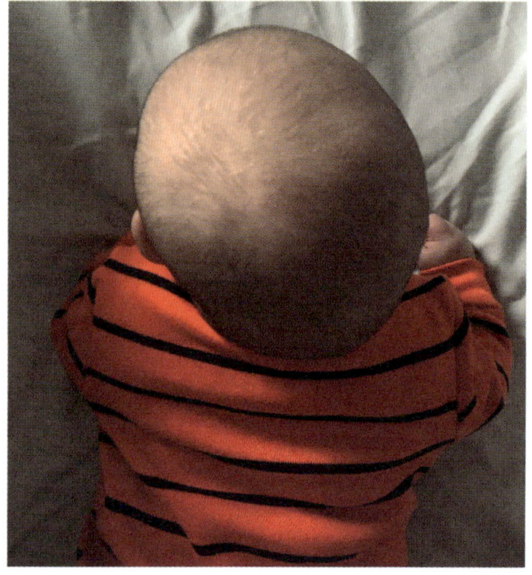

Plagiocefalia

La plagiocefalia no es solo un problema estético, sino también funcional. La deformidad de la cabeza implica que las estructuras que están dentro del cráneo se desplacen y se compriman. Podría llegar a causar también asimetría en el rostro del bebé.

Los cojines para prevenir la plagiocefalia son útiles solo en casos puntuales, pero no solucionan la base del problema, pues, como sabemos, la plagiocefalia se relaciona con tensiones en el cuello. La valoración y el tratamiento precoz con fisioterapia son claves para tratar a tiempo y prevenir tratamientos más complejos, como el casco.

El porteo previene la plagiocefalia al evitar que el bebé esté siempre tumbado bocarriba. También tenerlo bocabajo sobre nuestro cuerpo. El bebé humano no está hecho para estar tumbado en superficies planas tantas horas como la sociedad occidental pretende. El bebé está hecho para ser llevado. Pero, independientemente, valorar de base las estructuras del bebé con fisioterapia es la principal prevención.

Muchos problemas de lactancia están relacionados con estas, a veces sutiles, otras muy marcadas, alteraciones musculoesqueléticas en los bebés. Si hay dolor, contracturas y rigidez, es posible que el bebé no consiga un agarre y una succión adecuados.

Irritabilidad

La irritabilidad continua en los bebés, esto es, en alerta constante y con dificultad para entrar en estado de calma, no se debe normalizar. La valoración con fisioterapia puede ayudarnos a detectar y tratar causas como dolor, problemas digestivos o desregulación del sistema nervioso autónomo.

El nervio vago

El sistema nervioso autónomo es la parte de nuestro sistema nervioso que regula funciones corporales de forma inconsciente, es decir, autónoma. Controla procesos corporales como la frecuencia cardiaca, la tensión arterial, la digestión o la temperatura corporal. Gracias a este sistema, mantenemos el equilibrio que nos permite funcionar día a día. Se divide en sistema nervioso simpático y sistema nervioso parasimpático.

En términos generales, el sistema simpático es el que nos prepara para la huida-lucha. Es decir, para responder frente a amenazas, estrés y acción: aumenta la frecuencia cardiaca y la glucosa. El sistema parasimpático, por el contrario, es el de calma y conexión. Nos permite un estado de relajación con sensación de seguridad.

El nervio vago es el décimo de los doce pares de nervios craneales. Se llaman así porque nacen en el encéfalo y salen del cráneo. El vago es el más largo de todos ellos y comunica el cerebro con prácticamente todos los órganos y sistemas del cuerpo, como el corazón, los pulmones, el estómago y el intestino. De vago no tiene nada. Su nombre viene del latín y significa «deambular», pues recorre gran parte de nuestro cuerpo. Sale a través de un agujerito en la parte posterior y baja del cráneo que se llama foramen yugular. Es el nervio más importante del sistema nervioso autónomo.

Cuando el nervio vago se activa, predomina el lado parasimpático. Esto favorece el estado de calma y oxitocina. A través del nervio vago, el intestino está conectado al cerebro. Desempeña un papel fundamental en la digestión: estimula la producción de saliva, favorece la de ácido gástrico y el movimiento del estómago y del intestino. Pero también tiene un papel fundamental en rebajar la inflamación y el estrés. Cuando el bebé realiza succión no nutritiva o cuando la lengua reposa en el paladar, el nervio vago se activa y proporciona calma y regulación.

RECORRIDO DEL NERVIO VAGO

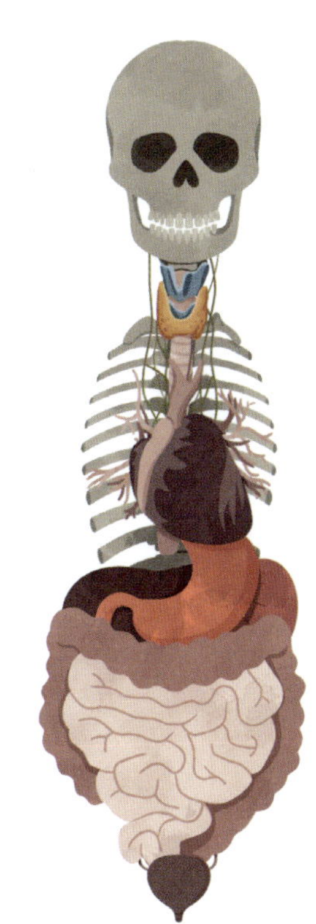

Teniendo en cuenta la zona por la que sale en la parte posterior del cráneo, no es difícil comprender que este nervio podría estar comprimido o irritado tras un parto difícil o instrumental. Por un lado, de forma puramente mecánica, pero, por otro, porque un parto estresante disminuye su actividad y aumenta la acción del sistema simpático, su opuesto, el que activa la adrenalina y la alerta.

La fisioterapia pediátrica puede liberar y estimular el nervio vago para que vuelva a trabajar adecuadamente. La activación del nervio vago permite al bebé encontrar calma y bienestar, así como favorecer la correcta función digestiva.

En un estado más o menos equilibrado, las personas vivimos con un nervio vago activo, esto es, regulado. En relativa calma, los momentos puntuales de estrés los resolvemos con salud. Nuestro sistema nervioso está bien. Cuando la vida nos hace padecer estrés crónico y nos notamos nerviosos la mayor parte del tiempo, nuestro nervio vago no se activa como debería. El nervio vago nos ayuda a vivir en calma, en sensación de seguridad. Cuando no se activa, porque trabaja más el sistema nervioso simpático, nos sentimos en un estado casi permanente de lucha-huida.

Para el bebé, el contacto continuo y la crianza responsiva le permiten vivir la mayor parte del tiempo en un estado de calma. Pero también influyen cosas como:

- La lengua bien apoyada en el paladar, pues protege la respiración nasal y esta estimula el nervio vago.
- La posibilidad de realizar toda la succión no nutritiva que necesita, pues recordemos que les induce a la calma y es precisamente gracias al nervio vago.
- El tratamiento del dolor y de las contracturas físicas cuando las presentan.

Criar en responsividad no tiene nada que ver con la hiperprotección. Nuestro bebé ahora nos necesita para regularse, pues no es nada sin el cuerpo de su madre. Esto le permite poder construir con el tiempo la capacidad de autorregularse para llegar a ser un adulto sano, que percibe la vida desde la seguridad. Gracias a que la tuvo cuando más la necesitaba y su cerebro se cableó en esa sensación de seguridad. No podemos protegerlos de la vida. Pero podemos acompañarlos para enfrentarse a ella.

Fisioterapia y problemas de lactancia

Ante problemas de lactancia, tanto materna como artificial, siempre debemos hacer una valoración profunda. En materna, valoramos el acople de la mamá y el bebé:

- Técnica de lactancia, postura y agarre, historia clínica materna y del parto, y anatomía del bebé.

En artificial:

- Técnica de biberón, la postura del bebé, tipo de tetina y flujo de la misma. Pero también la anatomía del bebé, pues con biberón pueden darse igualmente dificultades para alimentarse en caso de frenillos cortos o alteraciones musculoesqueléticas.

Tras esta valoración, si detectamos que la dificultad para alimentarse podría tener un origen en disfunciones musculoesqueléticas y sensoriales, derivaremos a fisioterapia. Para alimentarse eficientemente, el bebé debe poder abrir bien la boca y trabajar con la mandíbula, la lengua y la musculatura del cuello. Por todo ello, ante determinados problemas de lactancia, tanto materna como artificial, que no se solucionan con las medidas iniciales de mejorar postura y agarre, la fisioterapia tiene un papel clave.

En cuanto a la anquiloglosia, hablamos anteriormente de la importancia de la fisioterapia antes y después de realizar una frenectomía. En caso de ser necesaria la intervención, el trabajo previo con fisioterapia facilita la misma al liberar el frenillo de la presión de los tejidos que lo envuelven. Pero también puede suceder que al trabajar sobre los tejidos implicados en la succión y el agarre, algunos frenillos pierdan tensión, dando una mayor movilidad a la lengua. Generalmente, se notarían mejorías tras una o dos sesiones de fisioterapia y es posible que no sea necesaria, por tanto, la realización de la frenectomía.

12.

Problemas digestivos

Existe una serie de situaciones digestivas en los bebés que generan dolor, malestar y llanto. Suelen meterse en el cajón de sastre que es la etiqueta de cólico del lactante. La realidad es que son entidades concretas y, como tal, deben valorarse, diferenciarse y tratarse adecuadamente. El malestar de los bebés debe abordarse.

¿SABÍAS QUE...? Algunos factores perinatales podrían contribuir a la alteración de la microbiota intestinal del bebé. Entre ellos, el déficit de vitamina D durante la gestación, ya que puede favorecer la disbiosis intestinal. Por el contrario, unos valores óptimos podrían proteger la microbiota. Por tanto, en la aparición de cólicos digestivos y alergias alimentarias, debería tenerse en cuenta qué valores de vitamina D presentaba la madre durante la gestación.

Gases

Algunos bebés parecen tener muchos gases. Esto implica que el estómago se hinche generando molestias y dolor. La barriguita podría tener aspecto de tambor. ¿Qué es importante saber? Que los bebés en condiciones de normalidad no tragan aire durante la toma. Por tanto, habrá que investigar por qué tiene gases. Y considerar que, si el bebé tiene dolor y llora mucho y de forma desconsolada, esto también hará que su estómago se llene de aire. Algún eructo puntual tras la toma es fisiológico. La barriguita distendida y llena como un globo, no.

Por otro lado, que el bebé se tire pedetes es habitual y saludable. Echarlos le hará sentir bien. Cierta fermentación en el intestino es normal. Pero si la producción de gases resulta llamativa y el bebé está mal, debemos trabajar en qué los origina.

Algunas causas que valorar son estas:

- Agarre, función de la lengua y succión. Cuando hay dificultades, el bebé tragará aire en la toma y esto no debería suceder. Generalmente, oiremos un chasquido al succionar, debido a que no hay un buen sellado con la lengua. Es habitual que se le hundan los hoyuelos de las mejillas, y esto indica que el agarre es superficial.
- Ingesta de exceso de lactosa por succión dificultosa. Esto conlleva una fer-

mentación exagerada en el intestino que produce exceso de gases y alteración de la microbiota.

- Hiperproducción de leche con reflejo de eyección hiperactivo. En sí mismo, produce chasquido, pues el bebé suelta el agarre para frenar la salida de la leche.
- Si chasquea con el biberón, revisemos la tetina y también al bebé. Además, cuidemos de no agitar tanto el biberón para que no se lo tome lleno de burbujas.

Podemos aliviar el dolor abdominal y ayudar al bebé a eliminar los gases con masajes, posturas y terapia manual en la consulta de fisioterapia. Os enseñarán a hacer masajes específicos de alivio de síntomas.

> Cuando el bebé está en el momento agudo de dolor, no tolerará el masaje. Entonces es mejor darle calor, contacto y colocarlo en posiciones antiálgicas. No debemos olvidar que esto son solo medidas paliativas. La meta sería identificar el origen para trabajar sobre el mismo y acabar con los gases de raíz.

No hay evidencia que avale los productos para gases en el bebé. En el caso de las infusiones, llenan la tripita de agua y desplazan las tomas de leche.

Si en apariencia está todo bien, y esto quiere decir que, de forma multidisciplinar, se ha revisado la lactancia adecuadamente, la función oral del bebé o las alteraciones musculoesqueléticas, podríamos estar ante un cuadro de inflamación digestiva y una microbiota alterada. Tendremos en cuenta también el uso de antibióticos durante el parto, la vía del parto (vaginal o cesárea) y alteraciones de salud en la madre relacionadas con la presencia de inflamación crónica de bajo grado durante el embarazo. En estos casos, administrar probióticos al bebé podría ser útil.

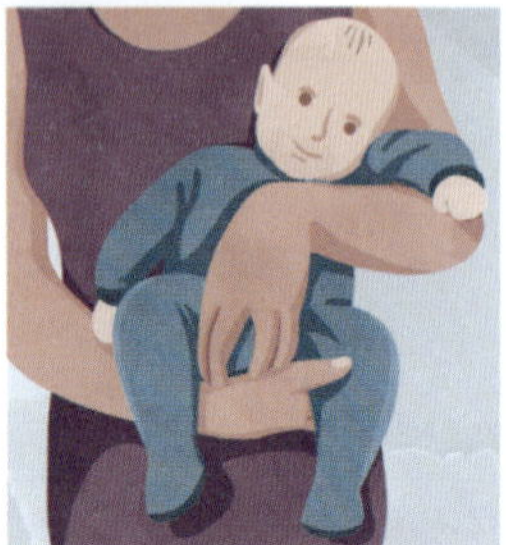

Si, además, contamos con un pediatra actualizado o más integrativo, o una nutricionista infantil, podemos valorar la vitamina D de la madre durante la gestación y aumentar la dosis en el recién nacido. El trabajo de fisioterapia podría ser clave en todos los casos.

¿Qué pasa con la lactosa?

La lactosa es el azúcar de la leche, la humana y la de otros mamíferos. Para poder digerirla nuestro cuerpo cuenta con la enzima lactasa. La lactosa en la leche materna no depende del consumo de la madre. Es el azúcar de la leche y, aunque la madre no ingiera lácteos, su leche llevará lactosa. Recordad que representa el 40 por ciento de los hidratos de carbono de la leche materna. Las leches artificiales que proceden de vaca o de cabra también llevan lactosa.

Cuando un bebé manifiesta problemas de succión, como los derivados de una anquiloglosia, y la madre hiperproduce leche, es posible que el bebé ingiera leche con demasiada lactosa y menos grasa. Esto es porque las moléculas de grasa en la leche son de mayor tamaño, y el bebé necesita realizar una succión adecuada para poder extraerlas en forma suficiente. Puede suceder también si no se permite que el bebé termine una toma plácidamente en un pecho. Hablo del famoso y terrible consejo de 10 minutos de cada pecho, ya que según se alarga la toma, la cantidad de grasa va en aumento en la leche.

Los bebés poseen la enzima lactasa para digerir la lactosa, salvo que padezcan la enfermedad rara llamada galactosemia. Pero si el bebé no consigue extraer bien la parte más grasa de la leche, obtendrá un exceso relativo de lactosa, lo que conlleva que no tenga suficiente enzima para digerirla.

MOLÉCULAS DE GRASA EN LA LECHE

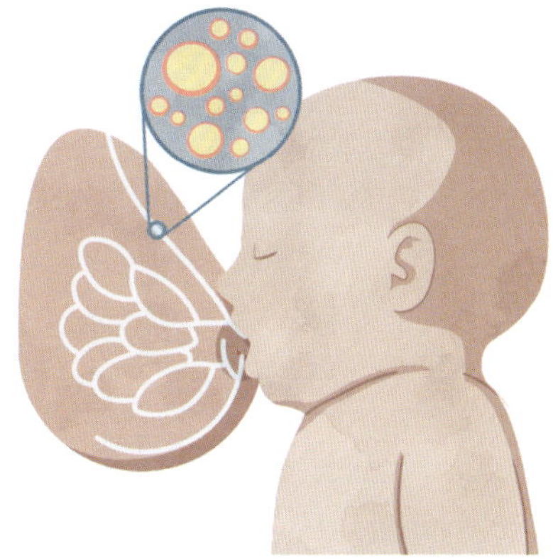

En ocasiones, las madres de bebés con problemas de succión pueden desarrollar una hiperproducción de leche. Esta leche sale con facilidad, a gran potencia y es muy densa en lactosa. Además, el bebé se pelea con esa salida de alto flujo de leche.

Debes saber que no se debe suprimir la lactancia materna. La leche materna debe tener suficiente lactosa para que una parte llegue sin digerir al intestino grueso. Ahí, favorece el crecimiento de los lactobacilos, bacterias beneficiosas para la salud digestiva del bebé. El exceso de lactosa es relativo y se origina, como hemos visto, en una causa mecánica.

El exceso de lactosa generará un aumento de la fermentación en el intestino del bebé, y esto dará lugar a un exceso de gases que provocan dolor. El síntoma más característico serán cacas verdes, explosivas y espumosas. Una caca verde puntual ¡no es motivo alguno de preocupación! No tiene importancia. Pero si siempre son explosivas y verdes, y el bebé está con dolor, debemos atar cabos para abordar el problema de la succión.

Nos estamos encontrando en la práctica clínica bebés que comienzan con este cuadro por problemas de succión y acaban desarrollando alergia a la proteína de leche de vaca. En los años por venir esperamos tener más información, pero se piensa que es debido a la irritación por el exceso de lactosa que inflama la barrera intestinal, y por consiguiente aumenta su permeabilidad a alérgenos.

> Es importante comprender que el bebé no es intolerante a la lactosa. Lo que sucede es que no puede lidiar con su exceso si no está compensada con grasa, por problemas en la succión. La madre no necesita dejar los lácteos. La leche siempre contendrá lactosa.

Para aliviar los síntomas de la hiperproducción en la medida de lo posible, podemos aplicar las siguientes medidas:

- Sacar leche antes de la toma con un colector, para eliminar parte de la leche de inicio más acuosa y rica en lactosa (con unos minutos vale).
- Lactancia en bloques: es un reseteo. Consiste en vaciar ambos pechos con un sacaleches el día que vayamos a comenzar por la mañana. A partir de aquí, daremos el mismo pecho en bloques, por ejemplo, durante 3 o 4 horas seguidas. El objetivo es regular la producción de leche.
- Ofrecer el pecho en posiciones antigravedad, como la biológica, o frenar la salida de la leche con la palma de la mano haciendo presión sobre la mama.
- Buscar siempre el acompañamiento de un buen profesional sanitario formado en lactancia. Hacerlo solas es muy complicado en momentos como el posparto.

Tras un proceso de gastroenteritis podría darse una intolerancia transitoria a la lactosa: la mucosa del intestino ha sufrido y la funcionalidad de la lactasa debe recuperarse.

¿Probióticos?

Existe controversia sobre si los probióticos son útiles para tratar lo que se entiende como cólico del lactante. En los últimos años, parece haberse demostrado cierta efectividad en el uso del probiótico L. reuteri DSM 17938, con una cantidad de 10^8 UFC. Lo cierto es que puede ser eficaz como parte del tratamiento, pues todas estas condiciones digestivas alteran la microbiota. Tendremos en cuenta también el papel de la vitamina D, como ya hemos mencionado anteriormente. Pero cuando el origen del problema es una anquiloglosia, dolor, reflujo o alergias, el probiótico no debe ser el único tratamiento. Tiene que ir de la mano del abordaje de esas situaciones.

Alergia a la proteína de leche de vaca (APLV)

La alergia a la proteína de leche de vaca es la más frecuente en el bebé lactante. Conviene recordar que alergia e intolerancia no son lo mismo. La intolerancia se debe a la falta de enzimas digestivas. En la alergia, cualquier contacto, por pequeño que sea, con el alérgeno, puede producir síntomas, de leves a graves. Cualquier alimento podría ser potencialmente alergénico. De hecho, según la zona del planeta, cambian los alimentos más alergénicos.

¿SABÍAS QUE...? Una vez más, el déficit de vitamina D en el recién nacido, tras una gestación en la que su madre tenía déficit, se relaciona con una mayor predisposición a alergias alimentarias. La hipovitaminosis de vitamina D se ha normalizado tanto que un factor sobre el que podemos prevenir durante el embarazo se nos está escapando. Será fundamental administrar a nuestro bebé un suplemento de vitamina D, y suplementar también a la madre si el bebé se alimenta con leche materna.

La alergia a la proteína de leche de vaca puede ser de dos tipos:

- **Mediada por IgE**: es decir, por la inmunoglobulina E. La reacción alérgica aparecerá en las 2 horas siguientes al contacto, habitualmente, en los primeros 30-60 minutos. Pueden afectar a uno o varios órganos que incluyen la piel, el tracto digestivo, el respiratorio y el sistema cardiovascular. Podríamos ver ronchas, vómitos, diarrea, rinitis, respiración dificultosa, tos persistente. Puede producirse un shock anafiláctico. Es una situación potencialmente peligrosa y requiere acudir a un servicio de urgencias de inmediato para tratamiento y posterior seguimiento y realización de pruebas. Afortunadamente, en bebés con APLV, es la menos frecuente.

- **No mediada por IgE**: Es la más frecuente y causa, sobre todo, síntomas digestivos. En el bebé, esto pueden ser vómitos, diarrea, no ganancia de peso, distensión del abdomen, cacas verdes, con sangre o mucosidad muy llamativa. La alergia puede causar dolor e irritabilidad. Los síntomas suelen aparecer poco a poco.
- Existe una condición de **alergia mixta,** que cursa con eccema en la piel del bebé. La dermatitis atópica se relaciona también con déficit de vitamina D y alergia.

La APLV no mediada puede ocasionar en el bebé movimiento de arqueo hacia atrás y reflujo durante y tras las tomas. Su cuerpo intenta expulsar el contenido que identifica como potencialmente dañino. El otro síntoma más habitual es una alteración de las heces en el bebé. Puede aparecer sangre en las mismas. Desde unas pocas hebras hasta cacas más rojas, dependiendo del daño causado en el intestino grueso. Aunque toda caca normal contiene algo de moco, en este caso, las heces llenas de moco también nos llamarían la atención como sospecha de APLV. Las cacas verdes de manera continuada deben ser asimismo tenidas en cuenta para descartar APLV.

¿Qué hacemos?

Debemos consultar con pediatría. No existen pruebas de laboratorio específicas para determinar una APLV no mediada por IgE. Por ello, ante los síntomas, debemos realizar una dieta de eliminación, retirando las proteínas de leche de vaca de la dieta en la madre que amamanta, o, si es leche de fórmula, cambiar a una **extensamente** hidrolizada. Si no mejora, a una fórmula elemental. El pediatra deberá acompañaros en el proceso para dar con la leche que necesite vuestro bebé.

Este es el tratamiento si se sospecha de APLV. No se recomienda dejar la lactancia, salvo que para la madre suponga un estrés insostenible realizar una dieta exenta y desee dejarla. Tampoco es necesario sustituir las tomas por leche artificial durante un tiempo. Continuaremos amamantando con normalidad. La dieta de eliminación de las proteínas de leche de vaca en la madre no es solo eliminar el consumo de lácteos como queso, leche o yogur. Implica leer el etiquetado de todos los alimentos que se ingieren, pues muchos contienen trazas de leche y también deben ser eliminadas.

> Existe un grupo de apoyo online muy conocido en la plataforma Facebook: Los básicos de APLV España.

También se deben eliminar lácteos de cabra y oveja, pues las proteínas se parecen a las de vaca, hasta en el 80 por ciento de estas.

Las proteínas de leche de vaca pasan de la dieta materna a la leche y así llegan al bebé. Al eliminarlas de la dieta, desaparecen de la leche materna. No hay consenso claro sobre cuánto tiempo tardan en desaparecer las proteínas y sus fragmentos de la leche materna. Pero, en torno a las 48-72 horas, se debería apreciar una mejoría en el comportamiento del bebé. Sin embargo, para que las cacas recuperen la normalidad, habría que esperar entre 2 y 3, e incluso 4 semanas. Esto es, porque la mucosa intestinal del bebé necesita tiempo para cicatrizar. En ese sentido, sería muy importante realizar una dieta exenta estricta.

Si el bebé mejora, a las 4 semanas se le debería exponer de nuevo para confirmar la APLV. Es decir, si desaparecen los síntomas a las 3-4 semanas, la madre reintroduce las proteínas de leche de vaca. Si reaparecen los síntomas, queda confirmada la APLV no mediada por IgE.

Puede suceder que el bebé mejore bastante, pero no lo haga del todo hasta al cabo de 3 o 4 semanas. En ocasiones, la alergia se presenta no solo frente a proteínas de leche de vaca, sino también frente al huevo, la soja y el gluten principalmente. En ese caso, la dieta materna debe excluirlos también. Podemos plantearnos eliminar la soja a la par que las proteínas de leche de vaca, pues es una de las asociadas con mayor frecuencia. Una vez que desaparezcan los síntomas, se puede reintroducir uno a uno estos alimentos para detectar cuáles causan reacción.

Existen casos complicados de bebés multialérgicos que no mejoran retirando las proteínas, si es así debería derivarse a nuestro bebé al gastroenterólogo o alergólogo pediátrico. Sería importante incluir analítica de vitamina D en el abordaje. Y la madre que desea continuar con lactancia necesita el apoyo de una nutricionista infantil, formada en lactancia y alergias, pues la dieta de exclusión de tantos alimentos es muy compleja y difícil de sostener por nuestra cuenta.

Os recomiendo el libro *Lactancia materna. Casos reales de superación*, de la doctora Carmen Vega, y el capítulo del bebé multialérgico. Os sentiréis menos solos.

Los casos de alergia de tipo mixta suelen generar eccema en el bebé. Aunque se relaciona la aparición de eccema en bebés con piel atópica, no debemos descartar que su origen sea una alergia alimentaria. Ya sabemos que la dermatitis atópica puede tener un origen alérgico. Por tanto, no está de más considerar la posibilidad de excluir las proteínas de leche de vaca de la dieta materna o cambiar de fórmula y considerar aumentar el suplemento de vitamina D. El eccema mejoraría entre 1 y 2 semanas tras la exclusión de las proteínas.

Reflujo gastroesofágico

Se llama reflujo a la subida del contenido del estómago hacia el esófago. Esto puede generar o no molestias en el bebé. En general, cualquier situación que aumenta el contenido de aire en el estómago del bebé puede causar reflujo. El exceso de aire incrementa la presión en el estómago, lo que favorece que el esfínter se abra y el contenido ascienda. Algunos expertos defienden que el reflujo siempre es un síntoma y no una enfermedad. Los problemas de succión y la anquiloglosia suelen estar presentes en los cuadros de reflujo. Distinguimos tres tipos de reflujo:

- **Reflujo fisiológico:** muchos bebés regurgitan leche tras las tomas, pero no les causa molestias. El bebé está tranquilo y coge peso con normalidad. Se debe a cierta inmadurez del esfínter del estómago, a tumbarlos justo después de comer o a un exceso de aire.

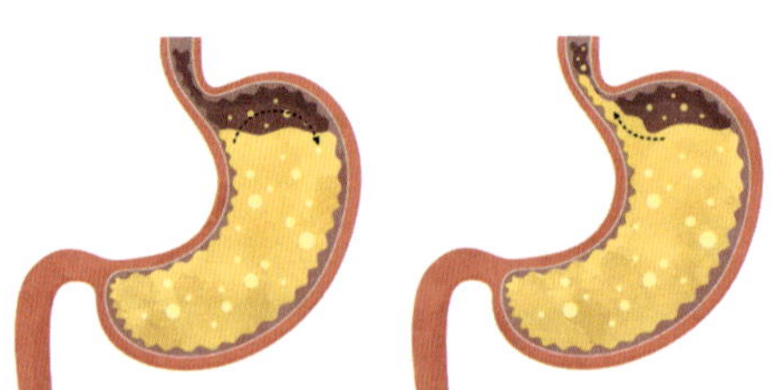

ESTÓMAGO SIN REFLUJO VS.
ESTÓMAGO CON REFLUJO

- **Enfermedad por reflujo gastroesofágico o ERGE:** se denomina así cuando el reflujo causa síntomas y genera dolor. El contenido que asciende es ácido y huele fuerte. Se produce ardor en el esófago, dolor y llanto. El bebé se queja, llora y se arquea hacia atrás. Sería posible que no coja peso adecuadamente. Debe diferenciarse de APLV.

- **Reflujo gastroesofágico oculto:** el contenido del estómago asciende y genera dolor en el bebé, pero no llega a vomitar. El bebé suele ir bien de peso, pero se arquea y llora debido al ardor. Es importante tener en cuenta su comportamiento y no dejarlo sin valorar. Que no vomite no significa que no lo tenga. Se observan los mismos síntomas que en el ERGE, salvo la salida de contenido.

En todos los casos, deberemos acompañar al bebé con posiciones verticales, especialmente después de comer. El porteo lo facilita durante el día. El tratamiento manual con fisioterapia puede aliviar los síntomas, ya que se relajan todas las estructuras que se tensan en los episodios de dolor. Además, os podrán aportar ejercicios específicos para hacer en casa y aliviar al bebé.

> La dificultad de diferenciar: los síntomas típicos de reflujo son similares a los de una APLV. Por tanto, si con medidas posturales y mejorando el agarre y la succión (tanto en lactancia materna como artificial), no se aprecia ninguna mejoría, se recomienda iniciar medidas como si se tratase de una APLV. Si a pesar de ello persiste el malestar, el reflujo podría precisar tratamiento farmacológico pautado por un pediatra o gastroenterólogo pediátrico, con antiácidos. Aliviará el ardor y, por tanto, el dolor y el malestar en el bebé.

Ambas lactancias seguirán siendo a demanda. Espaciar tomas hará pasar hambre al bebé, que querrá comer más en la siguiente toma, agravando el reflujo.

Si en el caso de lactancia artificial vais a probar una fórmula antirreflujo, no olvidéis tener en cuenta que la tetina necesitará con toda probabilidad un flujo mayor, pues la leche antirreflujo es más espesa.

Disquecia del lactante

Las primeras semanas de vida los bebés hacen bastantes cacas. Esto es porque, al comer, se desencadena el reflejo gastrocólico. El movimiento del intestino facilita la salida de heces de forma refleja. Sin embargo, a partir de las 3-4 semanas, esto ya no es así. El bebé ahora debe relajar el esfínter anal al percibir las ganas de defecar. En algunos bebés, esto no sucede con facilidad, y entonces es cuando hablamos de disquecia: el bebé hace fuerza para hacer caca, pero no consigue relajar el esfínter. Veremos al bebé apretando, ponerse rojo o quejarse. Muchas veces, no conseguirá hacer caca durante varios días, hasta que, al fin, de pronto lo consigue. No es estreñimiento, porque la caca es blanda y muy abundante.

Muchos bebés superan rápidamente esta situación. Por ello, algunos profesionales lo consideran madurativo. El bebé aprende a coordinar el esfuerzo abdominal con la relajación del esfínter. Sin embargo, dado que, de base, las disquecias ocurren por descoordinación de la pared abdominal y la relajación del esfínter anal al intentar hacer caca, se puede tratar desde la fisioterapia pediátrica para que no se alargue en el tiempo.

Podemos masajearle la barriguita y mover y flexionar suavemente sus piernas para movilizar el intestino. La posición vertical del porteo, con piernas flexionadas en M favorece la evacuación por relajación del suelo pélvico, que a su vez facilita la relajación del esfínter.

Algunas disquecias podrían tener un origen más mecánico. Por ejemplo, tensión en el suelo pélvico del bebé. Sería importante valorar y tratar con fisioterapia pediátrica.

Estreñimiento y diarrea

Lo primero es tener las ideas claras:

- Los bebés suelen hacer caca varias veces al día durante las primeras semanas debido al reflejo gastrocólico. No es diarrea.
- A partir de las 3-4 semanas, muchos bebés empezarán a hacer menos caca e incluso pueden pasar días sin hacerla. Mientras sean blandas, no sería estreñimiento. Además, el bebé irá bien de peso.
- Se considera estreñimiento cuando al bebé le cuesta expulsar las heces, y estas son duras y en bolitas. En tal caso, deberemos consultar con el pediatra. La fisioterapia puede ayudar. Si el bebé toma fórmula, podemos probar a cambiar de marca y descartar que no haya otros síntomas. Una APLV también podría causar estreñimiento.
- Diarrea: suele deberse a un proceso infeccioso. En bebés pequeñitos el riesgo de deshidratación es grande, por lo que debemos llevar al bebé para que sea valorado. Las cacas normales del recién nacido son muy blandas, algo líquidas y con grumos. La diarrea es básicamente agua, el color cambia y son abundantes y continuas, como en grifo.

> Cualquier cuadro digestivo que causa dolor al bebé es una situación estresante y dura para toda la familia. Encontrar profesionales que nos ayuden a dar con la causa y tratarla es el escenario ideal. Sin embargo, no siempre es así para muchas familias. Por motivos que no comprendemos, algunos profesionales normalizan todo en forma de cólico del lactante. Merecéis mucho más y vuestro bebé también. Siempre se puede pedir una segunda opinión o cambiar de profesional. Sobre todo, que no os hagan dudar ni callar. La voz de las familias mueve las cosas.

Apoyaos mucho a nivel de pareja. Es importante que, a ratos, otra persona que no sea mamá intente calmar al bebé para que ella pueda relajar su sistema nervioso, que, como es absolutamente lógico, está muy estresado. Ver sufrir a tu bebé es una tortura. Una vez que el bebé se calme, devolverlo a los brazos de mamá es importante.

«Mi bebé me enseñó a no perder los nervios en los momentos de llanto persistente por supuestos cólicos. En casa, mis familiares me insistían en dejar de dar el pecho en esos momentos porque mi bebé estaba "empachao". Nunca les hice caso; mi pequeño solo conseguía calmarse con su tetita. Qué maravillosa conexión madre-hijo».

Carmela

13.

Mi bebé ya tiene 1 mes

En su primer mes de vida, el bebé tiene un seguimiento bastante estrecho con pediatría. Se hace especial hincapié en su crecimiento y en la ganancia adecuada de peso, así como en el establecimiento de la alimentación. Ambas lactancias deberían estar bien establecidas hacia el primer mes de vida. Esto es, nos sentimos cómodos, sabemos interpretar al bebé, y este crece bien y en general está tranquilo, salvo que lidiemos con alguna de las situaciones que se meten en la etiqueta de cólicos.

Para esta etapa, quizá un buen consejo sea «Deja para mañana todo lo que no puedas o no quieras hacer hoy». Este momento en la vida es totalmente diferente a la rueda de producción, de trabajo, de estrés y de reloj. Parar está bien.

¿SABÍAS QUE...? El bebé se considera neonato solo hasta sus 28 días de vida. A partir del día 29 de vida, es un lactante. Y si miras fotos de cuando nació y lo comparas, el bebé se ha transformado.

Biel

El primer mes se pasa entre cambios de pañales, tomas y sueño, pero también en la observación del bebé: de los movimientos lentos que hace cuando duerme, de la sonrisa refleja que nos regala y de la mirada, que fija cada vez mejor.

Edad cronológica y edad corregida en bebés prematuros

Cuando un bebé nace prematuro, es importante tener en cuenta estas dos formas de medir su edad. Así, la edad cronológica es la que el bebé tiene por su fecha de nacimiento. La edad corregida es la que tendría si hubiese nacido a término. Por ejemplo, un bebé nace con 32 semanas, el 1 de enero. A fecha de 1 de julio, tendría 6 meses de edad cronológica, pero 4 meses de edad corregida. Esta es su edad madurativa también.

Es importante considerarlo, por ejemplo, para la alimentación complementaria. Para este bebé, la madurez suficiente sería más bien a los 6 meses de edad corregida. Por tanto, a partir de septiembre y no en julio.

Hitos del bebé con 1 mes

El desarrollo del bebé es un proceso continuo. Las habilidades no se pueden forzar. La adquisición de hitos es variable en los bebés, con periodos de normalidad. Si algo nos preocupa, podemos plantearlo en las visitas al pediatra.

El bebé aún pasa mucho tiempo en postura fetal. Ponerlo bocabajo sobre nosotros, cada día un poquito, es importante para su desarrollo. No es algo forzado, sino una forma de cuidar. Muy frecuentemente, las madres sienten que no han hecho nada en todo el día, pero es que cuidar, acompañar y sostener al bebé es hacerlo todo. Llamamos hacer algo a cosas como limpiar, cocinar o salir a hacer recados. Pero criar, cuidar, ser cuerpo para el bebé es la mayor inversión que jamás hayamos hecho, esta vez, en nuestros hijos.

> «Me hubiera gustado saber que con los bebés no hay que generarse expectativas ni hacer muchos planes que probablemente no se cumplirán. Con mis hijos he aprendido que la vida va fluyendo, que los horarios se adaptan a las necesidades familiares, que la casa está hecha un desastre, pero que todo eso está bien porque dedicamos el tiempo a lo que realmente nos hace felices. Ya habrá tiempo de ser organizados. Ahora es momento de disfrutar de este maravilloso caos».
>
> **Lucía**

Bocabajo, mueven la cabeza de un lado al otro cuando están despiertos. Es la forma de fortalecer el cuello poquito a poco. También elevarán y mantendrán su cabecita unos segundos. Aún debemos sujetarla bien cuando movilizamos al bebé.

El olfato y el oído están muy desarrollados en los bebés. Es normal que se sobresalte con ruidos repentinos o fuertes. Es muy probable que os hayáis sorprendido hablando en un tono especial para el bebé. Las personas adultas, pero también los niños, quizá porque nos imitan, nos dirigimos a los bebés en un tono de voz

Cris E. B.

agudo, entonamos mucho y alargamos las vocales. Y es que estos sonidos al bebé le llegan mejor. Sabe que nos dirigimos a él. Además, sonreímos exageradamente y ese tono los consuela.

También nos da por contarles lo que vamos a hacer. Aunque parezca una tontería, es una forma de hacerles siempre partícipes. Si los vamos a bañar, les vamos contando que los estamos bañando, por ejemplo. En cierto modo, pedimos permiso a sus cuerpecitos para manipularlos. Si el bebé llora porque le cambiamos el pañal, de forma automática, le estamos contando que ya sabemos que no le gusta, pero que terminamos enseguida y que se va a quedar muy a gustito. Lo hacemos sin pensarlo.

Los ambientes tranquilos y oír la voz de sus padres hace que los bebés se sientan seguros. Si hemos tenido un día muy activo, con visitas o hemos estado mucho tiempo fuera de casa, podemos bajar la intensidad con luces tenues, un bañito relajante y muchas palabras de amor.

Ganancia de peso

A grandes rasgos, podemos decir que, desde el nacimiento hasta las 6 semanas de vida, se considera adecuado que un bebé gane entre 140 y 240 gramos a la semana, un mínimo de 20 gramos al día. Entre las 6 semanas y los 4 meses, se considera adecuada una ganancia de peso entre 100 y 200 gramos a la semana.

Crecimiento del bebé	
0-6 semanas	140-240 g por semana
6 semanas a 4 meses	100-200 g por semana
4-6 meses	80-150 g por semana
6-12 meses	40-80 g por semana

Recordad que, a partir del mes, si todo sigue un curso normal, no es necesario pesarlos cada semana. Se valora el peso en global durante el mes.

Las gráficas de crecimiento son una herramienta que ayuda a valorar el crecimiento de los bebés y los niños. Se basan en el patrón de crecimiento de bebés alimentados con lactancia materna, aunque tomen biberón. Esto es así porque se considera la lactancia materna como el patrón biológico normal de crecimiento. Las gráficas utilizadas son las de la OMS.

Igualmente, si en algún momento nuestra salud mental se ve afectada, pasa el tiempo y no hemos disfrutado de nuestro bebé ni un solo momento, y sentimos que no queremos seguir, también es una decisión adecuada. Si necesitas que alguien te lo diga, ¡aquí estamos! El bienestar de las madres es esencial. En algunas ocasiones se puede mantener una lactancia mixta, con pecho y biberón. Y otras, optaremos por pasar a una artificial. Es perfecto. ¡Y no estáis solas!

¿Lactancia materna establecida? ¿O problemas de lactancia persistentes?

La lactancia materna en algunas ocasiones es difícil de establecer. A veces incluso con buena asesoría, hay casos complicados y el establecimiento se prolonga en el tiempo. Nunca es tarde para pedir una segunda opinión o revalorar la situación. Si aún hay muchas dificultades, el dolor en la madre persiste o el bebé no coge peso y está inquieto, pero deseamos seguir avanzando, podemos buscar a algún profesional altamente especializado por si hay algo que revalorar o algún detalle que no se haya abordado.

Algunas madres también optan por una lactancia en diferido. Esto es, se extraen leche de manera continuada y alimentan al bebé con biberón con su leche. Es una forma de acabar con el dolor de las tomas. Un esfuerzo titánico.

«Yo estaba loca por poder darle el pecho a mi bebé. No entraba en mis planes no poder hacerlo. Pero pasó. Acudí a varias asesoras de lactancia sin éxito, y esto me llevó a un estado de frustración y casi a una depresión posparto. Me sacaba la leche para todas las tomas, a veces con lágrimas de rabia, culpa y cansancio. Me costó mucho encontrar artículos, testimonios, lecturas sobre la lactancia en diferido. Al final, conseguí alimentar a mi bebé durante 4 meses prácticamente con mi leche. No fue fácil. Hoy, casi 3 años después, puedo decir que mi chiquitina se sigue durmiendo en mis brazos y que pese a no darle el pecho nos miramos a los ojos y tenemos la conexión más bonita que se pueda tener».

Cristina

Sobre todo, no debemos perder la calma o dudar sobre nuestra leche. La lactancia materna es frágil en nuestra sociedad. La cantidad de mitos alrededor de esta nos hace sentir miedo y dudar constantemente. Solo hay que dar al bebé lo que está pidiendo y esperar a que se estabilice.

Brotes de crecimiento

Cuando parecía que la lactancia rodaba a la perfección, de repente, aparecen durante días los brotes de crecimiento. También se conocen como crisis de lactancia. Repentinamente, el bebé se pelea con el pecho, hace muchas tomas, pero más erráticas, y parece no quedarse del todo a gusto. Este comportamiento, en una lactancia que por lo demás iba bien, responde a un momento de crecimiento más intenso. El bebé está mandando señales al pecho para que aumente la producción. Generalmente, dura unos 3 días y se pasa.

Acabemos con este mito: la leche materna no se corta de un día para otro. ¿Cuántas veces hemos oído esto? Tampoco por un disgusto. Mientras hay estímulo y vaciado, en ausencia de patologías, podemos producir leche durante años y años. En un momento muy agudo de estrés, en una toma puntual, es posible que no fluya como debería, pero la leche no se corta en el pecho. La glándula mamaria es una robusta fábrica de producción.

El proceso de dejar de producir leche es lento. Si el pecho no se vacía, primero se llenará muchísimo. Si sigue sin vaciarse, dejará de rellenarse. Si pasan los días y no vuelve el estímulo, poco a poco, la producción irá mermando, hasta que, al cabo de unas semanas, la glándula mamaria comenzará a involucionar. Por eso, cuando se hace un destete repentino, es importante que la madre se vacíe un poco, lo justo para aliviar la congestión, pero sin llegar a producir estímulo.

Aunque no son perceptibles en todos los bebés, ni tampoco suceden exactamente en el mismo momento, suelen darse estos brotes:

- el segundo día de vida
- a los 15-20 días
- a las 6-7 semanas
- a los 3 meses. Este dura más tiempo, en torno a una semana

¿SABÍAS QUE...? A partir de los 3 meses, aproximadamente, la forma de producir leche cambia en la glándula. Digamos que la glándula se ha vuelto muy eficiente y ya no almacena tanta leche en el pecho. Siempre habrá reserva, pero podemos notarnos el pecho más blando. Eso sí, cuando el bebé está mamando, la fábrica se pone en marcha para producir todo lo que necesita.

En las situaciones en las que ha habido problemas de succión y no se han terminado de abordar, las madres que tenían hiperproducción de leche con salida potente a los 3 meses, suelen dejar de tenerla. Si el bebé sigue con problemas de succión, es posible que de pronto se estanque el peso. Esto es porque la leche ya no sale a chorro y el problema de succión no se ha corregido. Por eso, los 3 meses a veces son un punto de inflexión delicado en algunas lactancias.

No es que tu leche ya no alimente o se haya cortado, es que la forma de producir cambia, y el problema de succión no abordado dificulta que el bebé se alimente.

Según vaya creciendo nuestro bebé, los brotes de crecimiento serán diferentes, siendo muy llamativos al año y los dos años de vida. Los bebés se vuelven muy demandantes, y esto suele generar cierta agitación y rechazo en las madres. ¡Pero aún queda mucho para eso!

Biberón, ¿cambiamos el flujo?

Es posible que os preguntéis cuándo deberíais subir el flujo del biberón. La respuesta es que debemos observar al bebé. ¿Se desespera o come encantado y tranquilo? Siempre podemos probar a subir al flujo siguiente. Si el bebé está bien, come con calma y no parece engullir, podemos hacer el cambio. Nadie como tú para saber valorar al bebé después de 1 mes acompañando su alimentación de esta forma tan fisiológica para ellos.

Mocos, catarros y fiebre

El resfriado o catarro común es la enfermedad más frecuente en los humanos y uno de los primeros motivos de consulta en pediatría. Nuestro bebé también cogerá su primer catarro tarde o temprano. Es importante que no vengan visitas con resfriados y que quedéis en espacios abiertos. Claro que nuestro bebé se va a acatarrar y no es necesario aislarlo en una burbuja, pero tampoco hay por qué exponerlo, sobre todo cuando tiene menos de 3 meses. Con niños escolarizados, los mocos duran de septiembre a mayo prácticamente. Si hay hermanitos, les lavaremos las manitas al llegar a casa, pero es inevitable que lleguen los virus. El lavado de manos y la ventilación son armas de prevención de primea línea.

Los catarros están presentes todo el año, pero son más frecuentes de otoño a invierno, porque los virus que los causan sobreviven mejor a temperaturas frescas. Además, en invierno convivimos más tiempo en espacios cerrados con otras personas, con lo que aumentan los contagios. El frío puede irritar la mucosa nasal, lo que impide que los pelillos que la limpian realicen su actividad en condiciones.

Son múltiples los virus que pueden causar un catarro, más de doscientos, por lo que es normal que no tengamos inmunidad frente a todos. Menos aún los bebés. Su sistema inmune irá poco a poco manteniendo contacto y desarrollándose. La duración media de un catarro es de 10-14 días. Los virus se transmiten por la tos, los estornudos, la saliva y los objetos contaminados. Los síntomas habituales son:

- Dolor de garganta.
- Mocos: empiezan siendo acuosos y se van volviendo más densos. El color de los mismos no tiene por qué indicar gravedad. El moco tiene un ciclo natural en el que va cambiando de color y consistencia, según sus componentes y las células del sistema inmune que estén actuando en cada momento.
- Congestión nasal.
- Tos y estornudos.
- Fiebre.

Las medidas para aliviar los síntomas son hidratación adecuada, evitar ambientes muy secos y, en el caso de los bebés, puesto que no saben sonarse, los lavados nasales.

Los humidificadores no se recomiendan, pues son nichos de proliferación de bacterias. Si estamos en ambientes secos, podemos disponer recipientes con agua por las distintas habitaciones. En ambientes calurosos, el agua se irá evaporando. Si la calefacción reseca el ambiente, existen recipientes para agua que se cuelgan del radiador. También se puede hervir agua y ponerla en la estancia.

Lavados nasales

Los lavados nasales bien hechos no solo arrastran el moco para eliminarlo, también hidratan la mucosa y la desinflaman, pero debemos aprender a hacerlos bien y, sobre todo, no abusar de ellos. El lavado nasal alivia al bebé que está congestionado y no come ni descansa bien. Existe controversia sobre si es adecuado hacer lavados por prevención en bebés sanos, puesto que no saben sonarse. Algunos profesionales lo recomiendan en época alta de virus, de octubre a febrero. Pero resultan molestos, por lo que debemos ser cautelosos. En cualquier caso, incluso en catarros, en principio, no sería necesario realizar más de uno o dos lavados diarios, uno por la mañana y otro por la noche.

> Si tenéis la oportunidad, y siempre que vuestro bebé tenga un catarro con mocos, tos o desarrolle una bronquiolitis, es de gran ayuda pedir cita con fisioterapia respiratoria pediátrica. Ayudarán a eliminar los mocos y a aliviar mucho los síntomas del bebé. Además, os enseñarán a hacer lavados nasales con seguridad, eficacia y confianza.

Como en todo, las recomendaciones van cambiando con los tiempos. Actualmente, muchos profesionales recomiendan hacer el lavado con el bebé, incluso si es de pocas semanas, sentado sobre nuestro regazo e inclinado hacia delante. Hasta hace poco, la posición que se aconsejaba era el bebé tumbado de lado. El motivo por el que ahora se recomienda más la posición sentada es para proteger el oído y evitar que metamos los mocos hacia este. En los bebés, la trompa de Eustaquio, que conecta la nariz con el oído, es muy cortita y muy horizontal. Por ello, tienen mayor riesgo de otitis que los adultos.

Los bebés son respiradores nasales, como deberíamos ser durante toda la vida. Cuando están acatarrados, alimentarse es, por tanto, más complicado. Descansar, también. La congestión favorece la respiración oral y esto inflama las vías respiratorias.

Con el lavado nasal, podemos eliminar mocos, limpiar la nariz y la nasofaringe, y, además, hidratar la mucosa. El lavado con monodosis de suero o jeringuillas con suero funciona mediante un manguerazo de gotas grandes. La intención es que arrastren el moco. Otra alternativa son los dispositivos para lavados llamados atomizadores nasales. Consisten en una jeringa conectada a un difusor, que, mediante la presión que hacemos con la mano, atomiza el suero en partículas muy pequeñas. Estas partículas no solo limpiarán el moco, sino que llegarán al fondo de la nasofaringe, donde depositarán el suero. De esta manera, hidratan y protegen la mucosa.

CONDUCTO AUDITIVO EN BEBÉS, COMPARADO CON ADULTO

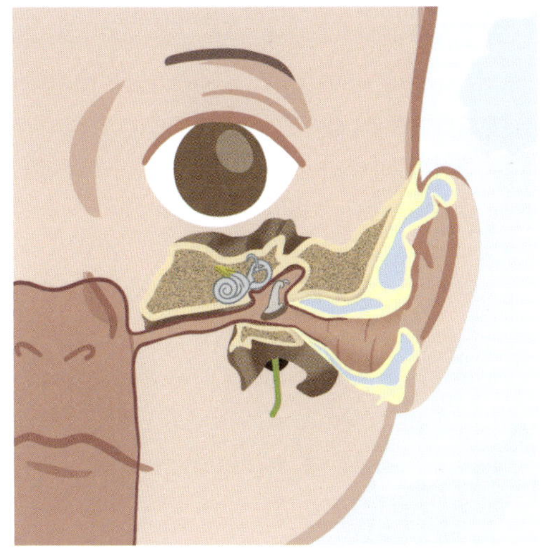

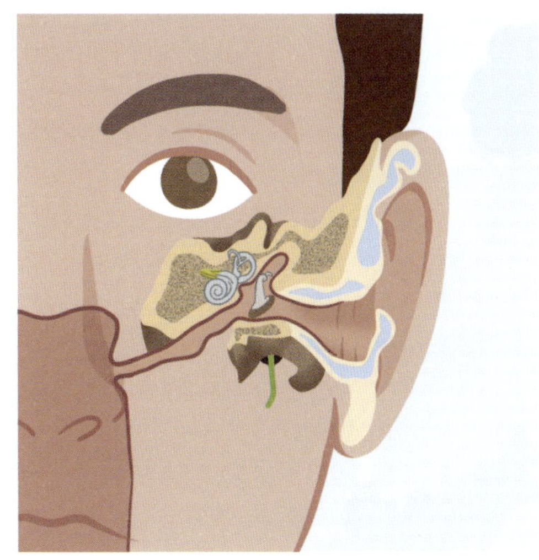

Las jeringas y el espray nasal de agua de mar limpian la nariz, pero no llegan atrás. Al final, esto podría conllevar la necesidad de muchos lavados al día. Además de ser molesto para el bebé, irrita su mucosa. Por ello, sería una alternativa utilizar un nebulizador o atomizador nasal, acorde a su edad.

En cuanto al suero para lavados nasales, sería interesante escogerlo en función de la situación. En catarros leves, se puede utilizar el suero salino isotónico normal (0,9 por ciento de sal). Pero también los hay con componentes como ectoína, xilitol o ácido hialurónico. Aunque son más caros, estas sustancias desinflaman, hidratan y protegen la mucosa. En cuadros de mucha congestión, se podría utilizar un suero hipertónico (sal al 3 por ciento), también con estos componentes. Los venden ya preparados en las farmacias.

Hasta los 6 meses de edad, con 2-3 mililitros de suero por cada orificio nasal sería suficiente. Si utilizamos un atomizador, es importante que hagamos presión al dar el jeringazo, para que el suero salga pulverizado. Podemos practicar antes fuera de la nariz del bebé. Si no nos apañamos, seguiremos con el lavado convencional con jeringa.

Colocaremos al bebé sentado sobre nuestro regazo, inclinado hacia delante. Con una mano le sujetamos por la mandíbula con firmeza y con la otra realizaremos el lavado. Cargamos la jeringa con el suero y colocamos el atomizador en uno de los orificios nasales. Entonces, le abrimos la boca con la mano que sujeta la mandíbula, para evitar que trague e irrigamos el suero a presión. Después, soltamos la boca. El bebé tragará entonces. Con la maniobra de abrir la boca, evitamos que trague cuando introducimos el suero, de modo que le protegemos el oído.

Los aspiradores de moco no están recomendados. Al aspirar la pequeña nariz del bebé, podemos hacerle daño en los oídos por la presión negativa que generamos, aumentando el riesgo de otitis. Siempre es mejor un buen lavado nasal. Igualmente, si nuestro bebé necesita medicación inhalada, un lavado nasal previo favorecerá que la medicación penetre mejor en la vía aérea. Para sentirnos confiados y seguros con los lavados nasales, una sesión de fisioterapia respiratoria nos dará la clave. También puedes consultar con tu pediatra o enfermera de pediatría.

Con un bebé de menos de 6 meses, especialmente menor de 3, que esté muy congestionado y decaído, con malestar, fiebre o dificultad respiratoria, siempre debemos consultar y acudir a su pediatra o a urgencias.

Cuando hay mucho moco, puede también salir por los ojitos del bebé en forma de legañas.

Fiebre

La fiebre es un mecanismo de defensa del sistema inmunitario que protege nuestro cuerpo, actuando frente a algún patógeno. Muchos virus y bacterias no pueden vivir o reproducirse a temperaturas más elevadas.

En bebés menores de 6 meses con fiebre, siempre los llevaremos a que los examinen, pero, especialmente, en menores de 3 meses. ¿Por qué? Para valorar el origen de la fiebre, pues algunas infecciones pueden ser más graves de lo habitual en un bebé tan pequeño.

Una temperatura superior a los 37,5 °C se considera fiebre en bebés. Si nuestro bebé está muy abrigado, lo primero que tenemos que hacer es quitarle ropa y permitir que su cuerpo se ventile.

La temperatura se puede tomar en la axila con un termómetro digital o de galinstan. Los termómetros de infrarrojos son algo menos precisos, aunque muy cómodos. También se puede medir la temperatura rectal: introducimos el termómetro en el recto en torno a 1 centímetro. En ese caso, a la temperatura que nos dé debemos restarle medio grado. Por ejemplo, si marca 38,5 °C, serán 38 °C de fiebre.

¿SABÍAS QUE...? No es necesario bajar a toda costa la fiebre siempre. Hemos dicho que la fiebre es un mecanismo de defensa de nuestro cuerpo y deberíamos permitir que actúe porque está lidiando con los patógenos. El sistema inmunitario del bebé y de los niños debe poder actuar y madurar. Nuestra sociedad quiere solucionarlo todo de inmediato con una pastilla, en cuanto aparecen unas décimas de fiebre. Trataremos la fiebre si el bebé está muy molesto para aliviar su malestar o irritabilidad. En casos de fiebre alta, seguiremos las indicaciones del pediatra.

Es importante no abrigarle y permitir la aireación a una temperatura ambiente agradable. No se recomienda dar baños de agua fría, pues causarán malestar en el bebé y escalofríos, que producen el efecto rebote de subir más la temperatura. Se le puede dar un baño de agua templada, a temperatura más baja que su cuerpo, pero no fría, y solo si le resulta agradable.

En cuanto a los fármacos, en bebés de menos de 3 meses solo se puede utilizar paracetamol e, idealmente, no usaremos ibuprofeno hasta que tengan más de 6 meses. Esto lo pautará su pediatra. También os indicará la dosis. Es importante tener muy claro cuánto debemos darles para evitar errores en la administración.

Debemos asegurarnos de que el bebé sigue comiendo a demanda, e incluso a oferta, ofreciendo sin forzar, para asegurar su hidratación. No debemos darle agua, solo ofrecer el pecho o el biberón en cada caso.

Algunos bebés, menos de un 5 por ciento, por lo general, mayores de 6 meses, podrían convulsionar por la aparición de fiebre. Las convulsiones son movimientos musculares repetidos, que casi siempre irán acompañados de pérdida de conciencia. Aunque asusta mucho, lo único que debemos hacer es colocarlo de lado en una superficie firme y segura, donde no se pueda hacer daño. No debemos sacudirlo ni abrirle la boca o meterle nada. Duran menos de 5 minutos. Luego lo llevaremos a revisión para valorar el origen de la fiebre. Aunque son muy llamativas y asustan mucho, no suelen tener más repercusión que el gran susto para nosotros. No se pueden prevenir y no dependen de una fiebre más o menos elevada. Es decir, no por bajar la fiebre con medicamentos se pueden prevenir.

Acudiremos al pediatra o a urgencias si nuestro bebé de menos de 6 meses presenta fiebre. Y siempre si el color de su piel es pálido, está aletargado o ante la aparición de manchas rojas color vino en la piel. También si rechaza el alimento, deja de hacer pipí o presenta dificultad respiratoria.

Seguridad en el hogar

En los bebés pequeños, de menos de 6 meses y que no se desplazan, el principal riesgo en el hogar son las caídas. Aunque un bebé de 1 mes no se desplaza, cuando menos nos lo esperamos, en un despiste, puede rodar de una cama o un sofá. Pasamos de un recién nacido a un bebé de 3 meses capaz de reptar sin que nos demos cuenta hasta que oímos el golpe y el llanto. En casa, podemos optar por bajar nuestra cama al suelo para evitar caídas. A veces, por mucho cuidado que tengamos, la caída llega. Y pasa en la mayoría de hogares.

Por ello, debemos coger la costumbre de no dejarlo sin supervisión en lugares de los que se puedan caer, como un cambiador, la cama o el sofá. En el baño nunca lo dejaremos sin supervisión. Los accidentes suceden cuando menos lo esperamos. Las cunas no deben estar pegadas al radiador de calefacción o con enchufes y cables cerca. No debemos cocinar si estamos porteando al bebé, porque, por mucha sensación de control que tengamos, nos encontramos cerca del fuego o la vitrocerámica. Tampoco debemos manipular cosas calientes cerca del bebé.

Hamacas

Las hamacas son uno de los productos más utilizados desde hace ya unos años en hogares con bebés. Como todo lo relacionado con la crianza, existe controversia sobre su uso. Pero, como siempre, todo depende del sentido común.

En la hamaca, el bebé debe quedar bien colocado según su edad. Un recién nacido no debe estar sentado de manera que el cuerpo se le tuerza y se resbale. Debe estar más tumbado. Así que la hamaca debe permitir una posición reclinada. Según vaya creciendo, se puede adaptar la postura. Por otro lado, no deja de ser una superficie donde la cabeza está apoyada, por lo que si pasa mucho tiempo en esta puede contribuir a la plagiocefalia.

La hamaca es un recurso práctico donde poner al bebé cuando necesitamos hacer cosas concretas para tiempos relativamente cortos. Pero no es un lugar donde dejarlo durante horas. La ventaja de la hamaca es que la podemos mover por casa. Es práctica cuando no podemos ni ir al baño o sentarnos a comer. Según van creciendo, y están más despiertos, los bebés están mejor en una colchoneta en el suelo. El movimiento libre del bebé empieza en el suelo.

En cuanto al movimiento, muchas hamacas se balancean con el bebé. Esto puede gustarles, pero también es un movimiento que a veces no buscan y no pueden frenar. Si lloran y se mueven, la hamaca se desplazará también, y quizá no es lo que quieren. Si lloran, están pidiendo volver a los brazos. Solo es cuestión de observar al bebé y de asegurarnos de que la hamaca no es un aparcabebés.

14.

Mi bebé cumple 2 meses

Evolución e hitos del crecimiento

Vuestro bebé de 2 meses es un bebé completamente diferente al que nació. Algunas familias hacen álbumes de los primeros 5 años de vida y anotan los hitos, como la primera risa o el primer diente. Luego, cuando llega el segundo o el tercer bebé, a veces, los cuadernos se quedan a medias.

Con 2 meses, el bebé ya es capaz de pasar largos ratos despierto e interactuando. Esa sensación de bebé etéreo, frágil ya no está. Es mucho más consciente de su entorno. Cada segundo, establece un millón de conexiones neuronales nuevas. Le encanta que le hablemos, le miremos y le contemos cosas. Intenta descifrar nuestra mirada, nuestra sonrisa y nuestro tono de voz.

Poquito a poco, da la sensación de que nuestro ritmo no está igual de paralizado que al principio y que conseguimos hacer más vida con nuestro bebé integrado, más allá del bucle de tomas, pañales, brazos, besos, amor y vuelta a empezar. El bebé sigue necesitando conocer el mundo desde nuestra altura, desde los brazos o el porteo, pero es como si de pronto nos hubiésemos hecho con la situación. Conocemos a nuestro bebé y nuestro bebé a nosotros.

Aunque no es preciso seguir los horarios sociales tan marcados, sí que parece que las mañanas vuelven a ser mañanas, desayuno incluido, a mediodía se come y por la tarde se cena. Cada familia acaba organizando la rutina que mejor le funciona. Un paseo por la mañana, uno por la tarde y un baño relajante al bebé. A partir de los 2-3 meses su piel ha cambiado de espesor. Aunque no es necesario bañarles todos los días, muchas familias lo hacen porque les ayuda a seguir una rutina.

EXPONER A NUESTRO BEBÉ A PASEOS DE LUZ NATURAL Y BAJAR LAS LUCES A TENUES EN CASA POR LA TARDE VA PREPARANDO AL BEBÉ AL CAMBIO HACIA RITMOS MÁS CIRCADIANOS.

Su primera sonrisa y el balbuceo

En cualquier momento, el bebé se habrá marcado su primera sonrisa social, que, hasta ahora, era una mueca refleja no intencionada. De pronto, es capaz de sonreír cuando le sonríen o le dicen cosas en esa voz que tanto le gusta. Se emociona y se siente contento. Aprende a devolver la sonrisa y, además, se da cuenta de que las personas se entusiasman cuando lo hace. Empieza a hacer cosas más allá de los reflejos que le han ayudado a sobrevivir en este tiempo. Repite acciones por la respuesta positiva que recibe. El complejo proceso de socialización sigue su curso, y su cerebro va capturando todos los sonidos y las palabras que oye en su entorno.

El balbuceo comienza en esta etapa. El bebé empieza a emitir sonidos que antes no era capaz de hacer. Experimenta con su voz y le salen ruidos que a él mismo le sorprenden. Y estos balbuceos, igual que su sonrisa, reciben respuesta, por lo que son reforzados. Estos sonidos nos colman de ternura y, de forma totalmente instintiva, acabamos manteniendo auténticas conversaciones en idioma *ajó*. Estos sonidos tan tiernos son el inicio del aprendizaje del habla para el bebé.

En cuanto a su postura, ha ido perdiendo la posición fetal. Sus músculos se han fortalecido y su cuerpecito se ha rellenado de grasa. Cuando está contento, agita sus piernecitas. Cuando llora, también. Su cuello se ha vuelto más fuerte y poco a poco será capaz de mantener mejor la cabeza. De hecho, podemos cogerle bajo las axilas y ya la sujeta sin que tengamos que hacerlo nosotros como cuando nació.

Los bebés necesitan espacio para moverse, aunque no se desplacen. Hacernos con una colchoneta que le dé un espacio para ejercitarse en el suelo es imprescindible ya en este momento. También vale una manta acolchada de juegos, suelen estar aisladas en la parte de debajo. Ahora el *tummy time* del bebé ya no es solo esos ratitos que pasaba encima de nosotros.

Tummy time

Hemos incorporado este término del inglés para referirnos al tiempo sobre la barriguita. Durante su primer mes, nuestro bebé pasaba ratos bocabajo sobre nosotros y cuando lo porteábamos. Es el *tummy time* original, presente en el ser humano de esa forma. El tiempo bocabajo sobre nosotros lo calma y la presión sobre su cuerpecito le hace sentir seguro y en contacto.

El bebé de 1 a 2 meses sigue haciendo tiempo bocabajo sobre nosotros, sobre nuestras piernas y al ser porteado. Tolera estar en esta postura muy poco tiempo si es sobre una superficie. Con unos breves minutos es más que suficiente. El bebé que es porteado ya recibe el estímulo y la oportunidad de fortalecer el cuello de forma fisiológica y progresiva.

Santi en *tummy time* bajo la luz de noviembre

Con 2 mesecitos, soportará más rato esta posición, pero siempre atenderemos a sus señales de bienestar. Es un momento para interactuar con él en el suelo o sobre nosotros, jugando con palabras y sonrisas. Ya sujeta mejor la cabeza e incluso eleva los hombros. A lo largo de los 2 meses, también puede llamarle la atención algún objeto o sonajero que le hagamos seguir con la mirada. En cuanto muestre señales de estar cansado, lo pondremos bocarriba o lo cogeremos. Es calidad, no cantidad de tiempo. El tiempo se irá alargando espontáneamente, porque el propio bebé lo tolerará cada vez mejor, según crezca y se fortalezca. No debemos forzarlo.

Estar bocabajo fortalece sus brazos, los hombros, el cuello, la columna y su abdomen. Es la posición desde la que aprenderán a voltearse, reptar, sentarse y gatear más adelante. Por supuesto, previene la plagiocefalia. Otra opción es colocar un rodete de toalla bajo sus axilas para elevar un poquito su cabeza y sus hombros.

En algunos bebés que están trabajando con fisioterapia o atención temprana, por restricciones o cualquier tipo de necesidad, como bebés con bajo tono muscular, tendréis pautas concretas respecto al *tummy time*.

Calendario vacunal. Primeras vacunas

En la revisión de los 2 meses del bebé sano, se administrarán las primeras vacunas. La mayor parte del calendario vacunal establecido es común para todas las comunidades autónomas, pero también hay algunas vacunas que no se administran o financian igual en todas las regiones. La enfermera pediátrica realiza las revisiones en conjunto con la pediatra y administrará las vacunas a vuestro bebé.

Podéis consultar el calendario de vuestra comunidad autónoma, y las novedades, que se actualiza cada año, en la web de la Asociación Española de Pediatría (AEP). En esta misma web, se defiende el derecho del bebé a utilizar medidas analgésicas que le hagan más llevadero este momento.

Las medidas recomendadas son:

- Tetanalgesia. Es decir, vacunar al bebé mientras está al pecho de la madre. Valdría para otros procedimientos, como analíticas de sangre. El bebé, mientras lo amamantan, siente placer y se siente seguro en los brazos de mamá, además de recibir betaendorfinas en la leche. Son opiáceos endógenos. El pinchazo y la inyección del líquido especialmente duelen, pero, al menos, no está siendo inmovilizado por un extraño. Además, la leche es dulce y esto también produce placer.

Algunos profesionales se empeñan en negar esta posibilidad. También asustan a veces diciendo que el bebé va a relacionar la toma al pecho con dolor. Pero esto no es cierto. Es un derecho vuestro y del bebé. No tengáis ni el más mínimo titubeo en hacer valer este derecho. Podéis dirigir a los profesionales reacios a la página web de la AEP.

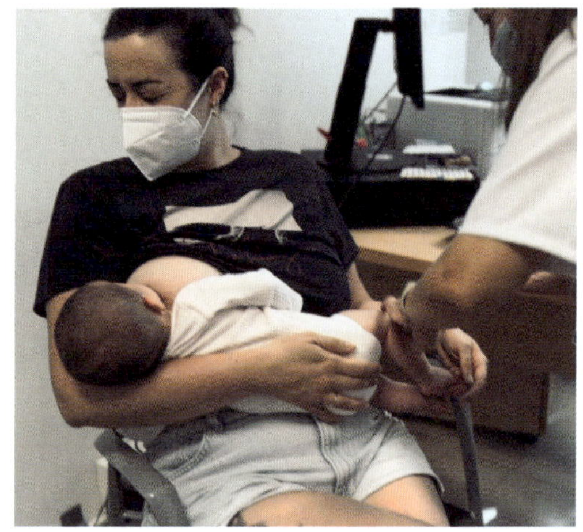

Tetanalgesia

- Líquidos dulces. El uso de sacarosa es una herramienta habitual en las unidades de neonatos como medida analgésica cuando se realizan técnicas invasivas o dolorosas. Sería una medida que tener en cuenta para los bebés que no toman el pecho. Preguntad previamente en el centro de salud si disponen de las monodosis de sacarosa para este fin. De no ser así, podéis enviar sugerencias a vuestro centro para que cuenten con ellas. Se pueden conseguir también en farmacias, pero no debemos utilizarlas para otros fines.

- Se puede vacunar al bebé en brazos de mamá o papá. Sostener a nuestro bebé en posición fetal aportará bienestar a bebés y mayores. En los primeros meses, las vacunas se administran en el muslo. No es necesario dejar al bebé en la camilla.
- También se puede utilizar el chupete durante la vacunación, pues la succión no nutritiva les produce calma.

Es interesante que, si estamos en pareja, acudamos ambos a las revisiones. No solo las madres deben estar pendientes de las visitas de salud, vacunas o recomendaciones que se hacen en la consulta. Aprender a calcular el paracetamol sirve para todos. Esto favorece el reparto del cuidado también.

La administración de vacunas puede producir efectos leves y transitorios en los bebés. Los más habituales son estos:

- Dolor, hinchazón y enrojecimiento. Se puede aplicar frío o administrar un analgésico, que os pautarán tras las vacunas.
- Bulto en la zona de la administración, que irá desapareciendo.
- Fiebre, que se puede tratar con paracetamol.

Los efectos adversos graves son extraordinariamente raros. Es por completo lícito que algunas familias tengan dudas o miedo al respecto. Recibir información y respuestas a nuestras dudas para así tomar decisiones con tranquilidad es un derecho.

15.

El sueño del bebé

El sueño del bebé y del ser humano es madurativo, necesita tiempo para construirse. Ahora que sabemos mucho sobre nuestro bebé, estamos preparados para comprender también su sueño. Ahora que entendemos que su cerebro nace inmaduro y realiza su mayor pico de crecimiento fuera del útero rodeado de estímulos, podemos describir su sueño.

El sueño del bebé es quizá, de todos los temas, el más debatido, incomprendido y también el más cansado para las familias. Actualmente, se ha convertido también en un negocio que no hace más que crecer. Aprovechando la desesperación de muchas familias, los entrenamientos de sueño están a la orden del día. Algunas recomendaciones son verdaderas barbaridades hacia los bebés.

En cuanto a los programas de entrenamiento del sueño, debemos hacer las siguientes preguntas: ¿es ético? ¿Qué formación hay detrás? ¿Qué pruebas hay que nos aseguren que el entrenamiento de sueño no daña al bebé? ¿Pondríamos a nuestro bebé en manos de alguien que no es cirujano para una cirugía? ¿Por qué no hay una regulación mínima para algo tan trascendente?

El sueño es un evento crucial para nuestra salud. En el caso de los bebés influye en su crecimiento, el cableado de su cerebro y la salud de su sistema nervioso y emocional.

Comprender cómo es el sueño puede ayudarnos a entender por qué los bebés no deben ser entrenados para dormir. El sueño del bebé no se puede entrenar. También podremos diferenciar el sueño normal en un bebé de situaciones patológicas, que solo pueden agravarse mediante un entrenamiento de sueño.

Por otro lado, recordemos que nuestro bebé es un mamífero precocial secundario. Necesita el contacto día y noche con su madre. Las sociedades occidentales se han empeñado en perpetuar la idea de que los bebés deben dormir solos y separados del cuerpo de su madre. Consideramos que dormir con el bebé es malo, raro e inadecuado. Su sueño se ha estudiado tradicionalmente en escenarios no biológicos, separados de la madre. Además, creemos que el bebé debe aprender a dormir solo y cuanto antes. Pensamos que es cuestión de enseñarle, aunque sea forzando el proceso.

Con independencia de lo que cada familia decida hacer en su crianza, la normalidad como especie es el contacto durante el sueño. Un bebé no puede aprender a dormirse solo. Necesita tiempo para ser capaz de hacerlo, igual que lo necesita para aprender a hablar.

¿Qué significa «madurativo»?

Dice el Diccionario de la Lengua Española que madurar quiere decir «adquirir pleno desarrollo físico e intelectual». También «hacer que un fruto alcance el grado de desarrollo adecuado para ser consumido».

UN BEBÉ NO ESTÁ PREPARADO PARA DORMIR COMO NOS GUSTARÍA A LOS ADULTOS. NO ES CAPAZ DE CONSOLARSE Y DORMIR DE UN TIRÓN. SU CEREBRO NO SE LO PERMITE.

No contrataríamos un servicio de entrenamiento de la marcha para bebés de 6 meses, así no habría que llevarlos en brazos. Nos parecería una estafa, además de peligroso, que alguien se empeñase en enseñar a caminar a un bebé de 6 meses. Sin embargo, la idea de que debe aprender cuanto antes a dormir solo y de un tirón sí resulta convincente.

Y, para ponerlo más difícil, nuestra sociedad nos dicta que lo importante es producir fuera de casa con la incorporación precoz de las madres al trabajo remunerado. El tiempo de maduración que el bebé necesita es incompatible con las exigencias de la productividad social.

Arquitectura del sueño en adultos

Para entender cómo duerme el bebé, tenemos que saber cómo dormimos nosotros. El sueño cambia a lo largo de la vida, es diferente para bebés, la infancia, la adolescencia, la adultez y la vejez.

El sueño es un proceso constituido por diferentes fases, y la actividad del cerebro es muy diferente en cada una ellas:

- Sueño tranquilo sin movimientos oculares o sueño lento (noREM). Es la fase del sueño en la que nuestro cuerpo se repone físicamente y en la que se consolida la memoria. Se divide en tres fases:
  - Fase 1: la transición de la vigilia al sueño. Es una fase breve entre el

adormecimiento y el inicio del sueño. Representa solo en torno al 5 por ciento del sueño total. Cualquier interrupción puede despertarnos.
    - Fase 2: sueño ligero. Puede durar en torno a una hora. Representa en torno al 50 por ciento del sueño total.
    - Fase 3: sueño profundo. Dura entre 20 y 40 minutos y representa en torno al 25 por ciento del total de sueño. No nos despertaremos con facilidad.
- Sueño REM o activo (*rapid eye movement* o movimientos oculares rápidos). En esta fase, se anula el tono muscular y los ojos realizan movimientos rápidos. Es la fase en la que se produce el 80 por ciento de los sueños. Para evitar que queramos vivir las aventuras de nuestros sueños, nuestro cerebro bloquea el movimiento de nuestros músculos. Representa en torno al 25 por ciento del sueño total.

En los adultos un ciclo de sueño que incluya todas estas fases dura unos 90 minutos. Durante la noche, iremos enganchando un ciclo detrás de otro. Entre cada ciclo, tendremos microdespertares en los que podemos comprobar que todo está bien. Es cuando aprovechamos para girarnos o taparnos en la cama, y somos capaces de volver a dormirnos de inmediato.

El sueño es un proceso complejo, regulado por el cerebro que, mediante una especie de interruptor, nos mueve entre los estados de vigilia y sueño. Un sistema se encarga de mantenernos despiertos y otro nos permite dormir.

¿Por qué dormimos?

Para mantener nuestra salud. A medida que avanza el día, y cuanto más tiempo ha pasado desde que hemos despertado, aumenta la presión de sueño en nuestro cuerpo. Eso es así porque, mientras dormimos, nuestro cuerpo se repara. Según transcurren las horas, el cuerpo vuelve a pedir descanso. Entraría en juego también nuestro reloj biológico, sincronizado con el ambiente y relacionado con el día y la noche.

El reloj biológico no es un concepto abstracto. Nuestras células responden al paso de las horas y se comportan de manera diferente según cada momento. La luz del sol lo orquesta y sincroniza todo. Somos seres circadianos y vivimos en ciclos de 24 horas, dirigidos por el sol. Los ciclos no son solo de vigilia y sueño:

- Nuestra temperatura corporal oscila a lo largo del día. Aumenta al despertar y cae por la noche. Esta caída nos invita a dormir, pues activa el interruptor para pasar del sistema de vigilia al de sueño.
- Secreción de hormonas. Segregamos cortisol al amanecer para afrontar el

día y melatonina por la noche para dormir. La descoordinación de nuestros ritmos biológicos y la deprivación de sueño afectan a nuestro ciclo hormonal y, por ello, se relacionan con enfermedades metabólicas.

Para que el reloj biológico de nuestras células funcione adecuadamente, necesita interactuar con el horario de la naturaleza: la luz del sol y la oscuridad de la noche. Si pudiésemos vivir acorde a nuestro reloj biológico, sincronizado con la luz del día y no sujeto al reloj social, disfrutaríamos, por lo general, de un sueño más reparador.

Melatonina

La melatonina es una hormona que producimos en la glándula pineal, pero también en la retina, la piel, la médula ósea, las células del tracto digestivo productoras de serotonina y en las células inmunitarias. Su papel más conocido es como reguladora de los ritmos circadianos, y facilitadora del sueño. Pero también ejerce protección sobre los huesos, participa en la inmunidad, regula la tensión arterial, favorece la regeneración celular durante la noche y es un gran antioxidante.

Exponernos a la luz natural durante el día es indispensable para producir melatonina. A mayor cantidad e intensidad de luz natural, más melatonina se producirá por la noche. Esto se debe a que la luz ultravioleta del sol promueve la producción de serotonina, que dará lugar a melatonina, siempre que haya oscuridad. La melatonina se libera a la sangre y se distribuye por el cuerpo, incluido el líquido amniótico durante el embarazo o la leche materna durante la lactancia.

Los bebés reciben melatonina a través de la madre durante la gestación y después en forma de leche materna. Su producción propia no es detectable en sangre hasta que cumplen aproximadamente 3 meses. Los niveles irán incrementando durante la infancia hasta la adolescencia, cuando se produce un descenso.

La producción de melatonina comienza al caer el sol si nuestro reloj biológico no está alterado. El pico máximo sucede entre las dos y las tres de la mañana, y después desciende hasta el amanecer. Al caer el sol, biológicamente, el ser humano se prepara para dormir. La exposición a la luz artificial en casa tras caer el sol retrasa la secreción de melatonina. También la luz azul de las pantallas. Seguir expuestos a luz artificial entre la medianoche y las cuatro de la madrugada inhibe por completo la secreción de melatonina. En nuestros bebés, también.

El ser humano se sincroniza con los ritmos ambientales. La luz y la oscuridad son los principales interruptores, y se coordinan con la temperatura corporal, la actividad física y la alimentación.

La construcción del sueño

Como tantas cosas en nuestros bebés, la arquitectura del sueño es muy básica al nacer. Es un edificio con cimientos, con todo el resto por construirse. La arquitectura del sueño terminará de construirse entre los 7 y 9 meses de vida del bebé. Por lo tanto, es imposible pedir a un bebé dormir como un adulto, no posee las diferentes fases del sueño, de la misma manera que no posee el habla o la capacidad de caminar. Está en construcción y siempre en evolución. No lo olvidemos: la obra no involuciona, solo progresa.

Una vez adquiridas las fases de sueño a los 7-9 meses, estas pasarán a la etapa madurativa. Exactamente igual que para hablar primero empezará a decir palabras sueltas como «mamá», «papá» o «agua», antes de ser capaz de construir frases completas como «Mamá, quiero agua». La madurez del sueño se consolida para la mayoría de los niños en torno a los 5 años de vida. Además, en bebés prematuros, tendremos en cuenta su edad corregida y no la cronológica.

Intraútero, el bebé recibe melatonina a través de la placenta. La madre transmite así su propio reloj biológico a su bebé. Tras nacer, y hasta las 6 semanas, el bebé no produce apenas melatonina por sí mismo, sino que la obtiene a través de la leche materna. A su vez, la melatonina en leche materna depende de que la madre la sintetice, por lo que obedece a su propia exposición a la luz del día y a evitar la luz artificial a partir de una hora prudente.

Aunque la producción de melatonina para el bebé no comience hasta las 6 semanas de vida aproximadamente, eso no quita que los recién nacidos sí sean sensibles al ambiente. La exposición a la luz durante el día y la oscuridad al llegar la noche favorecen la maduración en el tiempo del ritmo circadiano. La melatonina nocturna y el cortisol al salir el sol, presentes en la leche materna, favorecen también esta adquisición del ritmo circadiano en el bebé.

Las fases del sueño en el bebé

Si en los adultos un ciclo de sueño completo duraba 90 minutos, en los bebés a término dura aproximadamente 60 minutos. El recién nacido tiene ritmos ultradianos. Repite ciclos constantemente a lo largo del día. Come, duerme, se despierta. Espera que sus necesidades sean atendidas indistintamente de día y de noche. Las primeras semanas, los momentos en los que está despierto son breves. Necesita desconectar del exceso de estímulos y su cerebro procesa sin cesar mientras duerme.

El sueño del bebé, durante los primeros meses, solo tiene dos fases:

- sueño activo y ligero (casi sueño REM)
- sueño tranquilo (dará lugar con las semanas al sueño noREM)

Esto le permite despertarse con frecuencia para alimentarse y comprobar que está seguro. Este comportamiento ha sostenido la supervivencia de la especie humana.

Los bebés inician el sueño en fase ligera, en el sueño casi REM. Durante el mismo, su cerebro se organiza y procesa los estímulos. Si los dejamos en la cuna nada más dormirse, la mayoría de los bebés se despiertan al ser el sueño muy ligero. No se sienten seguros solos.

A lo largo de las primeras semanas, esta fase de sueño activo irá disminuyendo, mientras que la fase de sueño tranquilo irá en aumento.

A partir de los 3 meses, los bebés empezarán a manifestar incipientes señales de un ritmo circadiano. Producen más melatonina por la noche y se alarga el tiempo en el que están despiertos a lo largo del día.

En este momento, se comienzan a desarrollar las fases que constituyen el sueño noREM que antes no tenían. Este hecho hará que, hacia los 4 meses, el bebé que parecía dormir más horas seguidas entre tomas por la noche se despierte de pronto y, de nuevo, mucho más. Al contar con nuevas fases de sueño, se producen más cambios entre fases y, con ello, más despertares. ¡El bebé necesita tiempo para procesar las habilidades nuevas que desarrolla!

¿SABÍAS QUE...? Esto es lo que el entrenamiento del sueño llama regresiones, si bien de regresión tiene muy poco. El hecho de que el bebé incorpore nuevas fases al sueño es el camino natural de la evolución. Por la salud mental de las familias, deberíamos erradicar un lenguaje equivocado que solo genera ansiedad y connota como negativo un proceso evolutivo robusto y bien diseñado.

Las fases del sueño quedan constituidas hacia los 7 meses. Los bebés segregan melatonina nocturna y han adquirido un ritmo circadiano similar al de los adultos. A partir de los 6 meses, la mayoría ya solo realiza dos siestas a lo largo del día, una por la mañana y otra por la tarde. Aun así, seguirán mucho tiempo sin dormir por la noche de un tirón porque:

- El bebé necesita comer por la noche.
- Necesita que lo ayuden a dormir cuando se despierta, entre ciclos completos de sueño, o si se despierta cuando atraviesa las fases ligeras de sueño.

El bebé no tiene problemas de sueño. Las madres, los padres, la teta, el chupete o los brazos no son muletillas de sueño. Son el entorno del bebé. El bebé no está cojo. Ha adquirido las fases del sueño adulto, pero ahora su cerebro empieza a madurarlas. Mientras tanto, sigue necesitando madurar y regularse en contacto. Tampoco camina aún ni construye frases o se cambia el pañal él solo. Ni muletillas ni regresiones. Evolución y maduración en contacto.

Además, entre los 4 y los 6 meses, muchos bebés pasarán por la incorporación al trabajo de su madre, el inicio de la escuelita y la introducción de la alimentación complementaria. Son muchas situaciones nuevas, y no todas de su agrado. Aún no han desarrollado la permanencia de objeto. Cuando no ven a su madre, no saben que está en otro sitio. No saben si la volverán a ver. Hasta los 8-9 meses, no son capaces de comprender que, aunque no vean algo o a alguien, existen. Demasiadas cosas para asimilar, la mayoría impuestas por un modelo social y no por el biológico.

¿Cuánto debe dormir mi bebé?

Las tablas de recomendaciones sobre cuántas horas y cuántas siestas debe hacer un bebé están basadas en medias estadísticas. La Academia Estadounidense de Medicina del Sueño, por ejemplo, no aconseja sobre cuántas horas debería dormir un bebé entre 0 y 4 meses. Afirma haber llegado a la conclusión de que no lo sabemos. Y para no generar ansiedad o estrés en las familias, lo ha dejado en blanco. Otros, hablan de entre 16 y 20 horas totales de sueño en recién nacidos.

Algunos bebés duermen más que otros. Y esto es así para todos: niños, adolescentes y adultos. Cada persona tiene características y necesidades propias. También debéis saber que los bebés, como los adultos, tienen relojes biológicos propios. Algunos necesitan irse a dormir a las ocho de la tarde, mientras que otros no tendrán sueño hasta las diez de la noche. Es absurdo pensar que se puede establecer un horario estándar de siestas para todos los bebés. Esto nos venden también los entrenamientos de sueño. Esas tablas generan estrés y expectativas absurdas en la mayoría de las familias.

Las recomendaciones aproximadas de horas de sueño diarias de la Academia Estadounidense de Medicina del Sueño dan un margen muy amplio de variabilidad. Por tanto, acompañemos con salud, paciencia y conexión la maduración de nuestros hijos.

Las siestas también varían mucho de unos bebés a otros. A muy grandes rasgos:

De 4 a 12 meses	De 12 a 16 horas, siestas incluidas
De 1 a 2 años	De 11 a 14 horas, siestas incluidas
De 3 a 5 años	De 10 a 13 horas, siesta incluida
De 6 a 12 años	De 9 a 12 horas
De 13 a 18 años	De 8 a 10 horas

0-3 meses	Ritmo ultradiano
4-5 meses	3-4 siestas
6-12 meses	2 siestas
1-2 años	1-2 siestas
3-5 años	1 siesta o ninguna

Sin embargo, no todo es normal

A pesar de que estamos intentando comprender las peculiaridades biológicas y normales del sueño del bebé, no todo es normal. Si un bebé no duerme o se despierta constantemente, debemos prestar atención. La calidad de su sueño puede verse alterada por distintos motivos. Es vital atenderlo y buscar ayuda profesional para valorar, descartar y tratar adecuadamente cada caso.

Debemos tener en cuenta lo siguiente:

- Bebés irritables: la irritabilidad tiene causas. Un bebé irritable no dormirá bien. Su sistema nervioso está desregulado y no vive en estado de calma. Las siguientes situaciones pueden causar por sí mismas irritabilidad:
    - Gases.
    - Reflujo gastroesofágico.
    - APLV no tratada.
    - Dermatitis: los brotes de dermatitis por piel atópica causan mucho picor. El bebé no puede dormir debido a este. Debemos hidratarlo diariamente y a fondo para aliviarlo. Una dermatitis del pañal también le impedirá dormir plácidamente.
    - Anquiloglosia: la tensión que genera la restricción en la lengua provoca irritabilidad en algunos bebés.
    - Dolor.
- Congestión nasal que le impida respirar: habrá más despertares. Un lavado nasal antes de dormir por la noche sería recomendable.
- Respiración oral: el bebé que duerme con la boca abierta debe llamarnos la atención. Todos respiran por la nariz al nacer. La tendencia a tener la boca

abierta puede favorecer la respiración oral, que oxigena peor, lo que incide en la calidad del sueño. Seca la boca, produce mucha sed y, a largo plazo, puede generar inflamación de las amígdalas, ronquidos y apneas obstructivas del sueño. Debemos descartar la anquiloglosia.
- Aunque la teoría aceptada es que no duele, muchas familias perciben al bebé inquieto cuando le van a salir los primeros dientes. Los ungüentos para aplicar en las encías no han demostrado efectividad. Se pasará en pocos días.
- Anemia: el déficit de hierro en bebés está relacionado con trastornos de sueño y alteraciones en la organización de las fases del mismo. El hierro desempeña un papel importante en la construcción y evolución de las fases del sueño por adquirir. La anemia provoca una mayor actividad motora durante las 24 horas del día, que se refleja en inquietud en bebés despiertos y, cuando duermen, frecuentes despertares con movimientos de las extremidades, en forma de sacudidas. En estas circunstancias, los bebés duermen poco y su descanso es insuficiente. El cansancio generará en bucle mayor irritabilidad. En niños un poco mayores, puede tener importantes repercusiones en su comportamiento y capacidad de atención. La mayoría de estas situaciones requieren una valoración rigurosa y meticulosa, que precisa de un trabajo multidisciplinar. Si vuestro bebé pudiese tener alguna de estas situaciones, no dudéis en buscar e insistir a los profesionales para que se valore adecuadamente.

Higiene del sueño

No podemos acelerar la construcción de las fases del sueño ni podemos madurarlas al instante, pero podemos favorecer hábitos que nos ayuden a todos a dormir mejor:

- Luz del día: los bebés, como nosotros, necesitan salir a la calle a diario. La luz natural propicia la adquisición de ritmos circadianos y la producción de melatonina, aunque esté nublado. Permite la adecuada sincronía de sus relojes biológicos y los ritmos ambientales.
- La luz en casa: sería adecuado cambiar las luces artificiales por otras tenues, de colores naranjas a rojos. Hoy día, existen en el mercado todo tipo de bombillas y ledes con estos colores. La luz artificial retrasa o destruye la secreción de melatonina. Es incoherente tener a un bebé expuesto durante horas a bombillas potentes y después pedirle que se duerma. La melatonina debe empezar a producirse biológicamente cuando anochece. La luz artificial inte-

rrumpe esa señal al cuerpo. Una vez en oscuridad, necesitará un tiempo para elevarse. Esto no es solo recomendable para el bebé, también para el resto de la familia. Desde lámparas de sal hasta bombillas naranjas o rojas pueden marcar la diferencia. Si la idea no os convence, al menos debemos atenuar la luz de las pantallas y buscar bombillas menos luminosas, y optar por lámparas pequeñas en vez de luces potentes en el techo.

Django a la luz naranja de la lámpara de sal, listo para dormir

- Las rutinas nos ayudan a los adultos y también a los bebés a establecer, poco a poco, un ritmo día-noche. Evita las visitas y un exceso de estímulos al caer la noche. Un baño relajante, luces tenues o un masaje son muy buenas opciones.
- Ventilar bien la habitación antes de dormir y evitar sobreabrigar al bebé.
- Las siestas del día se recomiendan con luz para favorecer el establecimiento del ritmo circadiano.

El colecho en cualquiera de sus formas es una norma biológica y el modo en que la mayoría de los bebés duermen mejor por la noche. Al final, esto favorece el descanso necesario en los adultos.

Por último, os cuento lo que algunas parejas actualmente me comparten como herramientas que han decidido poner en práctica:

- Algunas mujeres se sacan leche en algún momento durante el día. Esto no siempre es fácil, pero, con los sacaleches inalámbricos, se puede hacer sin que nos anule durante la extracción. En alguna toma de la noche, la pareja le da la leche en biberón y la madre puede dormir 3-5 horas de un tirón, en especial cuando se incorpora al trabajo. La introducción del biberón no debería hacerse antes de establecer la lactancia.
- Si es lactancia artificial, las parejas se pueden turnar.

- Algunas familias usan el chupete tras la toma para que el bebé termine de dormirse con la pareja y no con la madre, de manera que facilite al bebé dormirse cuando la madre no está.

> «Yo no sabía que no todos los bebés se duermen al pecho. Para mi mala suerte, tuvimos que aprender a dormirla de otras maneras, salvo en las tomas nocturnas».
>
> **Victoria**

- Algunas familias, portean al bebé tras la toma para que termine de dormirse en el movimiento del porteo como una alternativa a dormirse al pecho de mamá.

> «Este relato es la confesión de un padre primerizo que debe afrontar una primera noche con su bebé de 5 meses sin el apoyo de su madre, pero sobre todo sin el recurso de la teta. Esto es algo que no se cuenta y que hasta que no se vive en primera persona uno no creería que podría pasar.
>
> Intentas dormirlo dándole el alimento que necesita, porque la mamá ha dejado preparado su banco de leche. Pero cuando llega esa noche te das cuenta de que el bebé necesita algo más: el olor, el latido de un corazón, y no una tetina o chupete. Lo que te pide no se lo puedes dar porque no lo tienes. Así que toca conocer a ese bebé, desarrollar el ingenio y la paciencia, y tirar de mucho porteo, usar ropa de la mamá ausente y no flaquear, aunque esa primera noche parezca que nunca vaya a acabar».
>
> **Jorge, casado con una matrona**

Ayuda profesional

A pesar de comprender que el sueño es madurativo, esto no quita que algunas familias se vean desbordadas. Sería importante trabajar el problema si se origina en expectativas adultas que no podemos exigir al bebé: no puede dormir solo y de un tirón antes de determinado momento madurativo de su cerebro.

Algunas familias se sienten desbordadas y desesperadas porque su bebé no duerme nada. Pero esto suele conllevar alguna situación subyacente. Someter a un entrenamiento de sueño a un bebé con dolor, reflujo, apneas del sueño, otitis o una anemia que nadie ha visto es contraproducente y peligroso.

En otros casos, las madres y las parejas se reincorporan al trabajo, y las noches se hacen muy duras, porque la vida no está hecha para maternar. Lo primero es revisar la higiene del sueño por si podemos mejorar algún aspecto.

Hay situaciones duras y, por supuesto, necesitamos dormir mejor y, por tanto, apoyo profesional. Existen profesionales con la formación adecuada que no forzarán un tipo de sueño adulto y autónomo en bebés que no están preparados, pero nos ayudarán a mejorar el sueño teniendo en cuenta las peculiaridades de cada familia.

> Debemos encontrar soluciones en equilibrio para los adultos y para el bebé. El entrenamiento de sueño no es respetuoso con el bebé, aunque lo llamen respetuoso o lo vistan de unicornios. Mediante todo tipo de técnicas, vestidas de diferentes colores, se enseña al bebé a dejar de llamar. Y sí, lo consiguen. Se extingue la llamada, pero no la necesidad. La publicidad de algunos de estos negocios utiliza ganchos como «Un bebé de 3 meses debe dormir 12 horas de un tirón». Conociendo el sueño infantil, da mucho miedo leer algo así. ¿Sin tomas en 12 horas y sin conectar en 12 horas?

Todos los niños aprenderán a dormir solos con el tiempo, cuando estén preparados. Algunos lo estarán antes y otros, después. Acompañar y estar en su evolución es lo que previene los trastornos del sueño. Acompañarlos y estar ahora no causa los trastornos del sueño. El sueño solitario y autónomo del bebé se promueve en las sociedades WEIRD: *white educated industrialized rich democratic*: blancas, educadas, industrializadas, ricas, democráticas. En el resto del mundo, no.

> Como lecturas para profundizar y encontrar herramientas, tenéis los libros de María Berrozpe y de James J. McKenna. Si necesitáis apoyo profesional para mejorar la situación de sueño en casa, podéis buscar en la página web del CESI: Centro de Estudios del Sueño Infantil. El abordaje no es un entrenamiento de sueño, sino una revisión de la situación familiar con herramientas para mejorarla.
>
> 

Por último, un biberón con cereales a los 4 meses no ayudará al bebé a dormir mejor. Empachar no hace que duerma mejor. Además, puede causar caries en los futuros dientes, una digestión pesada y, de verdad, no hará que el bebé duerma más.

Como curiosidad, existen estudios que demuestran también que los bebés de lactancia materna no duermen peor que los bebés de biberón como muchas personas creen.

Depresión posparto en la madre y necesidad de sueño

La falta de sueño puede agravar la depresión posparto. Por ello, ante síntomas de depresión, es imprescindible pedir ayuda profesional lo antes posible. La mujer con depresión posparto necesita que se active una red de apoyo de manera temprana y eficaz: la pareja, la familia, las amigas cercanas. Necesita descargarse de tareas físicas y mentales. Necesita apoyo profesional con psicóloga y psiquiatra perinatal. Si hay lactancia materna, salvo que así lo desee expresamente, no debe dejarse por la depresión en sí misma, pues parece ser un elemento positivo en el tratamiento de la depresión posparto. En estos casos, el apoyo de una profesional realmente respetuosa de sueño infantil podría ser clave también.

Además del acompañamiento con las profesionales adecuadas, no olvidemos revisar en paralelo cómo está la madre de hierro, su tiroides y sus valores de vitamina D. La luz del sol, suplementar folato, magnesio y omega 3 DHA pueden mejorar el tratamiento integral de la depresión posparto.

16.

El bebé de 3 a 6 meses

Grandes cambios: hitos del crecimiento de 3 a 6 meses

Nuestro bebé ahora es otra personita. Más despierta, consciente del entorno y enamorado de las personas que más lo quieren. Sonríe cuando está contento y busca la sonrisa de vuelta. Juega con su voz, hace gorgoritos y pedorretas. Tiene el mundo por descubrir y nosotros volvemos a detenernos en las pequeñas cosas.

3 meses

A esta edad, están absolutamente predispuestos para la interacción social. Os siguen con la mirada y responden a la vuestra. Nuestro tono de voz alegre y juguetón les pone contentos. Nos devuelven la conversación, agitando sus brazos y piernas. La comunicación con ellos es continua y potente. Durante las tomas, se distraen con cualquier cosa.

«Me sorprendió lo mucho que se pueden distraer en el pecho cuando empiezan a percibir más el exterior. Tenía la imagen de un bebé al pecho tranquilo. Mi bebé mamaba 2-4 veces y se soltaba para contemplar cualquier cosa. Los primeros meses tenía que hacerlo en lugares muuuy tranquilos, y luego ya me acostumbré a esas tomas más intermitentes y a veces caóticas durante el día».

Victoria

El control de la cabeza cambia sustancialmente a partir del tercer mes. Cuando los sujetamos en posición sentada, aguantan bien sus cabecitas. Por otro lado, descubren que sus manos tienen dedos y los abren continuamente. Además, la coordinación entre la vista y sus manos empieza a desarrollarse: las miran, las juntan y se las llevan a la boca. Así comienza la capacidad para manipular objetos, al poder agarrar lo que sus ojos ven. Esto hace que el juego explosione.

Aunque no siguen objetos con la vista hasta aproximadamente los 3 meses, sí son capaces de seguir un rostro humano desde las dos semanas siguientes al nacimiento. Esto es porque sienten atracción hacia estos. Los rostros son el inicio de la capacidad de fijar objetos con la vista. La responsividad instintiva, que nos hace mirarlos y hablarles, da al bebé lo que la naturaleza tenía programado para su desarrollo y se generan infinitas conexiones neuronales nuevas.

El uso de gimnasios con objetos que cuelgan, por tanto, tiene más sentido a partir de ahora. No tengamos prisa. Al principio, el bebé posee mayor capacidad para seguir objetos en blanco y negro. Poco a poco los colores le llamarán más la atención. Cuando muestre señales de saturación, pondremos fin a la sesión en el gimnasio.

Bebé Santi

El hecho de que puedan coger objetos conlleva el descubrimiento para los adultos de que son capaces de entretenerse a ratitos cortos. El *tummy time* ahora se convierte no solo en ejercicio, sino en juego. No es necesario que nos hagamos con arsenales de juguetes. Les llama la atención aquello que hace sonidos o tiene diferentes texturas: los juguetes sensoriales. Cuentos de tela que por dentro llevan materiales que hacen ruidos, contrastes en blanco y negro, sonajeros que combinan texturas y también mordedores sensoriales. Siempre es mejor calidad que cantidad. Estos juguetes les servirán durante varios meses. La pelota Oball los ayuda en la motricidad fina, y entre los 3 y 4 meses, en bebés con rehabilitación oral o frenectomías, les permitirá trabajar la lengua.

A esta edad, debemos extremar el cuidado de no dejarlos solos en superficies altas como un sofá, pues el riesgo de caída es grande y nos coge por sorpresa.

Una manta de juegos no debe faltarnos en el bolso o el carrito al salir de paseo. El parque o un bosquecillo son lugares maravillosos donde jugar bocabajo al aire libre. Puede que haya quien os mire con extrañeza, pero no hay nada más normal que hacerlo a partir de ahora y los meses

Santi en su manta de juegos en el parque y bajo el sol de enero

por venir. Ir al parque no significa dejar al bebé atado en la silla o tenerlo en brazos todo el rato. El movimiento libre es esto: la espontaneidad y la conexión con la tierra.

Babeo

Es posible que, entre los 2 y 3 meses, notemos de pronto un babeo llamativo en muchos bebés. Esto es porque comienzan a producir más saliva, pero aún no tienen desarrollado el mecanismo de la deglución de esta. Lo harán con los meses. Cuando se alimentan, es diferente, pues utilizan una serie de músculos para succionar y deglutir. Sin embargo, la saliva es algo que aparece ahora de forma pasiva y no tienen el reflejo de tragarla. A partir de los 4 meses podría acentuarse incluso más, ya que se ponen en funcionamiento todas sus glándulas salivares. El babeo coincide con que se chupan mucho las manitas, que reconocen como parte de su cuerpo. Por ello, tendemos a pensar que les van a salir los dientes. Pero lo cierto es que la mayoría de los bebés no tendrán el primer diente hasta los 6 o 7 meses. Ocasionalmente, este babeo podría coincidir con una dentición precoz.

Usar baberos es la medida más cómoda para evitar que tengan la ropa mojada. Si la piel se irrita, podemos protegerla con aceite de oliva o similar.

Babeo en bebé de 3 meses

4 meses

Las rutinas diarias cogen ritmo y al bebé lo ayudan a organizarse. Es capaz de anticipar lo que toca al reconocer lo que decimos o cuando ve que nos preparamos para salir de paseo, el baño o la toma... El bebé nos mira y se huele lo que viene a continuación.

¿SABÍAS QUE...? Sobre los 4 meses se extingue el reflejo de succión: ahora el bebé selecciona lo que succiona y lo hará como acto totalmente voluntario. Escoge qué succionar.

En esta etapa nos damos cuenta de que hay objetos que tenemos por casa (siempre que sean seguros) que le entretienen mucho más que sus propios juguetes. Teniendo en cuenta que absolutamente todo se lo llevará a la boca, deben ser objetos limpios y, sobre todo, sin partes pequeñas o cortantes. A través de la boca, el bebé obtiene información acerca de los objetos. Es importante vigilar que no haya nada pequeño, susceptible de ser tragado, cerca del área de juego del bebé.

Ahora se pueden mantener auténticas conversaciones con el bebé por turnos. Si le damos tiempo, tras hablarle, intenta devolvernos las palabras mediante sonidos tiernos y miradas de amor.

Entre los 4 y los 5 meses, la mayoría conseguirá un hito muy importante: el volteo. Para que los bebés alcancen sus hitos, en general, solo tenemos que propiciar el movimiento libre. Algunos pueden presentar dificultad para adquirirlos dentro del margen de edad esperado. En las revisiones nos irán orientando, pero, siempre que algo nos llame la atención, debemos consultarlo y, de ser necesario, trabajarlo con fisioterapia y atención temprana. La anemia, por ejemplo, puede causar retraso en la adquisición de algunos hitos motores.

El movimiento libre no es una tarea más, no es una carga tediosa para los adultos. ¡De verdad que no! Solo es perder el miedo a permitir al bebé estar libre y evitar mantenerlo en sillitas o hamacas. Si viviésemos en esa tribu cazadora-recolectora, nuestro bebé estaría en el suelo en muchos momentos a lo largo del día. Solo necesitamos una zona de juego despejada.

La mayoría de los bebés girarán antes desde bocarriba a bocabajo, pues pasan más tiempo en esta primera posición. Al principio es algo involuntario. Surge desde la cabeza, el tronco o la pelvis. Tener objetos cerca que les llamen la atención favorece la exploración del volteo al intentar alcanzarlos. Comienzan poniéndose de lado y poco a poco se colocarán bocabajo. El bracito sobre el que giran suele quedarse debajo atrapado hasta que, con el tiempo, serán capaces de liberarlo.

Desde la postura bocabajo, también conseguirán, poco a poco, voltearse hacia arriba. Empezarán a apoyarse sobre los codos o las manos. Es alucinante ver cómo van haciendo camino hacia el gateo. Por ello, quizá os agrade explorar la idea de poner un espejo Montessori en la zona de juego de suelo del bebé. Hay todo un mundo por descubrir.

Cuando está bocarriba, observaremos un potente trabajo abdominal: levanta y encoge las piernas sobre el cuerpo. Va camino de descubrir sus pies.

Visualmente, será capaz de observar y fijar objetos a mayor distancia. Le llaman la atención porque oye ruidos, por el movimiento y por los colores.

A esta edad, los juegos de los deditos que se comen un huevito o van al mercado empiezan a gustarles mucho y los esperan con emoción.

JUEGOS TRADICIONALES DE TODA LA VIDA: MARIONETAS DE DEDO

5 meses

El bebé quiere comerse el mundo. Su personalidad parece mostrarse más que nunca. Les encanta que les digan cosas por la calle, aunque no les gusta que invadan su espacio personal. Algunos bebés son más extrovertidos, y otros, más reservados. Todo es perfectamente normal y maravilloso. No es nada que hagamos nosotros, aunque os digan que es introvertido porque lo lleváis en brazos. Cada bebé lleva su ritmo y, además, tiene su propia personalidad.

El bebé descubre que sus pies son suyos, y se los llevará a la boca. Es extraordinario y un hito más en su desarrollo. Siempre que podamos, debemos propiciar que esté descalzo. Igual que sus manos, los pies tienen una alta capacidad de captar estímulos del entorno. De hecho, presentan mayor sensibilidad que las manos hasta los 8 meses. Para los que puedan pensar que todo viene por modas, también hay estudios que confirman que

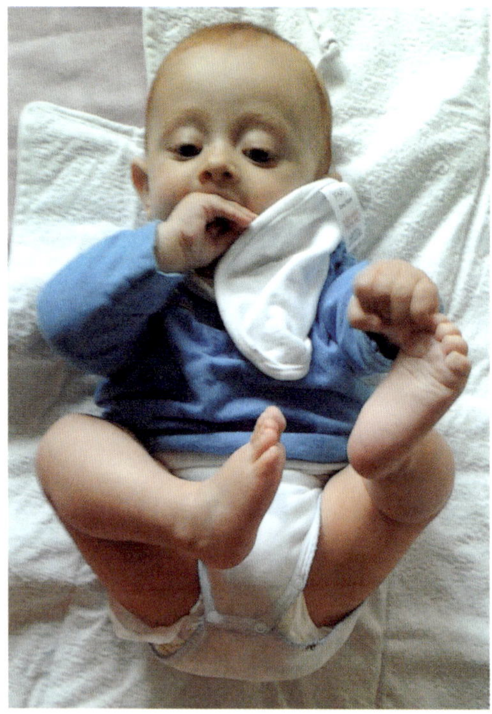

Santi descubre sus pies

el movimiento físico y el estímulo sensorial del bebé a través de los pies descalzos aceleran la maduración, el desarrollo propioceptivo y el desarrollo intelectual. Somos animales, nuestro cuerpo y el entorno se comunican cuando no introducimos intermediarios.

Durante el quinto mes, seguirán explorando hasta dominar la capacidad de voltearse. Algunos bebés lo conseguirán más cerca de los 6 meses, y otros, de los 4. Una vez que el bebé sabe hacerlo, no debemos preocuparnos más por si se gira y duerme bocabajo.

Durante el *tummy time* en su zona de juegos, los veremos haciendo flexiones. Con el volteo y los impulsos, son capaces de desplazarse más de lo que pensamos. En especial si quieren alcanzar algún objeto. Aun así, su mejor zona de juego es el suelo. El uso de parques está bien para su seguridad y nuestra tranquilidad si estamos haciendo una tarea en concreto, para tiempos más cortitos. Ellos llamarán cuando se hayan cansado. Igualmente, todo lo que haya dentro del parquecito debe ser seguro por si se lo lleva a la boca.

Su lenguaje continúa con su desarrollo extraordinario. Balbuceará con frecuencia y repetirá sonidos una y otra vez. Además, será capaz de distinguir claramente emociones en otras personas a través de la mirada y el tono de voz. ¿No es extraordinario? Son los cimientos de la empatía.

Los bebés con hermanitos mayores tienen mucha suerte, pues serán unos compañeros de juego muy estimulantes y divertidos. Con un hermano cerca, los pequeños aprenden deprisa. Verlos juntos es emocionante. Solo debemos tener cuidado con los objetos que le puedan traer o las ocurrencias que puedan tener con su mejor intención.

Santi con su hermanito Elías

Cantar y poner música, como parte del juego activo, o para entrar en calma, a los bebés les gusta mucho. Desde los cantajuegos hasta canciones populares, nanas de todos los tiempos o, sin más, nuestras canciones favoritas. ¡Es increíble ver cómo los bebés manifiestan un claro sentido del ritmo!

Gráficas de crecimiento y percentiles

En las consultas de seguimiento con tu pediatra y enfermera, se valorará la evolución del peso y crecimiento de vuestro bebé. Cuando todo parece ir bien, pues ya está. Pero muchas veces, nos encontraremos con cierta preocupación con el percentil o con información que no termina de dejarnos tranquilos.

Actualmente se utilizan, sobre todo, las gráficas de crecimiento creadas por la OMS en 2006. Para realizar estas tablas, se cogió a 8.440 niños sanos de diferentes orígenes étnicos y entornos culturales (Brasil, Estados Unidos, Ghana, India, Noruega y Omán). Estos niños se alimentaban con leche materna, ya que se contempla como el patrón de referencia de crecimiento y desarrollo. Se los ordenó por peso y por talla, y se hizo un seguimiento de su crecimiento. De este modo, se estandarizaron los percentiles de estas gráficas. Se consideró estadísticamente normal a todos los niños que entraban entre percentiles 3 y 97, siguiendo una distribución normal o campana de Gauss. Pero debemos tener en cuenta que había niños en percentil 1 a 3, y 97 a 100. Y también eran normales y sanos, aunque correspondían a los valores extremos. Si

PERCENTILES

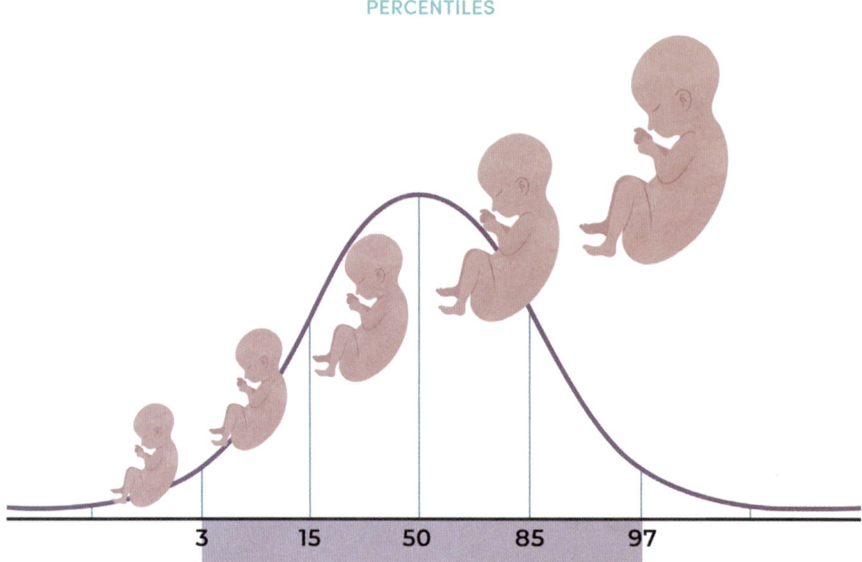

este fuese el caso de nuestro bebé, simplemente habría que confirmar que no hay otra causa y que está sano.

Las gráficas de la OMS, además, diferencian el crecimiento de peso y talla por sexo, es decir, presentan tablas para niñas y otras para niños.

Igual que en el embarazo se daba un percentil del tamaño del bebé intraútero, estos percentiles indican dónde, dentro de esos niños sanos, está posicionado nuestro bebé de acuerdo a su tamaño. Si está en percentil 10, quiere decir que, de 100 niños sanos, 90 son más grandes, y 9 más pequeños. Esto es totalmente normal.

Estar en el percentil 50 solo significa que un bebé o un niño tienen un peso y una talla media. Todos los bebés no pueden ser percentil 50, así como todos los adultos no medimos ni pesamos lo mismo. Hay niños grandes, pequeños y de talla media. No es un objetivo ser percentil 50, sino que cada niño crezca bien y acorde a su propia genética.

¿Para qué os cuento todo esto? Parece un rollo. Pero es simplemente porque en las consultas de seguimiento se valorará cómo va el crecimiento en peso y talla de tu bebé en percentiles. Los percentiles aportan información rápida del patrón de crecimiento.

El patrón de crecimiento es individual. Debemos saber que hay bebés cuya talla normal es percentil 3, otros serán 30 y los habrá de 95. ¿Cómo sabemos que está bien? Porque debemos fijarnos en la curva individual de crecimiento de cada bebé. Y es que como dijo el pediatra

Carlos González: «Las gráficas de peso no son caminitos rectos». Esto es, los niños oscilan en su línea de crecimiento. En realidad, crecen formando una nube de puntos: suben y bajan de la línea dibujada en las gráficas. Los niños no siguen un caminito recto de crecimiento. Durante los primeros 6 meses, muchos subirán y bajarán, oscilando en sus percentiles.

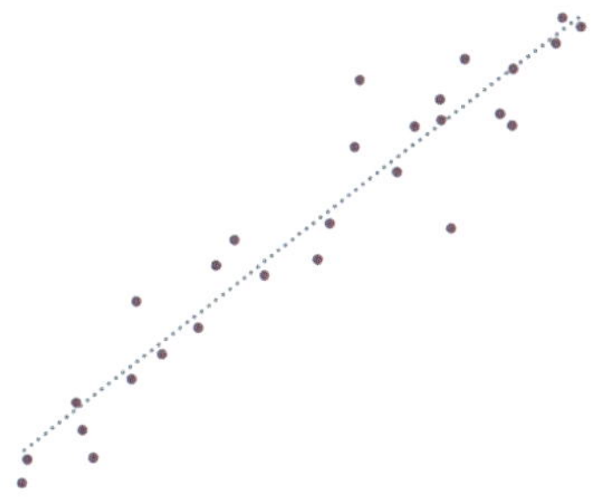

Sin embargo, habría que investigar más cuando un bebé baja dos percentiles principales de los marcados por las gráficas de la OMS. Los percentiles principales son: 3, 15 ,50 ,85 y 97.

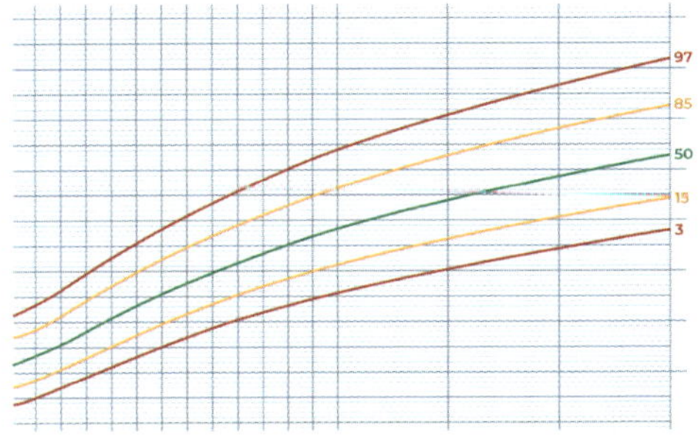

GRÁFICA DE CRECIMIENTO CON PERCENTILES PRINCIPALES

Observamos que muchos bebés que nacen como «grandes para su edad gestacional» por causas como una diabetes gestacional mal controlada suelen bajar de percentil, es decir, se acercan a su tamaño más genético. Esto se denomina *catch down*. Igualmente, los bebés CIR, o sea, con crecimiento intrauterino retardado, suelen subir a su tamaño más genético entre los 3 y 6 meses de vida. Este es su *catch up*. Alguno no lo hará hasta cerca de los dos años. Para bebés prematuros, se utilizan unas gráficas específicas de crecimiento.

Para valorar adecuadamente la curva de crecimiento de cada bebé, debemos considerar tanto el peso como la talla para la edad. Normalmente, es en la falta de ganancia de peso donde se refleja si existe algún problema de alimentación o de salud. Para que la talla se vea afectada, debe haber una desnutrición severa. Es decir, aunque un bebé crezca de talla, si la ganancia de peso es escasa, debemos investigar por qué y trabajar en ello.

En este punto debemos recordar nuevamente que no existen leches maternas de mala calidad. Si un bebé no coge peso no es por la calidad de la leche. Pero es posible que exista un problema de lactancia, como ya vimos al principio (mal agarre, mala transferencia, lactancia con horarios y no a demanda, problemas de succión o una anquiloglosia). Pero, si todo esto ha sido bien valorado y se ha descartado, y el bebé, además, está comiendo adecuadamente, entonces se debe seguir investigando para determinar si nos encontramos ante un problema de salud. Estos son algunas posibilidades de problemas de salud que podrían afectar al crecimiento del bebé:

- hipogalactia (baja producción de leche) en la madre por enfermedad o hipoplasia (falta de glándula mamaria)
- reflujo gastroesofágico en el bebé
- alergias como APLV en el bebé
- enfermedades metabólicas como fibrosis quística
- celiaquía
- anemia
- infecciones

Es decir, si el bebé no coge peso, lo primero es revisar la lactancia, ya sea materna o artificial. Una vez que se aborda esto, habría que hacer un buen estudio de salud del bebé. Si no coge peso, dejar la lactancia materna y pasar a la artificial no es la solución. Tampoco lo es engordarlos con cereales. Si el bebé presentase una de las condiciones anteriores, los cereales solo son un parche en forma de azúcar. Si un bebé se alimenta bien, come adecuadamente y no crece o no coge peso suficientemente, es deber del personal sanitario descartar y tratar problemas de salud. No indicar cereales como método de engorde.

A partir de los 6 meses

Nuestro bebé ha cumplido medio año de vida. Los cambios por los que ha pasado son extraordinarios. Su cerebro ahora pesa el doble de lo que pesaba al nacer. Algunos momentos habrán sido duros y otros más llevaderos. Y aquí estamos ahora, con una personita en constante evolución, con mucho camino por recorrer y con un cerebro capaz de captar todo a su alrededor. En los próximos meses, seguirán sucediendo grandes cosas en su neurodesarrollo tanto a nivel intelectual como motor.

¿Cuándo se sientan los bebés?

Es un hito que esperamos casi con ansia. Tendemos a querer que adquieran ciertas capacidades de forma precoz, y lo cierto es que, como todo, cada bebé lo hará a su propio tiempo. Acompañamos la adquisición de habilidades cuando propiciamos un entorno acorde al bebé humano: movimiento libre en el suelo. La capacidad de sentarse implica la sujeción del tronco. Por tanto, no debemos forzar la posición sentada. Desde el *tummy time*, los bebés irán desarrollando solos el camino hacia sentarse. Y esto está relacionado con la reptación y el gateo. Aunque no tienen por qué ser procesos lineales, suelen darse de forma solapada en la mayoría de los bebés.

Desde la posición bocabajo, y con un cuerpo cada vez más fuerte, el bebé arrancará a reptar y a gatear. En un momento dado, aparecerá la capacidad de sentarse por sí mismo. Suele aprender a sentarse desde la posición de cuadrupedia, llevando su culete hacia atrás.

Cuando se desplazan por sí mismos, ¡echaremos de menos aquello de que solo quería estar en brazos! Se llegan a desplazar a gran velocidad, y ahora vamos tras ellos. Es el momento de asegurar bien el hogar, pues todo queda a su alcance.

Santi reptando hacia los CD de su padre, su deporte favorito

La evolución postural y de movimiento del bebé es como una espiral. En cambio constante y desarrollo. No somos conscientes de como cada pequeño paso evoluciona en el siguiente. Estas son, de forma muy esquemática, las distintas posiciones que irán adoptando:

- Reptar: sucede entre los 6 y los 9 meses. Es la primera forma de desplazamiento autónomo. Lo facilitamos al dejarlos libres bocabajo y descalzos. El dedito gordo de sus pies los propulsa y permite el movimiento. El calcetín impide que pueda propulsarse bien, no solo porque resbala, sino porque su pie no recibe la información que necesita. Los pies fríos mientras se desplazan no son un problema. Los catarros se desarrollan por presencia de virus y bacterias. Es cierto que, si el cuerpo se enfría, estos virus tienen más posibilidades de activarse, pero hablamos de un frío generalizado, no de unos piecitos frescos por estar descalzos y en movimiento. Los abrigaremos cuando no se muevan o duerman.
- Cuadrupedia: desde bocabajo los bebés se ponen en cuadrupedia. Fortalecen el tronco, los brazos y las piernas. Es divertidísimo verlos balancear el culete entusiasmados en esta posición. Cada hito debemos celebrarlo con nuestra voz y nuestra sonrisa.
- Desde la cuadrupedia, los bebés descubrirán la posición de sentarse, al apoyar el culete hacia atrás. Serán capaces de sentarse por sí mismos entre los 7 y los 9 meses, aproximadamente.
- Gateo: desde la cuadrupedia, los bebés inician el gateo, como evolución de las fases previas. La mayoría de los bebés realizarán un gateo simétrico, coordinado y cruzado: avanzan con el brazo y la

pierna contraria. El gateo se adquiere entre los 7 y 11 meses.

- Ponerse de pie: algunos bebés lo hacen muy precozmente, incluso antes de sentarse. Se agarran y se apoyan en cualquier sitio y acaban poniéndose de pie. Algunos se sientan desde aquí, dejándose caer. Estar descalzo, una vez más, les da estabilidad y una mayor sensación de seguridad al percibir bien el suelo. Puede verse entre los 8 y los 10 meses.

Elías en cuadrupedia

Santi haciendo flexiones desde la cuadrupedia

Cuando los bebés realizan un movimiento de desplazamiento asimétrico o culean, es buena idea revisarlo con fisioterapia o atención temprana. No significa que haya nada patológico, simplemente se deben revisar sus estructuras para ver por qué hacen compensaciones. De igual forma, si nos inquieta la adquisición o no de ciertas habilidades, podemos acudir a que lo valoren. No debemos comparar a los bebés, pues si algo debemos tener claro es que el tiempo para conseguir hitos es amplio. Pero también, habrá situaciones que sea mejor valorar para estimular de forma adecuada al bebé que lo necesita.

Santi aprendiendo a ponerse de pie y a sentarse a la vez. Descalzo y conectado al suelo

Comunicación verbal y no verbal

Nuestro bebé tiene una capacidad de comunicación muy grande. Y nosotros hemos desarrollado una gran aptitud para comprenderle a través de sus gestos, de sus expresiones, del tipo de llanto o el lenguaje no verbal, cosa que debería hacernos sentir muy orgullosos. Cuando empiece a hablar más adelante, es bonito ver cómo somos capaces de entender palabras y frases que nadie más entiende.

A partir de los 6 meses, existe una actividad que a algunas familias les encanta y disfrutan mucho: signar palabras. Signar es una herramienta que permite al bebé comunicarse de forma concreta, antes de ser capaz de utilizar las palabras. Los signos se hacen con las manos y cada uno corresponde a una palabra. Se basa en la lengua de signos estadounidense (ASL, por sus siglas en inglés), pero no es un lenguaje técnico como tal. El lenguaje de signos construye frases mientras que, en el caso de los bebés, son solo palabras. Muchas de las señas coinciden con el lenguaje de signos, pero no todas, y algunos signos son propios de esta herramienta.

El uso de signado para bebés no retrasa el habla. Cuando aprenden a decir las palabras, se extingue el uso del signo. Algunos estudios refieren ventajas en cuanto al desarrollo cognitivo del bebé que utiliza signos en la etapa preverbal, mientras que otros no han encontrado tal asociación. Lo cierto es que resulta una herramienta práctica y fascinante. El bebé se frustra menos y la familia también. Es capaz de transmitir si quiere comer, dormir, salir de paseo o volver a casa, antes de tener la capacidad de expresarlo verbalmente.

Signo para leche, The Baby Sign Academy

El signo de una palabra, como puede ser «leche», se enseña mientras la pronunciamos y le ofrecemos teta o biberón. Se puede empezar antes de los 6 meses, pero esta suele ser la etapa más recomendada. Con el tiempo, el bebé reproducirá el signo con la mano para expresar y pedir. Verlo es fascinante.

«Cuando mi hija se va a trabajar y me deja a mi nieta de 14 meses, la niña utiliza el lenguaje de signos para decirme lo que necesita. Me pide jugar, comer o dormir. Con mi primer nieto no era igual y yo lo pasaba muy mal cuando no sabía qué me estaba pidiendo».

Abuela Inma

Revisiones del bebé

A los 4 y a los 6 meses, nuestro bebé volverá a tener revisión con pediatría y enfermería, dentro del programa de atención al niño sano. En estas consultas, se hace un seguimiento del crecimiento y los hitos del desarrollo. En ambas revisiones, se le pondrán vacunas. Recordad que podéis consultar el calendario vigente de vuestra comunidad autónoma.

A los 6 meses, se entregarán también las pautas para la alimentación complementaria.

Seguridad en casa

Con la capacidad de desplazarse adquirida, nuestra casa es un mundo de aventuras para el bebé. Absolutamente todo le resulta atractivo: el mando de la tele, los botones del lavavajillas y los armarios que guardan tesoros. Debemos permitir que explore, pero nos toca revisar y adaptar nuestra casa. Los hogares son el lugar donde suceden la mayoría de los accidentes en la infancia. Existen dispositivos de cierre para absolutamente todo: cajones, armarios, ventanas o el inodoro. Revisemos:

- Bloquear los enchufes con protectores para evitar que metan los deditos. Retirar o quitar de su alcance las regletas. Debemos tener cuidado también con los cargadores que dejamos conectados en cualquier lugar y que pueden llevarse a la boca, y dar pie a quemaduras.
- Revisar que no hay sillas o muebles por los que el bebé pueda trepar y asomarse o apoyarse en las ventanas.
- Proteger las esquinas de los muebles puntiagudos: están a la altura de los niños cuando gatean o cuando se agarran al mueble para ponerse de pie.
- Colocar topes en las puertas para que no se cierren por percance. Un dedito pillado es un accidente muy común.
- Si hay escaleras, bloquearlas con puertas; no obstante, subir escaleras gateando, bajo nuestra supervisión, es un ejercicio divertido que les causa satisfacción.
- Vigilar todo lo que haya a su alcance que pueda ser tóxico o peligroso: productos de limpieza, pilas, cerillas, monedas, alfileres y herramientas. Además, la

mayoría de los productos de limpieza, salvo que hayamos pasado a productos sin tóxicos, desprenden vapores, por lo que no los usaremos si están a nuestro lado.

- Los medicamentos en casa deben estar fuera de su alcance.
- En la cocina, debemos cuidar que no se acerquen al horno caliente, sobre todo si no está instalado en alto. Los mangos de las sartenes siempre deben ir hacia dentro.
- Aunque se siente bien solo, nunca dejaremos a un bebé de ninguna edad sin vigilancia en la bañera.
- Les encanta la escobilla del inodoro y meter la mano en el mismo. El agua siempre es un reclamo de juego, por lo que debemos tenerlo en cuenta.
- Si tenemos piscina, requiere todo un despliegue de seguridad mediante valla con cerradura y una vigilancia extrema de los niños durante años hasta que aprenden a nadar. Los accidentes suceden en cuestión de segundos. A veces incluso estando cerca de ellos, tropiezan y caen sin que nadie lo advierta. Las piscinas son un lugar de diversión absoluta para bebés y niños acompañados antes de saber nadar, pero también un espacio donde deben estar continuamente vigilados.

Ante la sospecha de ingesta o inhalación de productos tóxicos, debemos acudir de inmediato a un centro sanitario o llamar al 112. Si es por vía inhalatoria, sacar al bebé al aire libre lo antes posible para que respire aire limpio y acudir a urgencias o esperar a la ambulancia si nos envían una. Debemos tener a mano el producto o el medicamento que haya ingerido para poder mostrarlo al personal sanitario.

Lactancia materna

Aunque la mayoría de las mujeres y bebés tendrán una lactancia materna bien establecida a los 3 meses, algunas díadas siguen arrastrando problemas que no se resuelven del todo, y es una situación que agota, mental y físicamente. Sigue habiendo dolor, obstrucciones y mastitis de repetición en la madre, o malestar general y problemas de aumento de peso en algunos bebés. Estos casos suelen deberse a esas alteraciones de la succión, relacionadas con anquiloglosias, bajo tono muscular o bebés con irritabilidad generalizada derivada del parto o situaciones digestivas. Desde luego, contar en este camino con profesionales que trabajen de forma multidisciplinar con otros especialistas es clave. El apoyo es fundamental para las mujeres que desean solucionar, aunque lleve tiempo, esta situación. Para otras, la lactancia mixta o pasar a artificial será la mejor opción. Necesitan parar, relajar tanto estrés y comenzar a disfrutar del bebé. Los demás solo deben apoyar todas y cada una de las decisiones que cada madre decida tomar. En eso consiste sostener y darle red.

Los permisos de maternidad son insuficientes

Para los bebés, para las madres y para las familias. Y ahora que llega el momento de la incorporación, puede resultar muy doloroso, especialmente, en función del tipo de trabajo, las horas que vayamos a estar separados o el apaño que tengamos cada familia sobre dónde o con quién se va a quedar nuestro bebé.

Para algunas familias volver a su vida laboral puede ser liberador. Esto es absolutamente maravilloso cuando es lo que nos apetece, pero resulta cruel y doloroso cuando lo hacemos porque no nos queda alternativa. Algunas familias podrán optar por una excedencia y disfrutar de la crianza más tiempo; otras lo harán a costa de caer en la precariedad, y para otras familias es del todo inviable.

> «Recuerdo con especial dolor la vuelta al trabajo. Para ese dolor no hay epidural. No estaba preparada para dejar a mi cría durante horas después de las ridículas 16 semanas de permiso. Sentí auténtica angustia por separación. Lloraba cuando nadie miraba, me sacaba leche furtivamente para poder mantener la lactancia que tanto me había costado. Me sentía desubicada, incomprendida e incompetente en un sistema en el que debes ser madre sin que se note demasiado».
>
> **Anónimo**

La sociedad no comprende que el cuidado de un bebé en constante desarrollo y dependencia es una inversión en salud, física y mental. Preparar la vuelta al trabajo remunerado con lactancia materna cambia en función de qué edad tendrá nuestro bebé, si ya hay o no alimentación complementaria, las horas que estaremos sin vernos y dónde o quién se va a quedar con el bebé. En el libro de Alba Padró *Lactancia y trabajo* podréis encontrar información muy detallada de las diferentes situaciones que pueden surgir.

En general, podemos empezar a extraernos leche si queremos hacer un banco entre 2 y 3 semanas antes de la incorporación. Es importante dar con un sacaleches que nos vaya bien de talla, que se ajuste al pecho y que nos resulte cómodo. El embudo debe ser adecuado y no producir dolor. Si el modelo que tenemos no nos ofrece tallas, siempre se puede acoplar un adaptador de silicona, que se venden sueltos y son universales. Los podéis encontrar como insertos de brida de silicona para extractores de leche.

Ahora mismo, la última generación de sacaleches apuesta por el modelo inalámbrico. Se introducen dentro del sujetador y esto facilita que la extracción de leche no suponga una carga y una tarea más añadida al día. Es decir, las mujeres pueden hacer cosas mientras el sacaleches dentro del sujetador está funcionando. Los modelos en los que la mujer tiene que sujetar el recipiente suponen estar sentadas sin poder hacer otra cosa que extraerse leche. Los hay de todo tipo de precios, pues hay muchos modelos más allá de las marcas más conocidas.

La leche extraída en un solo día puede congelarse en bolsas de 50 o de 100 mililitros. Es interesante guardar diferentes cantidades, pues no sabemos cuánta leche va a tomar nuestro bebé en nuestra ausencia. Podemos congelar las bolsitas o recipientes con la fecha escrita para utilizar de más antigua a más fresca. Una vez descongelada y calentada, ya no se debe volver a guardar.

Algunas leches, al ser congeladas, adoptan un sabor rancio, debido a la enzima lipasa que contienen. Esta enzima predigiere la grasa en la leche extraída y da un sabor y olor característicos. A pesar del olor, no es mala para el bebé. Si fuese vuestro caso, y el bebé rechaza la leche, se puede escaldar brevemente tras extraerla y congelar después para evitarlo.

Si el bebé no ha tomado biberón nunca, es muy probable que lo rechace las primeras veces. No debe cundir el pánico y no es necesario que insistamos semanas antes de la incorporación. Podemos probar a que se lo dé otra persona, no la madre, o quien se vaya a quedar con él. Es posible que lo rechace, o no. Pero el día que mamá no está, si tiene hambre, acabará aceptándolo tarde o temprano. También es probable que haga huelga de hambre unos días, hasta que asimile la nueva situación. Y no olvidemos que podemos ofrecer al bebé la leche directamente en un vasito. Los bebés tienen la capacidad de beber de un vasito sin problema. Se lo ofreceremos cuando esté tranquilo, no cuando esté llorando o con mucha hambre. Hay vasos con mecanismos antiderrame, pero con forma de vaso y boquilla ancha. En general, se recomienda evitar los vasos con pitorro, pues podrían afectar al correcto patrón de deglución. Pero a veces, en situaciones desesperadas, funcionan, y bastante tenemos ya. El mercado ofrece vasitos para bebés abiertos y de boca ancha adaptados a su tamaño. También los hay con un diseño oblicuo en la boquilla para que al bebé le sea fácil beber de ellos.

Dependiendo de la jornada de trabajo, será necesario extraer leche durante la misma para evitar ingurgitaciones. Con el paso de las semanas, el cuerpo se irá adaptando al nuevo horario y puede que deje de ser necesario. Se puede guardar la leche extraída en la nevera en el lugar de trabajo o en una portátil con placas de hielo. Muchas veces, esta leche es la toma del día siguiente.

Podría suceder que no sea posible hacer banco o que las reservas se agoten. En ese caso, muchas familias introducen leche de fórmula en algunas tomas durante la jornada laboral. Es completamente posible mantener la lactancia materna, aunque lo hagamos así. Los bebés demandarán mucho cuando se reencuentren con mamá. Se pondrán las botas. Pensad que es posible mantener una lactancia durante años con una sola toma al día, así que esto es totalmente viable.

De alguna o de otra manera, cada madre y bebé acabarán encontrando la forma de adaptarse, a veces, de resignarse a esta nueva situación. Ayuda mucho cuando trabajamos en empresas donde extraerse leche no es visto como algo raro. Los lugares de trabajo donde se facilita un espacio, una nevera y un tiempo para hacerlo promueven la lactancia, cuidando y facilitando a las madres mantenerla. Debería ser obligatorio que todos los lugares de trabajo contasen con este espacio. Visibilicemos y normalicemos que las madres se extraen leche para sus bebés, a falta de bajas que duren, al menos, seis meses. Las madres no tienen por qué extraerse leche en un baño, con olor a tuberías, o esconderse. Cualquier tipo de comentario al respecto no es tampoco aceptable.

Quizá podáis aportar ideas o exigir en los lugares de trabajo mejoras de condiciones a este respecto. Visibilizar y normalizar la lactancia forma parte de la corresponsabilidad que debe la sociedad a las madres y a los bebés.

Incorporación y lactancia artificial

Si nuestro bebé toma leche artificial, a esta edad habremos aumentado el flujo de la tetina a uno con el que el bebé se encuentre a gusto y siempre en control. Sin embargo, es importante explicar a las personas que vayan a cuidar a nuestro bebé por qué lo toma más despacio de lo que seguramente hayan visto otras veces, y cómo se lo damos, de manera que el bebé no se vea más estresado de lo que ya se halla al estar separado de mamá. Igualmente, la figura de quién cuida al bebé es clave porque para él supone un estrés que de pronto le den el biberón otras personas. Es normal que pase unos días inquieto o coma menos. Está acostumbrado a tomar su biberón de una manera determinada. También debemos explicar por qué no le obligamos a terminarlo, sino que permitimos que el bebé decida cuánto quiere tomar. Todas estas cosas empiezan a ser más conocidas, pero sin duda, no lo suficiente.

Hacia la alimentación complementaria

La leche sigue siendo el principal alimento del bebé durante todo el primer año de vida. La introducción de alimentos solo será complementaria. Entre todos, podemos contribuir a desterrar la desinformación de nuestro entorno:

- La leche materna nunca se convierte en agua, nunca deja de alimentar.
- La artificial nunca debe ser alterada poniendo más agua o más polvos.
- La leche artificial tipo 1 con suficiente hierro sigue siendo la mejor opción más allá de los 6 meses.
- Se recomienda mantener la lactancia exclusiva, ya sea materna o artificial, hasta los 6 meses de edad en todos los bebés.

¿SABÍAS QUÉ...? A lo largo de la historia de la humanidad, el momento de introducir otros alimentos diferentes a la leche ha estado condicionado por las necesidades y por los aspectos culturales de cada época y lugar. Además, siempre ha habido bebés con problemas de lactancia, por las mismas múltiples razones que hoy en día, pero ahora sabemos más y tenemos más herramientas, además de fórmulas infantiles seguras. Una hermana o una vecina podía amamantar al bebé si la madre tenía dificultades. Además, las nodrizas fueron figuras a las que se recurría para amamantar a los bebés que no conseguían hacerlo de sus madres o porque la época señalaba la lactancia como algo sucio e impropio de las mujeres de clase alta.

En diferentes épocas de la historia, la introducción de otros alimentos, desde un punto de visto biológico, llegaba según los bebés iban mostrando la madurez, la capacidad y el interés para hacerlo, especialmente cuando la lactancia iba bien y los bebés no tenían problemas de desarrollo y crecimiento. En situaciones donde esto no era así, y no había posibilidades de contar con nodrizas, se ha intentado desde siempre alimentar a los bebés con leche de otros animales como vaca, cabra o burra. Se experimentaba también con papillas de pan, leche, sopas o zumos. En función de la edad y la salud del bebé, a veces con éxito, y muchas veces sin él.

Sabemos que, en Estados Unidos, hacia 1880, la mayoría de los bebés iniciaban la alimentación complementaria sobre los 11 meses. A esa edad, el bebé se sienta con autonomía y muestra capacidad de coger alimentos con la mano, además de un gran interés. Sin embargo, en 1950, en este mismo país, se había adelantado a las 6 semanas de vida, e incluso, a veces, se introducían a los pocos días de haber nacido. ¿Qué había pasado en esos setenta años?

No fue cosa del azar. Se debió al boom de la industria que vendía «comida para bebés». Desde la década de los años veinte, se comenzó a comercializar comida envasada para bebés. No tardó mucho en publicitarse como «mejor que la comida casera». Los ciudadanos, que nunca hemos sido tontos, desconfiaron durante muchos años de este mensaje. Sin embargo, las grandes compañías invirtieron mucho dinero en publicidad y financiaron diferentes estudios. En la década de los cincuenta, sabemos que la opinión y recomendación de los expertos, en este caso, los médicos, alcanzó un peso absoluto en las familias, que perdieron el conocimiento instintivo, su confianza en el sentido común y el conocimiento transmitido de una generación a otra. Las empresas de *comida infantil* se volcaron en los médicos, ofreciendo beneficios a quienes recomendaban sus productos. Un camino paralelo a la fórmula artificial, en detrimento de la lactancia materna.

Las campañas de publicidad mostraban a bebés muy pequeños, de menos de 3 meses, consumiendo sus productos. Y fue así como se adelantó la introducción de alimentos, sin tener en cuenta al propio bebé. Por la industria.

A partir de 1970, resurgió un pensamiento crítico y se volvió a dar a la leche el lugar que le correspondía como alimento imprescindible y único para el bebé, hasta que muestra señales de estar preparado para empezar a gestionar otros alimentos.

En la actualidad, se recomienda introducir alimentos a los 6 meses, especialmente por la alta prevalencia de anemia en bebés. El pinzamiento precoz o arbitrario del cordón, aunque no sea el único motivo de la anemia en lactantes, es una de las principales causas iatrogénicas de anemia y uno de los actos más fáciles de erradicar para proteger la salud de la infancia.

Tenemos claro que, para poder ingerir alimentos diferentes a la leche, es importante que el organismo tenga la madurez necesaria a nivel neurológico, renal, gastrointestinal e inmune. Por tanto, es al bebé al que debemos observar. Si atendemos al sentido común y a los aspectos evolutivos, sabemos que un bebé está preparado para empezar a comer cuando muestra los siguientes hitos del desarrollo:

- Sostiene perfectamente la cabeza.
- Muestra interés por la comida cuando ve comer a los demás: alarga la mano, os pide o acerca la boca.
- Tiene la capacidad de coger comida con la mano y llevársela a la boca.
- Mantiene bien la postura sentado. Idealmente, por sí mismo. Aunque se acepta que lo haga con apoyo, por ejemplo, en una trona adecuada a su edad o sobre nuestras piernas.

Es decir, algunos bebés estarían preparados para experimentar con la comida antes de los 6 meses si mostrasen estas señales de madurez. Y por el contrario, otros bebés no están preparados aún a los 6 meses. Debería ser un proceso individual, paulatino y lento.

Reflejo de extrusión

Como reflejo que es, se produce de forma involuntaria. La lengua empuja hacia fuera lo que detecta como cuerpo extraño en la boca. Es un mecanismo de defensa frente a atragantamientos. Al ir desarrollando la coordinación ojo-mano, el bebé es capaz de coger con la mano lo que ve. Eso continúa con la coordinación ojo-mano-boca: se lleva a la boca eso que ha visto y cogido. De este modo, se va transformando el reflejo de extrusión protector en un acto selectivo y voluntario. Y, por ello, habrá diferencia entre el bebé alimentado con papillas y cuchara, y el alimentado con trocitos adaptados. Esto se conoce como BLW, o *baby led weaning*: destete guiado por el bebé.

El bebé que es alimentado con cuchara suele responder a la cuchara con el reflejo de extrusión. Puede que sí le guste lo que estamos ofreciendo, pero su lengua le protege del cuerpo extraño que es la cuchara y que no ha decidido llevarse a la boca. Al empujar con la lengua, el bebé escupe la papilla hacia fuera y no es capaz de tragarla adecuadamente. Con tiempo, sin presionar, acaba aprendiendo a comer de la cuchara. El reflejo de extrusión disminuye o se extingue hacia los 7 meses. Si vamos a optar por alimentar al bebé con papillas, debemos tener paciencia y no forzar.

Los bebés necesitan que les demos diferentes texturas, y por tanto sólidos, para aprender a masticar y deglutir correctamente. Esto debería suceder antes de los 9 meses de edad, por lo que, aunque optemos por empezar con papillas, no debemos mantenerlas de forma exclusiva en el tiempo. Esto podría causar una menor habilidad masticatoria y que, por tanto, sean niños que comen de forma muy selectiva, a veces solo purés durante años. Y, además, la masticación es fundamental en el desarrollo de la boca para dar espacio a los dientes, una oclusión correcta y unas vías aéreas permeables que permitan al bebé y al niño respirar por la nariz.

Nuestro bebé necesita aprender a masticar. Y para eso, debemos permitirle masticar. Mientras lo hace, cuenta con mecanismos protectores que le permiten aprender a comer poco a poco de manera segura. Podemos empezar con papillas e ir transicionando a comidas más

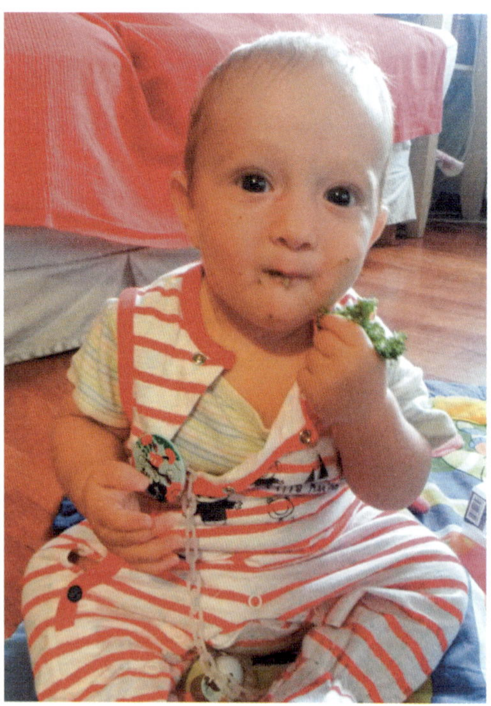

Elías comiendo brócoli

sólidas, o empezar directamente por trozos de forma adaptada. Aunque vivimos en sociedades que necesitan hacer de cada evento fisiológico un método, lo que se conoce como BLW es la forma en la que los bebés han aprendido a comer poco a poco, evolutivamente, a lo largo de la historia de la humanidad. Ni siquiera es un destete. Es iniciar la relación con la comida:

- Reflejo de extrusión: en el caso de sólidos, aporta información a la boca del bebé. Cuando es el bebé el que coge con la mano el alimento y se lo acerca a la boca, la lengua sale y explora la comida. Entonces decide permitir su entrada y dirige la comida a los laterales de la boca. Si el trozo es demasiado grande, el reflejo de extrusión lo intenta echar hacia delante y fuera de la boca. Es un mecanismo presente y protector cuando se empieza con sólidos, mientras sea el bebé el que lleva la comida a la boca.
- Reflejo de lateralización de la lengua: cuando comemos, la lengua lleva la comida hacia las muelas para ser masticada. Nosotros lo hacemos porque hemos aprendido a masticar. El bebé lo hace como acto reflejo hasta que integra la habilidad. Cuanto más lo perfeccione, antes irá desapareciendo del todo el reflejo de extrusión.
- Reflejo de arcada: es un mecanismo de

protección del bebé, que empuja alimentos desde la parte posterior de la boca hacia fuera. A veces está muy marcado en los bebés con anquiloglosia.

Las anquiloglosias limitantes no intervenidas, aunque se hayan ido paliando en el periodo de lactancia, a veces pueden volver a manifestarse con fuerza en este momento. Una lengua que tiene el movimiento limitado no es capaz de sellar en el paladar para asegurar una deglución adecuada. Tampoco es capaz de expulsar bien los alimentos con el reflejo de extrusión, igual que no lateralizará los alimentos de forma óptima. Algunos niños con anquiloglosia no detectada ni tratada tendrán problemas con la alimentación complementaria, al no poder utilizar la lengua adecuadamente. Se les puede tachar de malos comedores, y lo que subyace es un problema en la lengua.

Permitir al bebé descubrir la comida con sus propias manos es una forma de alimentación más fisiológica. El bebé aprende a comer disfrutando y desarrolla una correcta capacidad de masticación. Existen infinitos libros, páginas webs, apps y cursos para que podamos sentirnos seguros y cómodos a la hora de introducir alimentos sólidos. Será especialmente importante presentar la comida de manera segura, cortándola en trozos adecuados para evitar atragantamientos. Sin embargo, seguir el método a pies juntillas también genera a veces ansiedad, pues no hay nada de malo en ofrecer dentro de una alimentación variada un puré de vez en cuando. Cuando se les deja, los bebés desarrollan una capacidad temprana y asombrosa utilizando ellos mismos cuchara y tenedor.

Mi libro favorito sigue siendo *Mi niño no me come*, del pediatra Carlos González. El sentido común y el humor con los que adereza el libro contribuyen a despreocupar a las familias y a proteger a los bebés de métodos forzosos para comer. Pero, sobre todo, nos libera del miedo y la ansiedad de creer que nuestro bebé tenga que comer platos inmensos de puré para estar bien alimentado con 6 meses.

Necesidad de hierro

Debemos priorizar alimentos ricos en hierro para paliar el riesgo de anemia: carne, pescado, huevos o marisco pueden formar parte de la alimentación desde el principio. Las fuentes vegetales, aunque sean ricas en hierro, tienen menor biodisponibilidad y los bebés van a ingerir porciones muy pequeñas de comida.

Si nuestro bebé tiene riesgo de anemia o anemia diagnosticada, necesitará un suplemento de hierro, tanto si toma leche materna como si es artificial. La anemia puede causar inapetencia, por lo que se genera un círculo vicioso de bebé que no come y adultos que intentan forzarle a comer. Es nuestro pediatra quien, ante signos de sospecha, deberá indicar una analítica, valorar y tratar la anemia. Pueden ser signos de anemia:

- cansancio y fatiga
- irritabilidad
- inquietud motriz, movimiento de las extremidades durante el sueño y trastornos del sueño
- anorexia
- picoteo: apetencia por comer sustancias no nutritivas como tierra, tizas o hielo
- retrasos del desarrollo motor, del aprendizaje y problemas de atención
- palidez de piel o mucosas

Si le doy leche, apenas come

La leche es lo que alimenta al bebé hasta que es capaz de comer más cosas en cantidades significativas. Este es un periodo de transición lento y largo. Podemos dar el pecho o el biberón antes o después de la comida, dependiendo de lo que el bebé necesite u os funcione en cada momento. La comida es un disfrute, no un castigo, ni para los adultos ni para el bebé. No forcemos a comer. Ofrezcamos y dejemos al bebé explorar. El problema del hierro lo atajaremos suplementando si hay anemia y ofreciendo alimentos ricos en hierro a nuestro bebé.

Santi comiendo cerezas

Enseñar a los niños a comer de manera sana es responsabilidad de las familias. Los bebés no conocen los procesados o las golosinas. Una alimentación con alta densidad nutricional es clave desde el primer momento. Si tenemos miedos o dudas al respecto, la figura de la nutricionista infantil nos acompañará aportando calma, ideas de menús variados para todas las comidas del día y cómo introducir la gran variedad de alimentos nutritivos que tenemos al alcance.

Los cereales de caja son un invento del mercado. Ningún bebé los necesita para crecer. La mayoría contienen una gran cantidad de azúcares innecesarios. Si queremos ofrecer cereales, podemos hacerlo mediante arroz, pasta, pan, etcétera, o sea, las formas naturales.

Los bebés necesitan alimentos reales, ricos en proteínas, grasas adecuadas, minerales y vitaminas. Las verduras variadas aportan, además, fibra y enriquecen la microbiota del bebé. La fruta no necesita hacerse papilla ni mezclarse en multifrutas. El bebé las disfrutará más una a una y masticándolas. Priorizaremos las verduras y frutas de temporada.

No hay unas pautas rígidas para introducir alimentos. Id probando poquito a poco, adaptando la comida que hacemos en casa cada día. No hay comida para bebés, solo hay comida normal. No necesitan su primer yogur ni similares. Los procesados contienen sal añadida, grasas inadecuadas y muchos azúcares. Las pautas son generales y cada familia puede adaptarlas. Las recomendaciones de la Asociación Española de Pediatría son:

- Priorizar alimentos ricos en hierro.
- Introducir alimentos de uno en uno, por si se observasen posibles alergias, para poder identificar el origen. No hay evidencia de que retrasar la introducción de alimentos potencialmente alergénicos más allá de los 6 meses prevenga el desarrollo de alergia a estos. De hecho, se ha observado lo contrario.
- En cuanto al gluten, se recomienda introducirlo antes de los 11 meses de edad, en pequeñas cantidades. Los alimentos con gluten, en cualquier caso, son una costumbre cultural, pero no imprescindibles en la alimentación.
- Se recomienda evitar durante el primer año de vida las verduras de hoja verde con alto contenido en nitratos, como la acelga, la espinaca o la borraja, por el riesgo de metahemoglobinemia.
- Evitar el consumo de pescados grandes por el contenido en mercurio.
- Ofrecer alimentos variados. Descubrir sabores amargos y agrios a muchos bebés les gusta y abre las posibilidades a su paladar.
- Se puede ofrecer yogur natural y queso desde los 9 meses y leche de vaca entera a partir de los 12 meses. Sin embargo, el bebé continuará con lactancia materna mientras mamá y bebé lo deseen, y también puede continuar con fórmula en lugar de sustituirla por leche de vaca entera.

- No debemos ofrecer frutos secos por el riesgo de atragantamiento, pero sí pueden probar las cremas de estos.

En cuanto a la sal, se considera que sus riñones son inmaduros para manejar sobrecargas de sal. Suele recomendarse no añadir sal a la comida de los bebés. Estas son las cantidades máximas de sal:

- menos de 1 gramo al día en menores de un año
- 2 gramos al día en niños de entre 1 y 3 años

Ahora bien, ¿qué es sobrecarga? Ofrecer al bebé verdura cocinada con una pizca de sal no sobrecarga sus riñones, pero seguramente hará que le resulte más atractiva. Si además añadimos mantequilla, más aún. (La leche materna contiene grasa similar a la mantequilla). La idea no es ofrecer comidas saladas, y mucho menos procesados cargados de sal, pero tampoco sin pizca de sal cuando la comida familiar la lleva. A pesar de que esto vaya en contra de todo lo que se recomienda, no hay evidencia sólida sobre si un bebé de más de 6 meses no puede tomar ni una pizca de sal en las comidas. Según la nutricionista norteamericana Lily Nichols, experta en embarazo, fertilidad e infancia, las recomendaciones sobre la sal no se sustentan en evidencia científica. Se utiliza la leche materna como referencia en niveles de sodio, pero ¿qué leche y en qué momento la han medido? El contenido de sal en leche materna tiene una alta variabilidad entre mujeres, momentos del día y según la edad del bebé. Hay más cantidad de sal en la leche de bebés mayores. No olvidemos que la ciencia cambia constantemente.

No ofrezcáis sal al bebé si os da miedo, pero si consideráis que la comida de casa es apta para el bebé, o queréis ofrecerle un trozo de queso, tampoco hay que evitarlo. En cualquier caso, la recomendación sobre el consumo de sal en adultos también debe revisarse, pues son los procesados y el azúcar lo que más afecta a la salud cardiovascular y metabólica, y no en sí mismo el consumo de sal.

Dientes, salud bucodental y la visita a la odontopediatra

Desde la Sociedad Española de Odontopediatría, SEOP, se recomienda acudir con nuestro bebé a la odontopediatra cuando sale el primer diente y siempre antes del primer año de vida. Es la mejor manera de prevenir las caries, pero también problemas de maloclusión dental. La odontopediatría integrativa no considera que debamos esperar para corregir. Pudiendo prevenir que pequeñas situaciones vayan a más, ¿por qué esperar?

En cuanto a las caries, nos facilitarán acompañamiento y herramientas para una adecuada higiene dental desde el primer diente. Nos ayudan a escoger el cepillo, la pasta dental para utilizar desde que salen los primeros dientes, y nos enseñan una buena técnica de cepillado. La mayoría de los odontopediatras deberían tener formación en lactancia materna. No debemos tener miedo a que nos digan que hay que retirarla o que la lactancia materna causa caries, o a que os juzguen por la edad del bebé.

La lactancia materna no causa caries, pero su combinación con la falta de higiene, la presencia de bacterias cariogénicas y el consumo de azúcares en la alimentación, sí. En cuanto al biberón, no se recomienda que se quede dormido con la tetina en la boca y también debe evitarse la administración de cereales en este.

Si los primeros dientes salen con manchitas, debemos revisarlos de inmediato, pues lo más probable es que sean caries. Las manchas blancas, amarillas o marrones son caries en diferente estadio.

En cuanto al tratamiento de maloclusiones, lenguas bajas, maxilares pequeños o paladares altos, es más fácil corregirlos cuanto antes se detecten. Esperar a los dientes definitivos no solo será más difícil de corregir, sino que otras cuestiones derivadas de la maloclusión pueden haber aparecido, con lo que se acentúan los problemas para comer, hablar, dormir o respirar por la nariz.

Actualmente, podemos buscar odontopediatras con una mirada integrativa. Corregir unos dientes torcidos por estética, cuando sean mayores, es lo de menos. Lo importante es plantearnos lo siguiente: ¿qué ha llevado a que esos dientes se hayan torcido? En los niños, se puede detectar la falta de espacio y corregirlo con mayor facilidad cuando son pequeños. El potencial de crecimiento y amoldamiento es mayor. Dar espacio a los dientes es ir mucho más allá, puesto que se favorece que la vía aérea del bebé y el futuro niño se desarrolle adecuadamente. Los niños:

- Deben respirar por la nariz y no por la boca. La respiración bucal no es normal. Afecta al desarrollo de la cara, al tono de la musculatura facial y la vía aérea. Produce inflamación de las amígdalas y adenoides, y afecta el desarrollo del paladar y la adecuada oxigenación: si llega menos oxígeno, el descanso y la capacidad de concentración y aprendizaje en los niños se ven alterados. Se relaciona también con la apnea obstructiva del sueño.
- La boca debe permanecer cerrada cuando no hablamos o comemos. Durante el sueño también. Los labios deben juntarse sin tensión en reposo.
- La lengua debe descansar en el paladar, y el bebé debe poder deglutir pegándola a este.

Para dar con profesionales que nos ayuden a encaminar estas situaciones a tiempo y encontrar apoyo, podéis buscarlos con las siguientes etiquetas:

- Odontopediatría integrativa.
- Ortodoncia integrativa (cuanto antes, independientemente de la edad).
- Odontología centrada en vías aéreas.
- Odontología del sueño.
- Odontopediatría sin aparatos.
- Odontología biológica RMR. Se basa en la reeducación de las funciones neuro-vegetativas primarias: masticación, respiración y deglución.
- Rehabilitación neuro-oclusal.

Dar con nuestra odontopediatra integrativa de cabecera nos ayudará a prevenir y corregir a tiempo la salud bucodental de nuestros hijos.

Calzado y los piecitos del bebé

Nuestro bebé debe ir descalzo la mayor parte del tiempo posible. ¿Hasta cuándo? Pues hasta que necesite zapatos. Y esto será cuando comience a caminar por la calle. Tenemos la suerte de vivir en un momento donde estamos recuperando el conocimiento y el sentido común. Esto hace que miremos hacia lo que somos como seres humanos, y respetemos más nuestros cuerpos y su diseño biológico.

El bebé llevará calcetines para protegerse del frío cuando sea necesario o el suelo no sea una superficie suave y agradable. En casa, cuando comienza a caminar, si no puede estar descalzo, los calcetines antideslizantes son una opción cómoda y práctica.

Durante años, el calzado convencional ha encerrado nuestros pies y los de nuestros hijos en formas estrechas que nos han deformado los dedos, estrechado la base de apoyo, lo que genera juanetes y nos debilita los pies.

Actualmente, una nueva generación de calzado respetuoso no nos comprime el pie y permite que los dedos no pierdan su forma. También deja que los pies reciban estímulo desde el suelo. Un calzado adecuado podría llegar a facilitar que un pie que es genéticamente más plano se desarrolle para ser funcional y fuerte, en lugar de debilitarse con un calzado estrecho y duro.

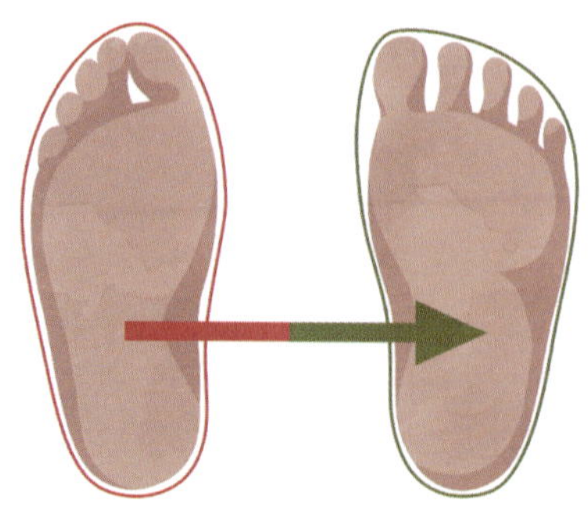

El zapato debe adaptarse al pie ¡y no al contrario! Existen cientos de marcas de calzado conocido como *barefoot* (calzado descalzo). Los hay también de una gran variedad de precios. Podemos encontrar zapatos adecuados, aunque no sean perfectos, en todas las gamas de precio. Estos zapatos, principalmente, tienen las siguientes características:

- Suela fina y flexible: el niño necesita recibir el estímulo y la información del terreno que pisa. Los pies transmiten una gran cantidad de información al cerebro. Esto permite que la musculatura del pie y sus tendones se desarrollen adecuadamente. La flexibilidad facilita que el pie pueda *plegarse* sobre los dedos en cada paso.
- Puntera amplia que no apriete y deforme los dedos: les permite mantener su espacio y forma natural, conservando la estabilidad de la marcha.
- Sin *drop*: hemos normalizado el tacón en todos los zapatos, incluidos los zapatos infantiles y los zapatos para hacer deporte. Elevar el talón acorta la musculatura posterior de nuestras piernas, afecta a la posición de la pelvis y, por extensión, a la columna vertebral. Además, nos aleja del suelo, generando inestabilidad.
- Materiales flexibles que no se claven en el empeine al caminar.

Haydee y Elías descalzos por El Escorial

Existen grandes profesionales de podología que comparten información sobre calzado respetuoso desde el primer par de zapatos que lleven nuestros bebés. También marcas y tiendas donde consultar nuestras dudas y dar a los pies de nuestros bebés salud desde el primer calzado. Los niños quieren seguir descalzos todo el tiempo posible. Algunos adultos, también.

Viajar con bebés

Tan pronto como lo necesitéis u os apetezca. Nuestro bebé solo necesita estar cerca de nosotros, le da igual si es en casa o en otra ciudad. Es más una cuestión de que nosotros nos sintamos hechos a nuestro bebé y cómodos en función de adónde vamos y qué edad tiene.

Para los viajes en coche, el bebé deberá ir adecuadamente protegido en su sistema de retención. Se recomienda hacer paradas al menos cada 2 horas para sacarlo de la silla, coger aire y alimentarlo. Es posible que el ritmo de las paradas las marque el propio bebé, que protestará cuando necesite un descanso. En el coche, podemos llevar todo lo que queramos, por lo que es muy cómodo.

Los viajes en tren son ideales, pues nuestro bebé puede viajar en nuestros brazos, con lo que no tenemos el estrés de ir parando con frecuencia ni el llanto de muchos bebés que no soportan viajar en coche.

En avión se puede viajar con bebés pequeñitos también. Irá en nuestros regazo igualmente, por lo que es cómodo poder atender sus necesidades durante el viaje.

En todos los viajes, la mochila o el fular de porteo resultan cómodos si queremos caminar y mover al bebé, o andar por las terminales o zonas de espera. Los carritos plegados se pueden llevar en el mismo vagón del tren con el equipaje, por lo que estará a mano para la llegada. En los aviones, podemos ir con él hasta la entrada en el mismo avión, pero, generalmente, luego lo bajan a la bodega y lo recogeremos con el resto del equipaje.

La mayoría de los hoteles y apartamentos ofrecen la posibilidad de poner una cuna en el alojamiento, pero si habitualmente haces colecho en la misma cama, no la vas a necesitar.

Depende de adónde vayamos, el porteo será imprescindible y el carrito no. Por ejemplo, en entornos rurales o ciudades llenas de escaleras como Roma.

Evitaremos viajar a lugares exóticos que precisen vacunas especiales con bebés muy pequeñitos, en la medida de lo posible. Si fuese imprescindible, podemos consultar en los centros de vacunación internacional antes del viaje.

Mireya y Fernando, viajando y porteando

Piscinas y playa

Cuando se acerca el verano, nos preguntamos cuándo podemos meter al bebé en una piscina o en el mar. Esto dependerá del tiempo que haga, de la edad del bebé y del tipo de agua en la que queramos bañarlo.

Recordemos que la piel no adquiere un grosor mayor hasta los 2-3 meses. Por ello, debemos evitar meterlo en aguas frías donde pueda destemplarse. Además, en el caso de las piscinas, el cloro que se utiliza en la mayoría es muy agresivo para la piel, los ojos y, por inhalación, para el sistema respiratorio de bebés y niños.

Las piscinas de cloración salina son mucho más adecuadas, ya que el cloro se obtiene a través del uso de sal, y no es irritante para la piel o las mucosas. Además, el agua no está salada. Las piscinas de matronatación son de cloración salina. Suelen ofrecerse a partir de 3-4 meses de vida del bebé.

Una opción para nuestros bebés más pequeñitos cuando hace mucho calor es contar con una pequeña piscinita hinchable que podamos tener a nuestro lado en el césped o donde vamos a bañarnos. Podemos utilizar agua del grifo o la ducha para que se refresque sin exponerlo a tóxicos. Si hace calor en el ambiente, refrescarlo es una necesidad.

En cuanto al mar, valoraremos también la edad, la temperatura del agua y la temperatura en el ambiente. La realidad es que, si vamos al Mediterráneo en pleno verano, podemos refrescar a nuestro bebé en el agua sin mucho problema.

Otra cosa es el sol y el exceso de calor en playas o piscinas. Debemos tener en cuenta si hay zonas frescas de árboles y sombra. De no ser así, por mucho que llevemos sombrilla, puede hacer demasiado calor para el bebé. Por ello, evitaremos las horas centrales del día.

Por el contrario, en zonas más frescas, si no hace viento, pasar un ratito en la playa puede ser muy agradable para todos. Lo del viento es porque puede ser muy incómodo para todos. Desde que se sientan o

Santi disfrutando en su propia piscina

juegan contentos bocabajo, a los niños les encanta la playa. Eso sí, la arena irá a la boca seguro.

Debemos mantener una vigilancia constante en las piscinas. Apuntarlos a natación desde pequeños es una gran opción. Aunque hasta en torno a los 4 años no suelen ser capaces de nadar y mantenerse del todo a flote. Pero cuanto antes aprende cada niño, mayor seguridad, tranquilidad y disfrute todos los años por venir.

Epílogo

Los bebés no pueden malacostumbrarse al amor

Tenemos la oportunidad de criar con nuestras propias normas y de disfrutar de nuestros bebés con libertad. Aprendemos caminando, acompañando a nuestros bebés. Todos estamos aprendiendo constantemente a lo largo de la vida. Hacemos lo que podemos a cada paso que damos y en cada momento. Con nuestros bebés, también. Este libro no pretende ser un camino de normas, solo una explicación al porqué de algunas cosas. Acercarnos a comprender y a maravillarnos con nuestros bebés. Reconectemos como especie.

No tenemos que hacerlo todo perfecto; eso no existe. La información nos ayuda a tomar caminos, pero siempre debemos priorizar aquellos que nos permiten sobrevivir y estar bien en nuestro día a día.

La mayoría de las cosas nos nacen del instinto, y tienen base en la biología humana. Vivimos un momento en el que necesitamos saber el porqué de todo, con explicaciones y coherencia apoyados en la ciencia porque vivimos en una sociedad desconectada de lo que somos como especie y poco comprensiva con los bebés. Esto antes no era así.

Tomad aquello que os sirva y optad por las soluciones que se adapten a vuestras necesidades. No seamos demasiado rígidos en ningún aspecto. La flexibilidad es una virtud. Ni los gurús ni los expertos están en vuestros zapatos. La maternidad y la crianza idealizada, las madres perfectas solo son un espejismo. En las redes cada uno muestra la imagen que quiere hacer llegar.

Criar con responsividad y con amor no significa criar sin límites. Los límites son importantes en la organización familiar y en el desarrollo del bebé. Estamos para guiarlos y educarlos también. Lo haremos de acuerdo con nuestras creencias, pero con amor, con seguridad y con respeto hacia el ser humano en desarrollo que es el bebé.

Los niños son esponjas. Lo absorben todo. Sienten inquietud, energía y muchas ganas de descubrir. Podemos recuperar el contacto social: salir al aire libre, juntarnos en los parques con otras familias, minimizar el uso de pantallas. Podemos retrasar la edad en la que les entregamos esa arma que es un móvil. ¿Quién dice que no? ¿Quién pone las normas?

Llevad a vuestro bebé a la biblioteca, es el primer paso de los grandes lectores. Leedles muchos cuentos. Es magia lo que llegan a disfrutar los niños cuando les leemos en alto, según van creciendo y en cada etapa. Les gusta ver imágenes, señalan, se anticipan y lo piden una y otra vez. No hay tiempo mejor invertido.

Santi lector en la biblioteca municipal

Ofreced comidas variadas en su forma natural, pero disfrutad de un helado en su compañía de vez en cuando. Descalzaos con ellos en el césped, en el campo o en terrenos de piedra limpios. Celebrad sus cumpleaños con la emoción que se merece. Recuperad aquellas tradiciones familiares que de pequeñas y pequeños nos hacían sentir especiales.

Sí, los adultos también nos enfadamos. A veces les gritamos, estamos cansados. Somos humanos. Pedimos perdón, les explicamos lo que nos pasa y ya está. La frustración forma parte de la vida y aprender a gestionarla les hace más maduros. A ellos, y a nosotros.

Ojalá pese más lo extraordinario de esta etapa que lo negativo por cansancio y falta de apoyo. Que pese la magia de la inocencia de cada bebé. Que la inocencia dure todo el tiempo posible durante la infancia.

El agotamiento de las madres, la carga mental y la crudeza de la soledad nublan la crianza. No es propio de nuestra especie esta nueva soledad. Buscaos, encontraos entre familias, entre madres, entre mujeres. ¿Por qué no? Creed que otra sociedad más amable y otra mirada hacia la infancia y hacia las mujeres es posible.

A todas las madres: qué dura es la maternidad, pero qué experiencias únicas nos regala también. Ojalá sintamos menos soledad y trabajemos juntas por reconectar y aislarnos del ruido. Ojalá contemos con más y más espacios donde compartir, donde recuperar conocimiento madre a madre. Confío en que llegue el día en el que los profesionales sanitarios solo estemos para acompañar lo que se sale de la normalidad, y las mujeres, las madres, las parejas y las familias posean de nuevo todo el conocimiento instintivo que se transmite de unos a otros.

LOS BEBÉS CRECEN EN EL INSTANTE EN QUE CERRAMOS LOS OJOS.

AGRADECIMIENTOS

Este libro está especialmente inspirado en todos y cada uno de los bebés del mundo. Los que han nacido y los que están por nacer. Su inocencia y su pureza deben ayudarnos a protegerlos, a quererlos y a acompañarlos.

Mientras investigaba y escribía, me vinieron a la memoria muchos momentos únicos con mis tres bebés. Sonreí al buscar fotos, me emocioné al recordar la crianza de cada uno. Lo diferentes pero también parecidos que eran. Agradezco a mis hijos haberme escogido como mamá. Su nacimiento, su olor, su piel. Miles de horas en brazos, en contacto. Años durmiendo juntos. Cuentos contados una y mil veces. A mi hija Haydee, *La casa de los besos* y *Nunca jamás comeré tomates.* A mi hijo Santi, el millón de veces que le conté el cuento de *Cars*, acompañado de su vocecita que se sabía lo que tocaba y rellenaba con su lengua de trapo. A mi hijo Elías, el pequeñito, al que quizá menos cuentos conté..., pero cómo disfrutamos buscando calabazas en *El libro del otoño* y las historias de Kirikú. Cada cumpleaños con piñatas hechas en casa por mis raíces mexicanas por parte de mi padre. Las notitas del ratoncito Pérez, invisibles con tinta de limón, un legado de mi madre, a la que no llegaron a conocer. Ojalá haya dejado alguna huella y que ellos repitan tradiciones si algún día tienen bebés.

Agradezco a la vida haberme permitido cumplir mi sueño de ser matrona. Y con ello, trabajar cada día con mujeres durante el embarazo y después el posparto con sus bebés. Acompañar es lo que me motiva a seguir buscando respuestas, a profundizar.

Quiero agradecer a cada bebé que veo nacer. A la emoción de presenciar el momento en que las familias conocen y ponen piel al bebé que mamá gestaba dentro de su cuerpo. A veces los partos son difíciles y los bebés también los sufren. No logro controlar ni encauzar la rabia que me provocan las prácticas clínicas que deshumanizan y que tanto daño hacen. No comprendo cómo podemos dar tan poco valor al nacimiento y el trato que dispensamos a las madres y a los bebés. No comprendo cómo toleramos que por rutina se siga separando a madre y bebé en cesáreas o se mantengan horarios en las unidades de neonatos. Seguimos luchando.

Doy gracias a las mujeres que se acompañan entre ellas. Mujeres que ofrecen leche a sus amigas para suplementar a sus bebés. Mujeres que donan leche a los bancos de leche materna, con lo que convierten su gesto en medicina para los bebés prematuros.

Gracias a las mujeres que hacen red, que forman grupos, que se organizan para apo-

Bea y Elora con el kit para extraerse y donar leche a bebés prematuros. Gracias, Bea

yarse. Que se acompañan en las dificultades de la lactancia artificial y la búsqueda de la leche que mejor siente a sus bebés. Mujeres que, de verdad, no se juzgan por sus decisiones.

Gracias a todos esos grandes profesionales con los que formamos una red de trabajo multidisciplinar. A los obstetras y ginecólogos que cuando intervienen lo hacen con amor y delicadeza. Que realizan pinzamiento fisiológico en instrumentales y cesáreas. Que cuidan al bebé. Veros trabajar me pone la piel de gallina siempre. Mis gines favoritos. Ellos y ellas saben quiénes son.

A las matronas que trabajan en cada rincón, luchando contra un sistema hostil que constantemente invade nuestra autonomía. A las matronas que defienden los paritorios como pueden. Que se dejan la piel en las consultas sobrecargadas de atención primaria. A las matronas que forman parte de mi vida, que se indignan conmigo, que acompañan, que sostienen. Os quiero tanto.

A los fisios pediátricos que hacen tanto bien a los bebés. Que trabajan desde su esfera con ternura y una sensibilidad absoluta hacia el pequeño ser humano que las familias ponen en sus manos. Gracias especialmente a Álvaro, fisio pediátrico en Clínica Fisio Estrella y en FIPEF. Por tu mirada enriquecedora hacia el trabajo multidisciplinar. Por el trato indescriptible que das a los bebés y a sus familias. Gracias por revisarme el capítulo de fisioterapia pediátrica y enriquecerlo. Infinitamente, gracias.

A los pediatras que ejercen con amor e interés su trabajo. Que no se conforman, que tratan con empatía a los bebés y a las familias. A los pediatras que a pie de parto protegen el pinzamiento tardío. Gracias de corazón por ello. A los pediatras que no normalizan el dolor en los bebés. A los que se forman en lactancia, a los que también se enfadan con el sistema.

Gracias a todas las mujeres que, desde los espacios políticos, las asociaciones y la prensa, luchan y denuncian el abandono social de la maternidad.

Gracias a Irene Pons, por volver a confiar en mí cuando yo no tenía claro que este libro fuese posible. Me has regalado una experiencia maravillosa. Y a Teresa Petit, por continuar conmigo y entusiasmarte como lo has hecho. Por todo el cariño que ponéis en cada libro. Me siento infinitamente afortunada y agradecida.

Seguimos, despacio quizá, pero siempre hacia delante. Gracias una vez más por confiar en mí, por dedicar tiempo a leer este nuevo libro.

Guadalajara, abril de 2024

Naza

ÍNDICE DETALLADO

FOTOGRAFÍAS CEDIDAS POR:

p. 11, Laia T.; **p. 16**, Rebeca Anguita; **p. 23**, Alexandra. LorenFotografía.es; **p. 24**, Berta Jacas; **p. 27**, Marta; **p. 32**, Beatriz; **pp. 89 y 295**, Bea González; **p. 45**, Nerea; **p. 47**, Álvaro Guerrero Fotografía-3HMotherhood; **pp. 51 y 112**, Berta; **p. 59**, Alba; **pp. 60 y 172**, Danisa; **p. 71**, Elena del Castillo; **p. 87**, Raquel; **p. 90**, Alba; **pp. 97 y 154**, Yoana; **p. 98**, Itziar; **pp. 110 y 143**, Irantzu; **p. 117**, Itziar Celaya; **p. 120**, Noelia; **p. 129**, Yadira; **p. 130**, Ana H.F.; **pp. 134 y 142**, Sara Arias; **p. 138**, Julia Isidoro; **p. 151**, Silvia Prieto; **p. 154**, Victoria; **pp. 157 y 168**, Eider Garcia (@ai.amatxu); **p. 165**, Ana Herrero; **p. 167**, Irene Aragón, **p. 173**, Cristina E.B.; **p. 179**, Itziar Celaya; **pp. 59, 179 y 287**, Mireya B.; **p. 205**, María; **p. 206**, Ana Herrero; **p. 223**, Laia Tecles; **p. 225**, Cristina Esteban; **p. 240**, Laura González Llorente; **p. 252**, Ana (@matronanamaste); **p. 269**, Marta Serra y **pp. 26, 68, 81, 160, 178, 182, 239, 258, 259, 260, 262, 263, 267-268, 278, 280, 286, 288, 292 y 294**, la autora.

RECURSOS

POSPARTO EN LA MADRE:

Conoce tu postparto, Laia Aguilar

Puérpera perdida, Ascensión Gómez

Todo lo que nadie te ha contado sobre el postparto, Elena Pajuelo

LACTANCIA MATERNA:

Somos la leche, Alba Padró

Mucha teta, Alba Padró

Destete: final de una etapa, Alba Padró

Lactancia y trabajo, Alba Padró

Casos reales de superación, doctora Carmen Vega

Lactancia materna, doctora Raquel Velasco

Web y app de lactancia: https://lactapp.es/

Fármacos y medicamentos compatibles con lactancia. Web de referencia mundial: www.e-lactancia.org

Consultoras de lactancia (IBCLC): https://ibclc.es/

Asesoras de lactancia y formación en lactancia: www.lactualizate.com

Lactancia en prematuros: https://lactancia-prematuros.com/quienes-somos/

Lactancia en gemelos: https://gemelosalcuadrado.com/

Sobre donación de leche materna y bancos de leche en España:

https://www.aeblh.org/

Manejo de la mastitis: https://www.guiaprioam.com/indice/mastitis-y-absceso-mamario-lactacional/

APOYO EMOCIONAL Y PSICOLÓGICO A LA MATERNIDAD:

Mamá importa: https://www.mamaimporta.org/

Profesionales de salud mental perinatal: https://saludmentalperinatal.es/profesionales/

Psicología perinatal: http://www.asociacionpsicologiaperinatal.es/

FISIOTERAPIA PEDIÁTRICA Y LACTANCIA:

Aúpale: https:/fisioterapiaenlactanciamaterna.com/directorio-profesionales-espana/

FIPEF. Fisioterapia pediátrica funcional:

https://fipef.com/

@alvaro_msg

Fisiobym: Lorena Gutiérrez

Especialista también en porteo

https://www.fisiobym.com/

PORTEO:

@kangura_portabebes

ANQUILOGLOSIA - REFERENTES EN ESPAÑA:

Carmen Vega – Consulta de lactancia Sevilla

https://consultalactanciasevilla.es/

Frelac Barcelona

@frelac_barcelona

Mumuki Lactancia Madrid

@mumuki.lactancia

Doctor José Briz Manzanares

Cirujano pediátrico

https://drbriz.com/

Institut Pediàtric MARÈS RIERA
Blanes - Girona
https://ipmaresriera.cat/

SIGNAR PARA BEBÉS:

Por fin mamá me entiende!, Marta Serra
The Baby Sign Academy
https://thebabysignacademy.com/

RECURSOS Y PROFESIONALES SUEÑO INFANTIL:

CESI: Centro de Estudios del Sueño infantil
https://suenoinfantil.com/
Rocio Zunini
https://www.newbornparents.net/es/
¡Dulces sueños! Cómo lograr que tus hijos duerman tranquilos, María Berrozpe
La ciencia del sueño infantil, María Berrozpe
Sueño infantil seguro, James Mckenna

ALIMENTACIÓN COMPLEMENTARIA:

Mi niño no me come, Carlos González
Preparados, listos, ¡Ñam!, Laura Álvarez
Nutricionistas con formación en alergias y lactancia:
VitaminaDos, María H. Bascuñana
https://bascunana.net
@mariahbascu
Paula Ruiz:
@nutricionistadecine
Jessica Gutiérrez:
@babymum_saludnutritiva
https://saludnutritiva.es/

ODONTOLOGÍA INTEGRATIVA:

@drgennyduran
@eider_unamuno
https://lossinaparatos.com/
@dr.emiliolopez

ASOCIACIONES Y ENLACES DE INTERÉS:

Madres solteras por elección: https://madressolterasporeleccion.org/
Asociación familias de prematuros: https://aprem-e.org/
Asociación Española de Pediatría, recursos para familias: https://enfamilia.aeped.es/
Guías del Ministerio de Sanidad, cuidados del bebé ingresado: https://www.sanidad.gob.es/organizacion/sns/planCalidadSNS/pdf/equidad/cuidadosDesdeNacimiento.pdf

OTROS LIBROS:

Neuromaternal, Susana Carmona
Montessorízate: Criar siguiendo los principios Montessori, Bei Muñoz
La generación ansiosa: por qué las redes sociales están causando una epidemia de enfermedades mentales, Jonathan Haidt